교실 밖 상식 놀이터

선대규 · 양태훈 · 이수석
현용안 · 현희문 지음

학지사

추천사

　미래사회는 국가 간 교류가 급속히 확산되고, 지식의 생성·소멸 속도가 가속화되는 글로벌 지식기반사회입니다. 글로벌 지식기반사회에서는 다양한 문화에 대한 소통과 이해, 그리고 지식을 창출하고 활용할 줄 아는 창의적 능력이 요구됩니다. 이에 교육과학기술부는 미래의 주역인 우리 학생들의 소질과 특성, 잠재력을 키울 수 있는 창의·인성교육 확산에 힘을 쏟고 있습니다.

　창의·인성교육에 있어서 누구보다 전문성을 가지고 계신 분들은 바로 교육현장에서 직접 아이들을 지도하시는 선생님들이 아닐까 합니다. '선생님 저자 되기 프로젝트'는 선생님들이 교육현장에서 체득한 창의적 교수법과 생생한 노하우를 동료 교사들과 함께 나누고, 철학·역사·과학·녹색성장·시민교육 등 다양한 분야의 재미있는 학습 길잡이가 되고자 진행된 사업입니다.

　프로젝트의 결실로서 열여섯 권의 책이 발간되었습니다. 저자가 되신 열다섯 팀의 선생님들께 진심으로 축하의 말씀을 드립니다. 바쁜 학교

생활 속에서도 시간을 쪼개 좋은 책을 써 주신 선생님들과 책을 출간해 주신 출판사, 한국과학창의재단 관계자께도 심심한 감사의 말씀을 드립니다.

이번에 출간된 책들이 창의·인성교육을 실천하고자 하는 전국의 모든 선생님, 교과서를 벗어나 새로운 지식 탐구를 하고자 하는 학생, 그리고 자녀교육에 관심이 많은 대한민국 학부모님에게 많은 도움이 되리라 믿습니다.

앞으로도 '선생님 저자 되기 프로젝트'를 계속적으로 진행하여 창의·인성교육을 활성화하고, 대한민국의 미래인 우리 아이들이 각자의 꿈을 키워 갈 수 있도록 지원하겠습니다. 감사합니다.

교육과학기술부 장관

이주호

책을 내면서

 어릴 적, 엄마 손에 이끌려 병원에 간 적이 몇 번 있었지요. 가는 병원은 항상 동네 의원이었어요. 내과였는데, 그곳의 의사는 사람의 질병에 대해서는 정말 모르는 게 없었어요. 감기가 걸려도 찾아가고, 배가 아파도 찾아가고, 척추나 심장, 눈…… 심지어 산부인과까지도 진료했어요. 그 의사 한 분이 오늘날의 종합병원 역할을 다한 것이었죠.

 이제 학문 간의 통합이 이루어지고 있어요. 인문학과 자연학의 통합이 이루어지고 있고, 과학과 과학의 통합도 이루어지고 있어요. 인문학과 자연학의 통합을 통해 자연학이 가야 할 방향을 잡을 수 있고, 인문학의 내용은 보다 깊고 다양해질 수 있어요. 과학과 과학의 만남으로 새로운 미래학문이 발전하고 있어요. 안과 의사와 심장 전문의, 그리고 의공학도가 만나 인공 안구와 인공 심장을 만들어 내기도 해요. 생물학도와 의공학도, 컴퓨터 관련 과학자가 만나 '휴먼로이드'라는 인간을 닮은 로봇을 만들기도 하죠.

 축구장에서뿐 아니라 사회에서도 요즘은 멀티 플레이어를 필요로 합니다. 한 가지 능력뿐 아니라 다양한 모습으로 다양한 능력을 보여 줄 인재를 원하는 거지요. 다행히 요즘 학생들은 시청각 세대여서 그런지 선생님들 세대보다는 다양한 방법으로 다양한 지식을 흡수할 줄 알고, 거기에 기발하고 창의적인 상상과 생각을 더하는 능력도 우수합니다. 하지만 그것을 하나의 줄기로 구성하고 표현하는 능력은 상대적으로 부족합니다.

멀티 플레이어의 시대라고는 하지만, '한 우물만 파는 우직한 인재'에서 구할 수 있는 다져지고 발효되어 질척하게 버무려진 진한 지식과 능력을 등한시하는 것은 결코 아닙니다. 자신의 생각과 능력을 구성하고 표현하는 능력, 거기에 반성하는 삶을 추구하는 능력까지 고루 갖춘 심도 있는 멀티 플레이어를 양성하기 위해서 인천 동산고등학교에 근무하는 철학, 미술, 과학, 한문, 윤리 선생님이 뭉쳐 '학여불급(學如不及)회'라는 연구 모임을 결성했습니다.

『논어(論語)』에 나오는 "배움은 따라가지 못할 것처럼 하고, 배운 것을 행여 잃을까 두려워해야 한다."라는 말에서 모임의 이름을 따온 학여불급회는 각자의 전공을 살려 학생들의 인성과 끼 그리고 숨은 능력을 자극하고, 현장 수업 시간에 활용했던 노하우를 공유하는 것이 목적이었습니다. 그리고 그 노하우를 우리 학교 학생들뿐만 아니라, 대한민국 모든 청소년과 함께 공유하기 위해서 책으로 만드는 데 뜻을 함께했습니다.

마침 교육과학기술부와 한국과학창의재단에서 주최한 '선생님 저자 되기 프로젝트'가 있어 우리의 노력에 속도가 붙기 시작했습니다. 그리고 드디어 이 책이 나왔습니다. 이 책은 다양한 관계 속에서도 자신의 정체성을 잃지 않고 스스로를 표현할 수 있는 창의적인 인간을 육성하기 위해 만들어졌습니다. 창의성은 사고력으로부터 나옵니다. 사고력은 당면한 문제와 앞으로 예견되는 문제를 해결하기 위한, 생각하는 힘입니다. 따라서 창의성을 창의적 사고력이라 표현하는 것이 올바른 표현이라 할 수 있습니다.

창의적 사고력도 힘이기 때문에 훈련하고 연습하면 보다 강력해지고 보다 향상됩니다. 그 방법으로는 폭넓은 독서와 열린 토론, 그리고 반성하는 삶이 가장 좋다고 할 수 있습니다. 폭넓은 독서를 통해서는 주어진 문제를 해결하는 데 필요한 기본적인 지식을 얻을 수 있습니다. 열린 토론을 통해서는 언어의 훈련과 논리적 훈련을 할 수 있습니다. 그리고 반성하는 삶을 통해서는 생각하는 힘을 튼튼하게 할 수 있습니다.

이제 인문학과 자연학, 학문과 학문은 다시금 만나야 합니다. 르네상스 시대의 레오나르도 다 빈치처럼 의학과 예술, 철학 모든 분야에서 팔방미인이 되어야 합니다. 그리하여 인간과 인간, 학문과 학문끼리 만나서 새로운 아이디어와 상상으로 현대사회에서 발생한 문제들을 이해하고 풀어야 합니다. 창의적인 새로운 방법으로 말입니다.

2012년 2월
학여불급회 선대규, 양태훈, 이수석, 현용안, 현희문

차례 Contents

★ 철학, 별거 아니야!
- 철학 선생님과 함께하는 '논술 놀이터' · 014

1. 꼬마 철학자의 탄생 · 018
2. 자신과 세상 이해하기 · 024
3. 사회의 발전 · 030
4. 과학의 발견 · 037
5. 인간의 욕망 · 044
6. 미래의 준비-공부가 제일 쉽다? · 050
7. 내 인생은 나의 것 · 056
8. 미치도록 공부하면 미친다? · 063
9. 이 상자를 열까 말까 · 070
10. 생각을 바꿔라 · 075

★ 창의력을 키워 주는 미술 속으로
- 미술 선생님과 함께하는 '창의 놀이터' · 082

1. 누구나 죽는다-데미안 허스트 · 086
2. 내 모습을 바라보자-윤두서 · 092
3. 물건의 재탄생-마르셀 뒤샹 · 098
4. 한국의 색-박생광 · 103
5. 그림에서 소리가 들린다?-에드바르트 뭉크 · 109
6. 조선시대의 로맨스-신윤복 · 113
7. 미술관이 필요 없는 작품-대지미술가들 · 118
8. 무의식을 그리다-르네 마그리트 · 124
9. 텔레비전은 도화지-백남준 · 130
10. 팔방미인-레오나르도 다 빈치 · 135

★ 천재들을 통한 인성과 생각
- 과학 선생님과 함께하는 '꿈꾸는 놀이터' · 142
1. 계란을 품은 천재 과학자 · 146
2. 영원한 친구이자 동료 · 154
3. 꿈은 이루어진다 · 162
4. 모든 것은 상대적이다 · 168
5. 컴퓨터를 탄생시킨 수학자 · 176
6. 모든 물질의 구성을 밝히다 · 183
7. 우주로의 여행 · 190
8. 컴퓨터의 육체와 영혼 · 196
9. 이미지와 창의성의 시대 · 203
10. 세상은 모두 연결되어 있다 · 211

★ 재미있는 한자의 세계
- 한문 선생님과 함께하는 '상상 놀이터' · 218
1. '나무 목(木)'으로 시작하는 한자 이야기 · 222
2. 한자의 할아버지와 후손 · 228
3. 나무의 시작과 끝 · 235
4. 나뭇가지와 나뭇잎 · 241
5. 더불어 사는 나무들 · 249
6. 나무의 쓰임 · 255
7. 생명의 터전, 숲 · 261
8. 나무 자르기 · 267
9. '나무 목(木)'이 들어간 곡식 · 274
10. 손이 부지런한 사람 · 281

★ 사람답게 산다는 것
- 윤리 선생님과 함께하는 '인성 놀이터' · 286

1. 사람으로 산다는 것 · 290
2. 인생에 대해 생각해 보기 · 299
3. 옳은 선택과 그릇된 선택의 갈림길 · 304
4. 윤리적 이상사회 만들기 · 310
5. 사람들은 모두 변하나 봐 · 316
6. 정의롭게 산다는 것 · 324
7. 정신적으로 사랑하기 · 331
8. 행복이란 두 글자 · 338
9. 개인과 사회의 행복을 찾아서 · 343
10. 보람 있는 세상 만들기 · 351

철학이란 말만 들어도 머리 아프다고? 노자, 공자, 맹자, 순자, 소크라테스, 플라톤, 아리스토텔레스, 에피쿠로스……. 발음도 어렵고, 이름만 들어도 머리가 지끈지끈 아파 오는 철학자들. 또 그들이 말한 형이상학, 형이하학, 인식론…… 듣기만 해도 뒷목이 뻐근해지는 어려운 말들. 그거 모른다고 못 사는 것도 아닌데, 왜 그런 것들을 공부해야 하는 거야? 너는 눈을 치켜뜨고 불만을 푹푹 내뿜을 거야.

계란 알지? 이 계란을 밖에서 깨뜨리면 계란 프라이나 계란찜밖에 안 돼. 하지만 계란 속의 알이 부화되어 안에서 계란 껍데기를 깨뜨리면 병아리가 나와. 이처럼 새로운 세계는 낡은 세계를 깨뜨려야만 볼 수 있어. 병아리 이야기를 더 해 볼게. 병아리가 부화되어 나올 때는 정말 힘든 과정을 거쳐. 맨 처음 노른자에서 세포가 분화되어 얼굴과 날개, 몸집이 만들어져. 그리고 흰자를 영양분으로 알 속에서 자라나지. 문제는 알을 깨고 나오는 바로 그때야. 어린 병아리가 속에서 계란 껍데기를 깨기가 얼마나 힘들겠어. 그래서 어미 닭은 병아리의 힘을 조금이라도 덜어 주기 위해 부리로 쪼아서 금을 내 준대.

바로 이게 중요해. 너무 힘주어 깨다가는 병아리가 다칠 수도 있고, 아예 깨 줘 버리면 비극이 일어나. 왜냐하면 병아리는 자기 힘으로 세상에 나오지 못했기 때문에 비실거리며 약골로 자라게 된대. 뭐든 처음이 중요한 거야. 병아리가 스스로의 힘으로 알을 깨고 나왔을 때에만 비로소 힘 있게 세상을 살아갈 수 있어. 그건 너도 마찬가지야. 모든 걸 엄마 아빠가 해 주면 너희들은 바보가 되거나 마마보이가 될 거야.

사람도 마찬가지야. 갓 태어난 아기를 엄마 가슴팍에 대면 어느새 젖을 찾아 몸을 옴짝거리지. 이건 본능이란다. 살기 위해 젖을 찾는, 인간이나 동물 모두가 가지고 있는 본능. 하지만 세상의 빛을 본 후 점점 자라면서 아기는 경험을 통해 배우게 되지. 배가 고프면 젖을 찾는데, 엄마는 뭐가 그리 바쁜지 젖 줄 생각을 안 해. 너무 배가 고파서 자지러지게 울었더니 엄마가 깜짝 놀라며 얼른 젖을 물려 주는 거야. 그다음부터는 처음부터 무조건 자지러지게 울어 대. 아기는 경험으로부터 새로운 지혜를 얻은 거지. 내가 울면 엄마나 그 누군가가 나의 불편과 고통을 해결해 준다고 말이야. 어떻게 살아야 하는가에 대한 아주 초보적인 생각의 탄생이지. 이 꼬마에게도 철학이 싹튼 거야.

사람들은 살아가면서 경험을 하고, 그 경험을 통해 생각하기 시작했어. 벼락과 천둥이 치거나 마찰로 발생한 불 때문에 짐승들이 타 죽었고, 그 불탄 고기를 먹으니 맛도 좋고 소화도 잘 된다는 걸 알았어. 벼락과 천둥은 자연 현상이야. 그리고 자연은 어떤 원리에 의해서 움직이는 걸 알게 된 거야.

이제 사람들은 자연 속에 살면서 자연의 이치를 알게 되었어. 그리고 사람과 사람의 관계가 어떠해야 하는지에 대해서도 공부하기 시작했지. 이렇게 세월이 흐르면서 오늘날과 같은 학문과 지식이 발달하게 된 거야. 이제 그 학문과 지식에 대해 근본적인 물음을 던지는 그 현장으로 한번 가 볼까?

1. 꼬마 철학자의 탄생

 생일 축하해

　우리 과거로 여행을 떠나 볼까? 오늘의 네가 있기 위해선 어제의 네가 있어야 하니까 말이야. 그런데 어디까지 여행해야 할까? 인류의 역사가 수백만 년이 된다 하더라도, 또한 최초의 직립보행인이 오스트랄로피테쿠스라 하더라도 거기서부터 출발할 수는 없겠지? 그렇다고 호모 사피엔스 사피엔스라고 하는 크로마뇽인으로부터 출발하기에도 너무 멀고. 어떻게 생각해?

　일단, 너의 아빠와 엄마부터 시작해 볼게. 여자의 난자와 남자의 정자가 결합하여 수정란이 생기고, 자궁착상으로 너는 엄마 배 속에서 285일 동안 엄마의 피와 살과 생각을 먹고 자랐지. 그리고 너의 생일인 그 어느 날 혹성을 탈출하듯이 엄마의 배 속을 탈출하면서 네가 태어났지. 네가 태어난 생일은 정말이지 엄청난 모험이고 사건이야. 그래서 생일날만 되면 아빠와 엄마는 너희를 축하해 주고 많은 친구들과 어른들도 축하해 주는 거야.

위대한 언어의 사용

이렇게 태어난 너희들은 세 살 때까지 똥오줌을 제대로 가리지 못하며 살지. 그런 네가 기어 다니다가, 앉기 시작하고, 걸어 다니고, 그리고 똥오줌을 가리면서 말을 하게 되지. 그러고는 세상에 대해서 알기 위해 질문을 해. 왜냐하면 네가 처음 접하는 이 세상은 기본적으로 놀라움과 호기심의 대상이기 때문이야.

너에게 이 세상은 존재하되 존재하지 않는 탐구의 대상이고 놀라움의 세계야. 젖먹이 아이인 넌 눈앞에 보였다 사라지는 자신의 손이 자기 것인지 또는 그 어떤 다른 사물인지도 알지 못하거든. 자신의 눈앞에 보였다 사라지는 그 손이 자기 신체의 일부란 것을 아직 모르고 있기 때문이야. 이런 네가 자라면서 언어를 배우고, 이 세상 모든 사물은 언어를 통해서 자신을 나타낸다는 사실을 깨닫게 되면서 넌 '꼬마 철학자'가 되는 거야. 너에게 이 세상 모든 것은 신비하고 놀라움의 대상이야. 이윽고 언어를 배우기 시작한 꼬마 철학자인 너는 자신이 체

험하고 경험하는 이 놀라운 세상에 대해서 알기 위해 끊임없는 질문을 던져.

비는 왜 하늘에서 내리는지, 내린 그 비는 어디로 가는지, 바다로 간다면 그 바다는 얼마나 엄청나게 크고 넓은지, 태양 빛에 의한 증발은 어떻게 해서 왜 일어나는지, 그리고 증발한 바닷물은 어떻게 구름으로 존재하며 비는 왜 다시 내려오는지 등등.

너는 이 세상에서 체험하는 수많은 개별적 사물에 대해서 묻고 또 묻지. 소방차, 앰뷸런스, 관광버스, 트럭, 버스, 레미콘, 지게차, 경찰차, 기차, 전철 등 수많은 차를 경험하게 되면서 너는 그 개별 차들의 공통점과 특징을 찾아서 나름대로 정리하면서 '개념'으로 이 세상을 파악해.

그리고 하나둘 쌓인 개념은 너에게 승용차와 승합차란 추상*화된 개념**까지도 알게 해 주지.

'장님 코끼리 만지기'란 이야기는 다 알 거야. 코끼리의 코를 만진 사람은 코끼리가 새끼줄 같다고 하고, 다리를 만진 사람은 기둥 같다고 하고, 귀를 만진 사람은 부채 같다고 하지. 하지만 그들이 이야기한 점들의 공통점을 뽑아서 그림을 그리게 되면, 코끼리와 비슷한 동물이 되는 거지. 이런 걸 추상이라고 하는 거야. 코끼리에 대한 어른들의 이야기를 들은 아이들은 상상력을 발휘해서 코끼리 그림을 그리지. 물론 실제로 본 코끼리를 통해서 이 그림은 수정되고 보완되기도 하지만 말이야. 형사들이 범인을 잡기 위해서 몽타주를 그리고 나서 피해자에게 확인시키는 것처럼 말이야.

이런 과정을 거친 생각의 결과물이 언어이고 지식이야. 인간의 지식은 말과 글을 통해서 폭발적으로 증가했어. 말을 통해서 정보를 상호 교류할 수 있게 되었고, 글을 통해서 그 정보를 유지하고 보관하여 후세에게 물려줄 수도 있었으니까 말이야. 침팬지도 도구를 사용할 수 있다고 해. 그리고 아주 초보적인 언어도 있다고 해. 하지만 그들에겐 인간처럼 분절되어 명확하게 무언가를 표현할 수 있는 말이 없어. 특히나 글은 더더욱 없지. 네가 이 책을 읽고, 생각하고, 말할 수 있다는 건 참으로 대단한 일이야.

* 사물들이 갖고 있는 공통점을 뽑아 내어 그린 그림이란 뜻. 복숭아꽃, 나팔꽃, 코스모스 꽃 등에서 '꽃'이란 개념을 만들어 낼 때 추상화하였다고 함.
** 어떤 사물과 현상에 대한 일반적인 지식이나 생각.

'사과'를 찾아 떠나는 생각 여행

눈을 감고 상상해 봐! 지금 네 눈앞에 빨갛고 탐스럽게 잘 익은 사과가 하나 있어. 제일 먼저 무슨 생각이 나니? 먹음직스럽다고? 어서 한 입 꿀꺽 베어 물고 싶지? 왜 그런 생각이 들었을까? 지금 네 머릿속에 사과는 '맛있다' '상큼하다'는 경험이 있었기 때문이야. 그리고 그 경험으로부터 '사과는 맛있고 상큼하며 먹을 수 있는 과일이다'는 의미가 싹텄기 때문일 거야.

사과 과수원으로 여행 가서 가족끼리 봉사활동을 하면서 사과를 따 먹었던 적이 있니? 없어도 상관없어. 왜냐하면 너는 이미 경험을 했거나 경험을 하지 않았어도 사과는 먹는 과일이라는 개념이 있으니까. 그런데 이 사과가 세상을 바꾸고 인간의 역사를 새롭게 쓰도록 만들었대. 무슨 말이냐고? 이제 그것을 알아보기 위해 나와 함께 여행을 떠났으면 해.

논술 놀이터

1. 다음 문장을 완성해 보자.

   ① 사람에게 말과 글이 없다면, _____ 할 것이다.
      왜냐하면 _____ 하기 때문이다.
   ② 동물들에게 말과 글이 있다면, _____ 할 것이다.
      왜냐하면 _____ 하기 때문이다.
   ③ 개에게 말과 글이 있다면, _____ 할 것이다.
      왜냐하면 _____ 하기 때문이다.

2. '너, 나, 말, 글, 세상, 세계, 철학, 철학자, 아빠, 엄마, 아기, 사과'의 단어 중에서 두 단어를 선택해 문장을 만들어 보자.

3. '사과' 하면 떠오르는 이미지나 생각을 한 문장으로 표현해 보자.

4. '사과'라는 주제로 1분간 발표를 해 보자.

2. 자신과 세상 이해하기

 에덴동산의 사과

"당신의 모습으로 진흙을 빚어 인간을 만든 다음, 입김을 불어넣었다."

성경 〈창세기〉 편에 나오는 이야기야. 이로 미루어 볼 때 인간을 창조한 하느님은 어떤 모습일 거 같아? 그렇지, 바로 인간의 모습이지. 너는 어떻게 하느님의 모습이 인간의 모습과 같다는 걸 알았어? 바로 그거야! 생각의 힘을 통해서지.

아는 것을 통해서 알지 못하는 것을 미루어 아는 것을 '추리'라고 해. 그리고 그런 힘을 '추리력'이라고 하지. 네 머리로 생각해 봐! 하느님의 모습처럼 인간을 만들었다고 하니 인간의 모습이 곧 하느님의 모습인 거지.

처음에는 남자인 아담을, 그리고 아담이 외로울 거 같아 이브를 만드셨다고 성경은 말해. 이 둘은 하느님이 만들어 놓은 지상 낙원인 에덴동산에서 매우 행복하게 살았어. 하느님은 이들이 하고 싶은 것은 모두 다 할 수 있는 자유를 주었지. 그러나 에덴동산의 가운데 심어져 있는 선과 악을 알게 해 주는 열매는 절대 따 먹지 말라고 했어.

모든 것을 네 마음대로 할 수 있으나 선과 악을 알게 해 주는 지선악과는 먹지 말라. 이는 "너희들 마음대로 해라. 그런데 학교에 불명예를 안겨 주는 일은 하지 마라."와 같은 말이잖아. 인간은 과연 자유로운 것일까? 너와 난 언제나 자유로운 거 같지만, 자유롭지 않다고 생각할 때도 많잖아.

이제 『구약성서』에서 선과 악을 알게 해 준 '지선악과(知善惡果)'를 이야기의 편의상 사과라고 할게. 과연 이 사과가 의미하는 것은 무엇일까? 이 사과를 먹고 나서부터 아담과 이브는 자신들이 발가벗었다는 걸 알게 되었어. 부끄러움을 알게 된 거지. 그러고는 자신들이 하느님을 속였다는 죄책감을 갖게 돼. 그래서 숨어 버리기도 하지. 마치 네가 잘못을 했을 때, 부모님이 부르면 숨어 버리고 대답을 못하는 것처럼.

이 사과는 인간으로서 자신이 무엇인지를 알게 해 주었다는 '지혜의 과실'이라 할 수 있어. 또한 이 사과는 '인간의 의식(意識)'을 상징해. 즉, 생각하는 힘을 말하는 거야.

우리가 살고 있는 세상은 크게 셋으로 구성되어 있어. 너와 나, 그리고 너를 있게 한 아빠와 엄마를 포함한 '인간'이 그 첫 번째야. 그리고 그들 인간이 관계를 맺으며 살고 있는 '사회'가 그 두 번째야. 마지막으로 우리 인간뿐만이 아니라 모든 존재물이 있는 이 '자연'이지.

인간은 자연 속에서 생활하고 사회를 만들며 그 속에서 인생의 희로애락(喜怒哀樂)을 느끼며 살아가지. 너하고 함께 공부할 사과 이야기와 철학이란 것도 사실은 이 세 가지를 때로는 현미경처럼 세심하게 살피고 때로는 망원경처럼 멀리 폭넓게 바라볼 수 있는 눈을 이야기하는 거야. 흔히들 인생철학, 개똥철학이라고들 말하잖아. '나는 왜 살까?'라든가, '이 사회는 왜 이럴까?'와 같은 개인적인 생각은 한편으로는 옳지만 한편으로는 매우 단편적인 생각이기도 해.

나는 자유로운가

생각의 폭을 깊고 넓게 하기 위해서 난 너와 함께 자신의 주장을 표현하고, 그 주장에 대한 이유를 제시하는 연습을 해 볼 거야. 아울러 그 주장하기와 이유 달기를 좀 더 확장해서 '접속사를 활용한 4단계 논술'이란 공부도 함께 할 거야.

이제 자신의 주장을 제시하고 이유를 제시하는 연습을 하러 가기 전에 가장 기본적인 질문을 해 보고 넘어가자고.

여기 분필 하나가 있어. 나는 박찬호나 류현진을 비롯한 그 어떤 투수보다 정확하게 목표물을 맞힐 수 있는 능력을 갖고 있어. 내가 수업 시간에 졸고 있는 한 학생의 백회혈을 향해 이 분필을 던졌다고 하자. 이 분필은 지금 그 학생의 백회혈을 향해 날아가고 있어. 당연히 이 분필은 졸고 있는 학생의 백회혈을 맞추어 그를 깨울 거야.

그런데 말이야. 이 분필이 날아가면서 진화하여 생각을 한다고 상상해 보자고. 이 분필은 생각하겠지. '나는 여기에 떨어질 수도 있고 저기에 떨어질 수도 있다. 그리고 아예 이 궤도 선상에서 이탈하여 저쪽으로 떨어질 수도 있다. 그리고 날아가는 것을 포기하고 이 자리에 주저앉을 수도 있다. 그것은 내 자유다.'라고.

주장하기와 이유 달기

글을 쓰거나 토의하는 건 그렇게 힘든 일이 아니야. 그저 생각나는 점을 자신의 이야기로 논리정연하게 펼치면 되는 거야. 물론 이때 중요한 것은 자신의 주장을 뒷받침할 수 있는 근거를 제시하는 일이지. 그래서 훈련하는 게 주장하기와 이유 달기야.

이 주장하기와 이유 달기가 일상적으로 이루어지고 또 문장으로 훈련된다면 논술과 토론은 식은 죽 먹기야. 왜냐하면 자신의 주장을 하고 그 주장에 대해서 효과적인 이유나 근거를 제시하였다면, 다음에 이어지는 반대 주장을 듣고 다시 그 반대 주장에 대한 재반론을 펼치면 되거든. 그리고 끝으로 자신의 주장을 다시 한 번 결정적으로 펼치면 되는 거야.

그 방법은 '주장하기 – 이유 달기 – 반론 소개하기 – 반론에 대한 재반론하기 – 완숙된 주장하기'로 요약할 수 있어.

논술 놀이터

1. 자, 이제 너에게 던지는 질문이야. 아니 네가 인생에서 풀어야 할 숙제야. 주어진 질문에 문장으로 답해 주었으면 해.

   ① 이 분필에게는 자유가 있다.
   　왜냐하면 _____ 때문이다.
   ② 이 분필에게는 자유가 없다.
   　왜냐하면 _____ 때문이다.
   ③ 이 분필이 인간이고 분필을 던진 내가 신이라면, 인간에겐 자유가 있다.
   　왜냐하면 _____ 때문이다.
   ④ 이 분필이 인간이고 분필을 던진 내가 신이라면, 인간에겐 자유가 없다.
   　왜냐하면 _____ 때문이다.

2. 다음 글을 완성해 봐. 그러면서 연습해 봐.

   ① 나는 ○○학교를 _____ 라고 생각한다.
   　왜냐하면 _____ 하기 때문이다.
   ② 나는 학생이 _____ 라고 생각한다.
   　왜냐하면 _____ 하기 때문이다.
   ③ 나는 선생님이 _____ 라고 생각한다.
   　왜냐하면 _____ 하기 때문이다.
   ④ 나는 _____ 다.
   　왜냐하면 _____ 하기 때문이다.

3. 사회의 발전

 빌헬름 텔의 사과

다음으로 이야기할 사과는 독일의 극작가 실러의 작품 『빌헬름 텔』에 나오는 사과야. 민족의 독립을 희망하며 살아가는 빌헬름 텔과 그를 미워한 식민지 총독 간에 벌어졌던 이야기지.

총독은 빌헬름 텔에게 사랑하는 아들의 머리 위에 사과를 올려놓고 활을 쏘아 맞추라고 해. 물론 빌헬름 텔은 아들의 머리 위에 놓인 사과를 맞추고, 아들과 함께 집으로 돌아가는 것으로 이야기는 끝이 나. 하지만 네가 빌헬름 텔이라고 상상해 봐! 네가 아무리 활을 잘 쏘는 명궁이라 할지라도 바람의 흐름이 바뀌거나 조금만 실수해도 화살은 사과가 아닌 아들을 맞추게 될 거야. 그런데도 빌헬름 텔은 꿋꿋하게 아들 머리 위의 사과를 맞추지.

빌헬름 텔의 사과가 의미하는 건 아빠와 아들이 위기를 넘기고 집으로 돌아간다는 게 아니야. 사실 빌헬름 텔에게는 아들의 머리에 쏜 화살 말고도 화살 하나가 더 있었어. 아무리 활을 잘 쏘는 명궁이라지만 자신의 아들 머리 위의 사과를 쏠 때 떨리지 않았겠어?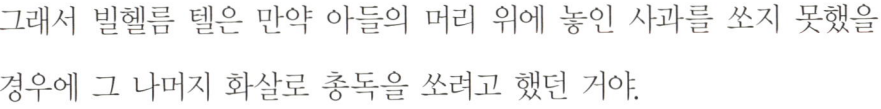
그래서 빌헬름 텔은 만약 아들의 머리 위에 놓인 사과를 쏘지 못했을 경우에 그 나머지 화살로 총독을 쏘려고 했던 거야.

그렇다면 빌헬름 텔이 총독의 가당치 않은 명령에 따르며 아들 머리 위의 사과를 쏜 이유는 뭘까? 도대체 실러는 이 작품을 통해 무얼 말하려 한 걸까? 실러는 이 작품을 통해 자기 조국을 지배하고 있는 침략자에 대하여 끊임없이 저항하며 독립을 꿈꾸는 사냥꾼 빌헬름 텔의 사회적 모습을 나타내려 했던 거야. 여기서 사과가 상징하는 것은 바로 '사회(社會)'야.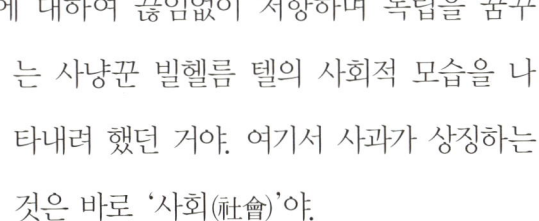

너와 나는 학생과 교사의 관계이고, 너와 네 친구는 동료의 관계야. 부모와 자식, 남자와 여자, 상관과 부하 등 이 세상은 모두 관계로 이루어졌어. 그리고 이 관계 속에서 너와 나, 그리고 사람과 자연은 서로 간의 의

미로서 존재하지. 너와 관계를 맺고 있는 모든 사람을 한번 생각해 봐. 그리고 그 사람들이 너에게 어떤 의미로 있는지도 이번 기회에 생각해 보았으면 좋겠어.

듣고 말하고 글 쓰기

남의 말을 잘 듣고 자신의 생각을 정리해서 말하는 것이 토의이고 토론이야. 그리고 근거를 제시하여 자신의 주장을 글로 쓰는 게 논술이야.

접속사를 활용한 4단계 논술

사실 논술이란 것도 어려운 게 아니야. 논술이란 말 그대로 자신의 주장을 이치에 맞게 설득적이고 논리적으로 펼치는 걸 말해. 이 때문에 너와 난 생활 속에서 자신의 주장을 관철시키기 위해서 이미 논술 훈련을 하고 있어. 그건 자신의 주장에 대해서 이유를 다는 것이지. '핑계 없는 무덤은 없다'는 속담도 있잖아. 사람들은 모두가 자신의 말과 행동에 대한 이유를 갖고 있어.

다음은 네가 엄마나 아빠 또는 다른 친구들에게 시험을 잘 보았다고 자랑할 때의 예야. 이 예는 두괄식이야.

"엄마! 나 이번 시험에서 100점 받았다!"
"와우. 우리 딸 참 잘했네. 무슨 시험이었는데?"
"응, 1학기 중간고사 시험이었어. 국영수사과 모두 100점 받았어."
"아유, 이쁜 엄마 딸! 엄마 딸이 최고야, 최고!"

이번에는 네가 시험을 잘 못 보아서 엄마나 아빠 또는 친구들에게 변명할 때의 예야. 이 예는 미괄식이야.

"이번 시험은 문제가 어려웠고 시험 범위가 아닌 데서 나왔어. 그리고 알려 주지도 않은 문제를 선생님이 출제하셨어……. 그리고 내가 아프기도 했고……, 엄마와 아빠가 너무 바빴잖아. 그래서……."
"그래서 어떻게 됐다는 말이야?"
"그래서 이번 시험을 잘 못 봤어."
"결국 그 얘기하려고 이렇게 뜸들인 거야? 내가 못 살아!"

교실 밖 상식 놀이터

글을 쓰는 방법으로는 크게 두괄식과 미괄식이 있어. 두괄식은 결론을 먼저 내고 진행하는 것이고, 미괄식은 결론을 마지막에 내는 글이야. 네가 글을 쓰거나 대화할 때는 두괄식이 좋아. 왜냐하면 주장이나 결론을 먼저 이야기하였기 때문에 읽는 사람과 듣는 사람은 그 이유를 물어보게 되거든. 앞의 예를 보면 이해할 거야. 접속사를 활용한 4단계 논술이란 것도 두괄식 글쓰기를 강조한 거야.

'주장하기와 이유 달기'를 좀 더 확장하고 체계화한 것이 '접속사를 활용한 4단계 논술'이야. 4단계 논술을 간략하게 표현하면 옆의 표와 같아.

접속사를 활용한 4단계 논술 방법은 논술뿐 아니라 모든 대화와 토론에도 적용할 수 있어.

다음은 4단계 논술을 적용한 한 가지 예야.

이 세상에 옳고 그름을 가릴 수 있는 객관적 진리는 있을 수 없다. 왜냐하면 사람들은 저마다의 주장과 그 이유를 갖고 있기 때문이다. 그러나 제삼자를 통한 객관적 판단이 가능하다고 주장하는 사람도 있다. 그럼에도 불구하고(하지만) 제삼자의 판단 또한 한 사람의 의견이라는 점에서는 크게 다를 게 없으므로 객관적 판단이라고 할 수 없다. 사람들은 모두 각자가 자라 온 환경과 지식의 정도에 따라 자신의 판단기준을 갖고 있기 때문이다. 따라서 이 세상에 옳고 그름의 시시비비를 분명히 구별할 객관적 판단은 있을 수 없다.

◆ 4단계 논술 방법 ◆

주장하기: 나는 인간은 사회적 동물이라고 생각한다.

제1단계: **이유 달기: 왜냐하면** 인간은 혼자서는 살 수 없기 때문이다.

제2단계: **반론 소개하기: 그러나** 혼자서도 살 수 있는 인간이 있을 수 있다고 주장하는 사람도 있다. 로빈슨 크루소가 그 예다.

제3단계: **재반론하기: 그럼에도 불구하고** 인간은 혼자서 살 수 없다. 로빈슨 크루소의 이야기는 소설일 뿐이다. 한 인간이 옷을 만들고 먹을 것을 챙기고 집을 짓기는 어렵다. 더군다나 혼자 사는 인간은 그 외로움을 견디지 못하고 우울증에 빠질 것이다.

제4단계: **주장의 재확인: 따라서** 인간이 혼자 산다는 것 자체가 모순이다. 왜냐하면 혼자 사는 인간을 통해서는 인류의 생존과 번영이 있을 수 없기 때문이다.

논술 놀이터

1. 어떤 사람이 신문의 정치면을 보면서 "난 정치에 별 관심이 없어. 그 사람들이 알아서 하겠지 뭐. 생각하면 괜히 골치 아프잖아."라고 말했다고 해. 이 사람이 생각하고 있는 자신과 사회의 관계는 어떠한지에 대해 이야기해 보자.

2. "인간은 사회적 동물이다."라는 말은 다들 들어 보았을 거야. 인간은 사회를 통해서 관계를 맺으며 사회 속의 구성원이 돼. 너도 지금 가정과 학교, 그리고 여타의 사회적 관계 속에서만 의미가 있잖아. 하지만 네가 살고 있는 사회가 어떤 사회인가에 따라서 넌 지금과는 전혀 다른 사람이 되었을 수도 있어. 인간이 사회를 만들기도 하지만, 사회가 인간을 만들기도 해. 사회가 인간을 만든다는 것에 대해서 예를 들어 설명해 보렴.

3. 공원에 애완동물을 데리고 다니면 안 된다는 주장에 대해서 친구들과 이야기해 보자. 그러고 나서 그 주장에 대해서 접속사를 활용한 4단계 논술을 해 보자.

4. 과학의 발견

 뉴턴의 사과

　영국의 과학자 뉴턴은 사과나무에서 떨어지는 사과를 보고 '만유인력(萬有引力)'의 법칙을 발견했어. 만유인력이란 모든 물체는 서로 끌어당기는 힘이 있다는 거야. 이 법칙은 '자연의 원리'라고 할 수 있어. 만유인력의 법칙은 관성의 법칙, 가속도의 법칙, 작용–반작용의 법칙으로 이루어졌어. 뉴턴은 이 세 가지 법칙을 발견하기 위해 10년에서 15년간의 연구를 했지. 그런데 후대의 학자들은 이 법칙을 너무나 단순화하여 뉴턴의 일화와 만유인력의 법칙이 너무 쉽게 전달되었고 때로는 오해를 불러일으키기도 했어.

　이제 우리는 생각 실험을 해 볼 거야. 생각 실험이란 생각으로 상상을 해서 실험을 하는 거야. 마치 너와 내가 실제로 그와 같은 행동과 실험을 한다고 생각하는 거지.

네가 화가 나서 커다란 바위를 발로 찬다고 가정해 보자. 커다란 바위를 발로 찼지만 그 바위는 관성의 법칙 때문에 제자리에서 꼼짝도 안 해. 물론 너의 발길질이 그 바위를 움직일 만큼 컸다면 바위는 조금이라도 움직였을 거야. 또한 네가 바위를 발로 찬 힘의 크기만큼 바위는 너에게 반작용을 해서 고통을 주지. 네가 세게 차면 찬 만큼 고통은 더 심할 거야. 이게 작용-반작용의 법칙이야. 끝으로 네가 바위를 차서 아주 조금이라도 움직임이 있었을 거야. 움직임이 없었다면 조금의 떨림이라도 있었을 거야. 만약에 네가 조약돌을 찼다면, 그 조약돌은 멀리 날아갔겠지. 이게 가속도의 법칙이야.

관성의 법칙이란 외부에서 힘이 가해지지 않는 한 모든 물체는 자기의 상태를 그대로 유지하려는 성질을 갖고 있다는 거야. 버스를 타거나 자동차를 타다가 브레이크를 밟았을 때, 몸이 앞으로 움직이는 현상이

관성의 법칙이야.

달리던 버스가 급정거하면 앞으로 넘어지려고 하잖아. 또 아빠가 차의 브레이크를 급히 밟았을 때 차가 앞으로 밀리는 경우가 있잖아. 트럭이 급커브를 돌면 가득 실은 짐들이 도로로 쏟아지는 경우, 컵 아래의 얇은 종이를 갑자기 빠르고 세게 당기면 컵은 그 자리에 가만히 있는 현상, 지구의 끌어당기는 힘을 벗어난 로켓이 그 관성의 힘으로 달까지 움직이는 것 등이 모두 관성의 법칙 때문이야.

작용-반작용의 법칙이란 사람이 땅을 뒤로 밀면서 걷는 작용을 하면 그 반작용으로 사람은 앞으로 걸어가게 되는 현상을 말해. 풍선 끝을 묶지 않고 풀어 놓으면 가스가 빠져나오지. 하지만 가스가 빠져나오는 반대 방향으로 풍선이 날아가. 어부가 노를 젓는 작용을 하면 그 반작용으로 물이 뒤로 밀리는 만큼 배가 앞으로 나가는 현상, 로켓이 아래로 가스를 내뿜는 만큼 반대 방향으로 날아가는 현상, 지구와 달 사이의 끌어당기고 튕겨 나가려는 힘인 만유인력, 건너편 언덕을 막대기로 밀면 배가 강가에서 멀어지는 경우와 같은 것이 작용-반작용의 법칙이야.

가속도의 법칙이란 속도가 붙으면 붙을수록 그 속도가 더 높아지는 현상을 말해. 이것은 힘이 가해졌을 때 물체가 얻는 가속도는 가해지는 힘에 비례하고 물체의 질량에 반비례한다는 거야. 야구공은 힘을 준 만큼의 거리를 날아가잖아. 하지만 농구공은 더 많은 힘을 주어야 야구공만큼의 거리를 날아갈 수 있지. 가벼운 물체는 속도가 더 붙고, 무거운 물체는 금방 정지하는 것도 가속도의 법칙 때문이야.

에덴동산의 사과는 인간의 의식을, 벨헬름 텔의 사과는 사회를, 그리고 뉴턴의 사과는 자연(自然)을 말해. 인간의 의식, 사회, 자연은 네가 살아가고 있는 이 현실의 모든 것이라고 할 수 있어. 우리는 생각하고, 관계를 맺고 있으며, 이 자연 속에서 발 디디고 살고 있잖아.

너와 나뿐만이 아니라 모든 인간은 자연과 사회를 끊임없이 '의식'하며 그것들과 관계를 맺고 살아가잖아. 그래서 인간들의 모임인 사회와 자연의 관계, 사회와 자연의 변화에 대한 인식이 없다면 인간의 삶은 무의미하다고 할 수 있어.

나는 내 인생의 주인인가, 노예인가

나는 학교에 올 수도 있고 안 올 수도 있다. 나는 식당에서 비빔밥을 먹을 수도 있고 오므라이스를 먹을 수도 있다. 나는 집에 갈 수도 있고 안 갈 수도 있다. 그것은 나의 자유이고 선택이다. 하지만 나는 학교에 올 수밖에 없었고 오므라이스를 선택할 수밖에 없었으며 집에 갈 수밖에 없었다. 과연 나에게는 자유가 있는가, 없는가? 나는 내 인생의 주인인가, 노예인가?

육하원칙 게임으로 소설 창작하기

16절지 시험지를 준비해서 여섯 조각으로 잘라 봐. 그 여섯 장의 쪽지에 소설의 줄거리를 육하원칙에 따라 창작해 보렴. 그다음에 여섯 명의 친구들의 쪽지를 모두 모은 후 1번 쪽지는 1번 쪽지끼리…… 6번 쪽지는 6번 쪽지끼리 모아. 그렇게 모은 쪽지를 무작위로 읽어 봐.

그러면 새로운 줄거리가 태어나기도 하고, 전혀 엉뚱한 이야기가 만들어지기도 해. 그걸 읽으면서 웃다 보면 소설 창작이 별거 아니라는 생각을 하게 되지. 왜냐하면 각 단계별로 에피소드를 한두 개만 집어넣어도 소설이 만들어지기 때문이야.

다음은 선생님이 아이들에게 예시한 글이야.

① 누가(Who) – 통일한 남북한의 배달의 자손들이
② 언제(When) – 2022년 8월 15일
③ 어디서(Where) – 백두산 천지 연못에서
④ 무엇을(What) – 단군왕검이 숨겨 둔 로봇 태권 V를 꺼내어
⑤ 왜(Why) – 2022년 8월 14일에, 미국과 일본에 의해 발발한 제3차 세계대전의 종식을 위해
⑥ 어떻게(How) – 로봇 태권 V로 미국과 일본의 세계침략 전쟁을 막고, 통일 대한민국이 세계 정신문명의 새로운 지도국으로 자리 잡게 되었다.

논술 놀이터

다음의 두 주제에 대한 글을 읽고, 한 가지 주제를 택해 200자 이상의 글을 써 보자.

1. 나는 내 인생의 주인인가, 노예인가?

　나는 내 인생의 주인이다. 왜냐하면 나는 내가 하고 싶은 일을 하고, 하기 싫은 일은 하지 않기 때문이다. 그러나 사람들은 어찌할 수 없는 생활 속에서 시간에 맞추어 출근하고 퇴근하는 게 무슨 주인이냐고 이야기하기도 한다. 하지만 그건 누구나 다 갖고 있는 생활이다. 중요한 건 이것을 할 것인가, 저것을 할 것인가를 내가 판단하여 결정한다는 사실이다. 따라서 비록 내 생활이 스케줄에 의해서 움직인다고는 하지만, 그 스케줄 속에서 나는 내 인생의 주인으로서 스스로 판단하고 결정하여 선택하기 때문에 나는 내 인생의 주인공이다.

2. 감사의 편지 쓰기

　사랑하는 나의 제자들에게

　"책은 꿈꾸는 것을 가르쳐 주는 진짜 선생이다."라는 말을 나는 무척 좋아해요. 또한 '이 세상은 한 권의 책'이고 자네들과 나는 그 책을 공부하는 학생이라고 생각해요. 세상을 살면서 자네들은 참으로 많은 웃음과 눈물, 비극과 희극을 겪을 거야. 하지만 아무리 세상이 험악하고 살기 힘들다 할지라도, 자네들과 내가 열심히 이 세상을 살아가야 하는 이유는 나쁜 사람들보다는 좋은 사람들이 더 많기 때문이야. 자네들과 나도 그 좋은 사람들의 일원이 되어야겠지.

　그래서 나는 오늘도 '나의 선생님들'을 곳곳에서 만나게 된다네. 화가 나서 내 마음을 다스리지 못하고 매를 들었을 때가 있었네. 마음 상해 있던 나와는 달리 매를 맞았던 자네들은 교실 복도에서 만난 나를 보며 되레 빙그레 웃으며 인사를 하였지. 참으로 부끄럽고 미안하였네. 자네들은 그 웃음으로 속 좁은 나를 가르쳤지. 백 마디의 말보다 때로는 한순간의 진정 어린 행동이 더 많을 것을 알려 주더군.
나는 오늘도 자네들과 함께 떠들고 놀고 공부하며 배운다네. 때로는 자네들이 오히려 나의 스승이기도 하다네. 아니, 세상 사는 모든 사람이 나의 스승이고 선생이라네.
오늘도 나는 자네들을 보고 구두끈을 새로 묶는다네.
언제나 늘 항상 밝고 활기차게 생활하는 자네들이길 바라며 이만 줄이네. 언제나 행복하고 건강한 그 웃음 잊지 말기를 바라네.
학생 여러분, 고맙습니다. 감사합니다. 그리고 사랑합니다.

학생의 날에
이수석 드림

5. 인간의 욕망

 파리스의 사과

파리스는 그리스 신화에 나오는 트로이의 영웅으로, '알렉산드로스'라고도 해. 그는 트로이의 프리아모스왕의 아들로, 그가 태어날 때 어머니 헤카베는 횃불이 도시 전체를 불태우는 꿈을 꾸었다고 해. 이는 트로이의 멸망을 의미하는 불길한 징조라 하여 어머니는 그가 태어나자 곧 하인을 시켜 이데산(山)에 버리게 하였어. 하지만 기적적으로 구조되어 파리스라는 이름으로 양치기들의 손에서 자라게 되었지.

바다의 여신 테티스의 결혼식 때 여러 신들이 초대되었으나 싸움의 여신 에리스만 제외되었어. 왜 제외되었는지는 알겠지? 빙고! 그래, 에리스는 불화의 여신이야. 그녀가 오면 신들과 사람들은 싸우잖아. 그래서 왕따를 시킨 거지. 하지만 왕따를 당한 여신의 기분이 어떻겠어?

화난 여신은 '가장 아름다운 여신에게'라고 쓰인 황금사과를 결혼식장의 연회석에 던지고는 사라졌어. 그리스의 열두 신 중 자신의 미(美)를 뽐내던 아테나, 헤라, 아프로디테 세 여신은 자신이 제일 아름답다며 이 사과를 두고 다투었어.

　이것을 보다 못한 신들의 왕 제우스는 그 심판을 파리스에게 맡겼어. 여신들은 이데산으로 달려가 파리스에게 약속하길, 만약 자신에게 사과를 주면 아테나는 전쟁터에서의 승리와 영광을, 헤라는 세계를 다스릴 수 있는 왕의 권력을, 아프로디테는 인간 중에서 가장 아름다운 여자를 주겠다고 각각 약속하였대. 너는 무엇을 선택할 거니? 그 이유는?

자존심의 싸움, 트로이 전쟁

파리스는 아프로디테를 선택하였대. 아프로디테는 약속대로 파리스에게 가장 아름다운 여자인 스파르타의 헬레네를 선물로 주었대. 오우, 오해하지 마. 이건 남성 위주의 사회에서 일어난 일이니까. 파리스는 아프로디테의 도움으로 헬레네를 트로이로 데리고 왔어. 그러나 그녀는 이미 스파르타의 왕 메넬라오스의 아내였어.

그리스인들은 헬레네를 되찾기 위해 트로이 원정을 결정했어. 이리하여 '트로이 전쟁'이 시작되었지. 파리스는 자신의 특기인 활쏘기로 그리스 연합군을 죽이고, 아프로디테의 보호로 많은 적을 무찔렀어. 특히 그리스의 영웅 아킬레우스의 유일한 급소인 발뒤꿈치를 활로 쏘아 천하무적 아킬레우스를 쓰러뜨리기도 했지. 이런, 그리스 로마 신화 이야기를 너무 많이 하였구나.

음, 나머지는 너희들이 직접 책을 읽어 보도록 해. 인간의 상상력이 만들어 낸 신화 이야기는 정말 너무너무 재밌거든.

아킬레우스 이야기

아킬레우스는 그리스 신화의 영웅으로, 라틴어로는 '아킬레스'라고도 해. 그는 바다의 여신 테티스와 펠레우스왕의 아들이야. 테티스는 아킬레우스가 태어나자, 그를 신들이 목욕하는 스틱스 강물에 담갔어. 이 물에 몸을 씻으면 전신이 강철과 같은 불사신이 된다고 해. 아킬레우스는 칼과 활로 온몸을 찔려도 끄떡없는 천하무적의 용사가 되었지.

그러나 어머니 테티스가 손으로 잡고 있던 발뒤꿈치만은 물에 젖지 않았어. 그래서 발뒤꿈치는 그의 치명적인 급소가 되고 말았지. '아킬레우스의 힘줄[腱]'이란 이름도 여기서 유래하였어. 그러나 더 자주 사용되는 것은 '아킬레스건'이란 말로 이것은 완전하고 빈틈 없어 보이는 사람의 치명적인 급소를 나타내는 말이 되었지.

이런 아킬레우스도 트로이 전쟁에서 죽게 돼. 신탁은 "트로이 전쟁은 아킬레우스가 참여해야만 그리스의 승리로 끝날 것이며, 아킬레우스는 그 전쟁에서 죽을 것이다."라고 예언해. 아킬레우스를 잃고 싶지 않았던 아버지 펠레우스는 아킬레우스가 트로이 전쟁에 나가지 못하도록 그를 여자로 변장시켜 스키로스의 왕 리코메데스의 딸들 틈에 숨겼어. 하지만 아킬레우스 없이는 트로이를 함락시킬 수 없다는 예언을 듣고 찾아온 오디세우스에게 발각되어 출전하게 되지.

오디세우스는 과연 어떻게 여자로 변장한 아킬레우스를 찾아낼 수 있었을까?

오디세우스는 여자로 변장한 아킬레우스를 찾아내기 위해 여자아이들이 좋아하는 물건들 속에 무기를 섞어 놓았어. 다른 공주들은 모두

여자들이 좋아하는 물건을 집었는데, 아킬레우스만 무기를 집었던 거지. 이 때문에 아킬레우스의 정체가 발각된 거야.

트로이 전쟁에 참전한 아킬레우스는 용맹을 떨쳐. 그리하여 트로이 제일의 용사인 파리스의 형 헥토르를 죽이기도 하지. 하지만 트로이 전쟁의 원인을 제공한 파리스가 쏜 화살에 '아킬레스건'을 맞고 결국 죽게 되지.

'파리스의 화살'은 완전한 일이나 약점 없는 사람을 무너뜨리는 '결정적 무기'를 의미하는 말이 되어 전해지고 있어.

논술 놀이터

1. '파리스의 사과' 이야기에서 사과는 과연 무엇을 의미하는 것일까? 그래, 바로 인간의 욕망, 무의식, 본능 등을 말해.

   ① 욕망이란 무엇인지에 대한 자신의 생각과 이유를 문장으로 써 보자.

   ② 버림으로써 오히려 자유로울 수 있는 것에 대한 생각과 이유를 문장으로 써 보자.

   ③ 가짐으로써 오히려 제약받을 수 있는 것에 대한 생각과 이유를 문장으로 써 보자.

2. 너에게 있어서 아킬레스건은 뭐라고 생각해?

   나의 아킬레스건은 _____ 이다.
   왜냐하면 나는 _____ 하기 때문이다.

3. 너에게 있어서 파리스의 화살은 뭐라고 생각해?

   나의 파리스의 화살은 _____ 이다.
   왜냐하면 나는 _____ 하기 때문이다.

6. 미래의 준비 - 공부가 제일 쉽다?

 스피노자의 사과

마지막 다섯 번째 사과는 잘 알려지지 않은 이야기야. 하지만 아주 중요한 이야기를 함축하고 있어. 과연 어떤 사과일까?

"내일 지구가 멸망하더라도 난 오늘 한 그루의 사과나무를 심겠다."라는 명언에 나오는 바로 그 사과야.

이 말은 17세기 네덜란드의 철학자 스피노자(1632~1677)가 한 말이야. 그런데 이 말을 실천한 사람은 미국 초기의 개척자 중 한 사람인 존슨이야. 존슨은 자기가 먹고 난 사과 씨를 사람들이 다니는 길가에 심었어. 미국 대부분의 땅에 사과 씨를 심은 거지. 자기 살아생전에는 사과를 따 먹지 못하더라도, 먼 훗날 사과가 열리면 배고프고 목마른 사람들이 지나가다 따 먹을 수 있지 않겠어? 스피노자와 존슨의 사과는 바로 미래를 준비하는, 그리고 사람들에게 희망을 심어 주는 개척 정신이 담겨 있어.

이와 비슷한 이야기가 어리석은 늙은이가 산을 옮기다는 '우공이산(愚公移山)'이란 고사성어야. 이 이야기는 네가 인터넷을 통해 직접 알아봐! 왜냐하면 공부는 스스로 하는 거거든.

500페이지의 영어 단어 책을 외우는 일은 생각보다 참 쉬워. 그건 매일 10페이지씩 외우는 거야. 물론 작심삼일이 되어 계획을 이루지 못하는 경우가 많아. 하지만 잘 짜인 계획은 반은 이루어진 거라 하잖아. 500페이지의 영어 단어 책을 두 달, 즉 60일 동안의 계획으로 짜 봐!

매일 10페이지씩 외우자는 추상적인 계획이 아니라, 1일은

11쪽부터 20쪽, 2일은 21쪽부터 30쪽, 3일 31쪽부터 40쪽, 5일은 41쪽부터 50쪽, 6일은 51쪽부터 60쪽, 7일은 휴식 및 보충, 8일은 61쪽부터 70쪽, 9일은 71쪽부터 80쪽, 10일은 81쪽부터 90쪽, 그리고 10일째는 휴식 및 보충으로 계획을 짜서 실천하지 못한 날의 단어를 외우면 돼. 여기서 제일 중요한 것은 계획한 날의 것만을 하는 거야. 지나간 날은 지난 것이기에 이미 존재하지 않아. 과거에 연연하지 말고 계획에 따라 진행하는 거야. 이렇게 구체적으로 성공할 수 있는 계획을 세우면, 60일이 지난 뒤에는 군데군데 이가 빠졌지만 500페이지의 단어장을 다 외운 스스로를 발견할 거야.

정말 잘 짜인 계획은 반은 이루어진 거야. 물이 바위를 뚫는 이유는 그 힘이 아니라 지속성 때문이야. 공부가 제일 쉬운 거야.

생각은 힘이 세다

휴우, 이제 한숨 돌리고 한번 생각해 보자고. 왜냐하면 생각은 정말이지 힘이 세거든.

먼저 죄와 벌의 기독교 정신을 낳은 성경의 지선악과, 이건 인간의 의식을 상징해. 다음은 빌헬름 텔의 사과, 이건 너와 관계한 모든 사람이 평화롭게 사는 사회를 상징해. 그리고 뉴턴의 사과는 자연을 상징하지. 특히 근대 이성과 과학을 낳은 인간의 지성을 말해.

그렇다면 파리스와 스피노자의 사과는 무얼 상징하는 걸까? 파리스의 사과는 그 무엇이든지 성취하고자 하는 인간의 욕망, 특히 아름다운 예술을 창조하는 정신을 상징해. 스피노자와 존슨의 사과는 언제나 현재보다는 나은 내일을 모색하고 준비하는 인간의 모습을 상징하고 있어.

사람이 사는 이유는 뭘까? 아마도 행복해지기 위해서일 거야. 그렇다면 행복해지기 위해선 어떻게 살아야 할까? 행복해지기 위해선 긍정적인 생각의 힘이 좋다고 해. 인생에서 성공한 대다수의 사람들은 긍정적인 생각을 갖고 있었다고 해.

너는 배가 고플 때, "아, 배고파 죽겠다."라고 말하는 사람과 "아, 배부르면 좋겠다."라고 말하는 사람 중에서 어떤 사람에게 밥을 더 사 주고 싶어? 아니, 너는 어떤 말을 먼저 해? 많은 사람들이 "아, 배고파 죽겠다."라며 부정적인 생각을 해. 나는 이런 생각을 하는 사람에게는 밥을 사 주기가 싫어. 왜냐하면 괜히 아깝다는 생각이 들기 때문이야. 하지만 "아, 배부르면 좋겠다."라고 말하는 사람에게는 밥을 사 주고 싶어. 왜냐하면 그와 같이 밥을 먹으면 더 맛있고 행복해질 거란 생각 때문이지.

하지만 이것도 사람마다 다르게 해석할 수 있어. 왜냐하면 그 분위기와 상황에 따라서 정반대로 해석할 수 있는 경우가 많기 때문이야. 네가 어떤 생각을 갖고 있느냐에 따라 너의 얼굴 표정과 행동은 달라져. 기쁘고 행복한 마음으로 매일을 생활한다면, 너를 접하는 많은 사람들이 너를 보면서 기쁨을 느낄 거야.

이제 지금까지 너와 나눈 사과 이야기를 정리할까 해. 너에게는 지금까지 이야기한 모든 사과가 있다고 하자. 너는 오늘도 어제처럼 살고 있고 내일도 살아갈 거야. 하지만 왜 살지? 행복하게 살기 위해선 어떻게 해야 할까? 빙고! 실천이 중요한 거야. 자신이 궁금해하는 일에 대한 대한 의문과 질문, 그리고 그것을 알고 싶어 하는 실천과 행동이야. 실천하고 행동하는 네가 있다면, 그래서 네 삶의 뜰에도 다섯 그루의 사과나무가 있어서 그 사과가 알알이 열매를 맺는다면, 너의 삶은 나날이 넓어지고 깊어지며 행복해질 거야. 나는 네가 행복해지길 바라.

생각해 보기와 정리하기

지금까지 사과 이야기를 했어. 그러면서 너와 관련된 많은 사람과 생각할 거리에 대해서도 말했어. 결국 인간은 여러 상징과 약속을 통해서 이 세상을 이해하고 살아가는 거야. 그럼 지금까지의 사과 이야기를 정리하면서 다음의 질문에 대해서 답해 봐.

논술 놀이터

1. 지금까지 나온 다섯 가지 사과와 관계있는 것끼리 줄을 그어 연결해 보자.

    ① 파리스의 사과　　　■　　　■ 인간의 생각(의식)
    ② 지선악과　　　　　■　　　■ 인간이 살아가는 사회
    ③ 뉴턴의 사과　　　　■　　　■ 우리를 둘러싸고 있는 자연
    ④ 빌헬름 텔의 사과　 ■　　　■ 인간의 욕망, 무의식, 본능
    ⑤ 스피노자와 존슨의 사과 ■　　■ 미래를 준비하는 인간의 모습

2. 우리는 오늘 아침에 밥을 먹고 집을 나왔다. 밥을 먹기까지 우리와 관계된 모든 사람에 대해서 이야기해 보면서, 이 사회는 어떤 관계로 이루어져 있는지 생각해 보자.

7. 내 인생은 나의 것

 스무고개 넘기

스무고개 식으로 문제를 낼 테니까 답이라고 생각하면 '삐이' 소리와 함께 발언권을 얻고 답을 이야기해 줘. 발언권을 얻어서 이야기하는 게 회의의 원칙이잖아.

① 이 책의 '제목'은 무엇일까?
② 이 책은 크기도 페이지도 무게도 없어.
③ 그러나 이 책은 세상에서 가장 훌륭한 교과서야.
④ 그 때문에 아주 재미있기도 하고 때로는 슬프기도 하고 괴로운 책이기도 해.
⑤ 이 책은 부처님의 말씀보다, 예수님의 가르침보다, 아니 그 어떤 철학자

나 지혜로운 자보다 더욱 많은 지혜를 담고 있어.

⑥ 그러나 아주 즐거운 책이야. 얼마나 행복한 책인데.

⑦ 더 좋은 게 뭔지 아니? 이 책은 성적표가 없어. 당연히 시험도 없지.

⑧ 다만, 흐음…… 네가 스스로 성적을 매기고 평가하기는 해. 이 책은 어떤 책일까?

⑨ 그러나 이 책은 지은이가 없어. 아니, 지은이가 없는 책이 어떻게 있어? 책이 있다는 건 누군가가 그 책을 썼다는 거 아니야? 맞아. 이 책은 지은이가 없기도 하지만, 지은이가 반드시 있어. 이 책의 지은이와 주인공은 너와 나, 그리고 우리 모두라고 할 수 있어.

⑩ 이 책은 네가 학교에서 공부하는 것처럼 과목별로 나누어져 있지도 않아. 그러나 모든 과목을 포함하는 책이야.

⑪ 이 책은 태어나면서부터 배우고, 죽으면서 눈을 감을 때 비로소 책장을 덮어.

⑫ 이 책은 글씨를 몰라도 공부를 못해도 읽고 쓸 수 있는 책이야. 어떻게 글을 읽을 줄도 쓸 줄도 모르는데 책을 쓸 수 있냐고? 좋은 질문이야. 왜냐하면 이 책은 행동으로 쓰고 실천으로 만들어지는 책이기 때문이야. 자! 과연 나는 어떤 책일까?

모범 답안

☞ 바로 세상이라는 책이야. 인생이라고도 할 수 있지. 그렇다면 지금 너는 '세상'이라는 책의 몇 페이지 몇 째 줄을 읽고 쓰고 있어? 네 적성과 취미 그리고 생활에 맞는 것을 지금 하고 있니?

내 인생은 나의 것

넌 자신의 인생을 위해 지금 무엇을 준비하고 있어? 아하, 그렇지. 지금 이 책을 열심히 읽으며 생각하고 있지.

이 세상은 네가 살아가는 거야. 부모님이 아무리 너를 사랑한다 할지라도, 너를 대신해서 아파 주실 수는 없어. 너의 아픔은 네 것이고, 고통과 불안과 근심, 그리고 죽음까지도 네 것이야. 이 세상에 하나뿐인 네가 이 세상을 살아가는 거야. 그러기 위해선 우선 자기 자신에 대한 이해와 탐구가 먼저 있어야 해. 왜냐하면 네 인생은 네 것이니까 말이야.

나 자신에게 의미 부여하기

이 세상 모든 존재는 저마다 자신을 나타내는 이름을 갖고 있단다. 안경, 책가방, 책, 노트, 책걸상…… 그리고 너! 그 이름으로 인해 그 존재들은 자신임을 나타내고 있지. 안경은 안경답게, 연필은 연필답게, 컴퓨터는 컴퓨터답게 말이야. 그리고 부모답게, 선생님답게 행동하기를 요청받고 그렇게 행동하기도 하잖아. 너 또한 학생답게 행동하기를 요구받고 있고, 그렇지 못할 때는 비난과 처벌도 받잖아.

선생님 이름은 너도 알다시피 '이수석(李秀碩)'이야. 이름 좋지? '오얏 리(李)'에 '빼어날 수(秀)' '클 석(碩)'으로, 할아버지께서 지어 주셨대. 그런데 선생님은 이 이름 때문에 초등학교와 중학교 때 친구들로부터 많은 놀림을 받았어. 왜 아니겠니? 친구들이 '수석(秀碩, 빼어나게 크게 되라)'을 '물 수(水)'와 '돌 석(石)'으로 이해하였고, 농담으로 '물가의 돌' '짱돌' '차돌' '롤링스톤' 등으로 놀렸어. 거리 곳곳엔 분재원이 있어서 'ㅇㅇ수석'이란 곳도 많잖아. 입장 바꿔 생각해 봐! 그렇게 놀림을 받는 게 너무나 싫었어. 너라면 좋았겠니? 그리고 내 이름을 이렇게 지은 할아버지가 미웠어. 그러다가 이렇게 지내서는 안 되겠다는 생각이 문득 들었어. 왜냐하면 내 인생은 내 것이니까 내 이름에 '의미 부여'를 하기로 했어. 어떤 의미가 좋을까? 왜 가수들이나 연예인들은 자기 이름 말고 예명을 쓰잖아. 난 예명은 아닐지라도 자부심 있는 이름, 그래서 누가 놀려도 떳떳하게 말할 수 있는 자랑스러운 의미의 이름을 갖고 싶었어.

돌아가신 할아버지께서 어떻게 무슨 의미로 선생님 이름을 '수석'이라고 지었는지는 모르겠어. 하지만 세상을 사는 것은 결국 '선생님'이 사는 것이고 '선생님 인생은 선생님의 것'이잖아. 그래서 곰곰이 생각해 보았어. 멋지게 의미 부여를 해야 하니까.

대학교를 졸업하면 '학사(學士)' 학위를 받아. '배우는 선비' 또는 '배운 선비'란 뜻이야. 그리고 대학원을 졸업하면 '석사(碩士)' 학위를, 더욱 공부하면 '박사(博士)' 학위를 받아. 학사 학위의 의미는 이해가

갔지만, 석사 학위의 의미는 잘 이해가 안 되었어. '석사'에서 '석(碩)'을 파자(破字)해 보니 '돌 석(石)'과 '머리 혈(頁)'이었어. 석사의 의미는 '돌대가리 선비'란 뜻이었어. 이상하지 않니? 학사보다 더 많이 공부한 사람을 석사라고 하는데, 공부를 하면 할수록 돌대가리가 된다니…….

박사(博士)는 '넓을 박(博)'과 '선비 사(士)'이니, 박사의 뜻은 '넓게 아는 선비'란 뜻이지. 이건 공감이 가잖아. 그런데 학위의 순서가 왜 '학사→석사→박사'의 단계로 만들어졌을까라는 의문이 생겼어. '배우는 선비' 또는 '배운 선비'라는 학사와 '폭넓게 아는 선비' 또는 '두루두루 넓고도 깊게 아는 선비'라는 박사의 의미는 이해가 되었어. 그러나 '돌대가리 선비'라는 석사의 의미는 이해가 안 갔어.

대학교를 졸업하고 대학원을 진학하는 이유가 그 학문을 전문적(專門的)으로 깊게 공부하기 위한 거잖아. '돌대가리 선비'라는 의미를 불현듯 깨닫게 되었어. 대학원을 졸업하게 되면 자신이 전공한 분야만큼은 전문가로서 깊고 확실하게 안다는 의미에서 석사란 학위를 만들어 놓았구나 하고 그 의미를 이해했어. 돌에 글을 새기면 잘 지워지지 않지? 아니, 영원하다고 할 수 있을 만큼 오래 가고 선명하잖아. 그래서 석사라고 하였던 거지.

그리고 좀 더 공부하게 되면 박사로서 '여러 분야를 폭넓게 아는 선비'가 된다는 의미도 파악했어. 어때? 내 머리 대단하지? 아니, 단단한 건가? 그렇다면 내 이름 '수석(秀碩)'은 어떤 의미로 지어 주셨을까?

할아버지께서는 이미 돌아가셨으니 여쭈어 볼 수도 없고…….

그래, 세상은 내가 사는 것이고 내가 의미를 부여하면 되는 것 아닌가? 할아버지가 무슨 뜻으로 지어 주셨든, '내 인생은 내 것이다!' 하는 생각으로 '그래! 나는 한 분야에서 전문적 지식을 갖춘, 언제나 노력하는 빼어난 그 무엇으로 살자!'라는 의미 부여를 했어. 나 참 기특하지? 그래서 나는 내 이름이 '흐르는 물처럼 공부하고, 대지의 바위처럼 굳건하게 살자.'라는 의미의 '수석(水石)'이라고 생각하기로 했어. 이제 네가 할 차례야. 이 세상은 결국 네가 살아가는 것이고 네가 존재할 때만 의미가 있는 세계이니까.

논술 놀이터

1. 다음 질문에 대해서 생각해 봐. 그리고 그 이유에 대해서도 생각해 보렴.

   ① '윗물이 맑아야 아랫물도 맑다'는 속담이 있어. 그러나 『흥부와 놀부』에서도 그럴까? 과연 윗물이 맑아야 아랫물이 맑을까?

   ② '아래 장작이 잘 타야 위 장작이 잘 탄다'는 속담도 있어. 아랫사람이 잘돼야 윗사람도 잘된다는 의미지. 왜 이런 상반된 속담이 있을까?

   ③ '살생하지 말라'는 계명이 불교와 기독교에 있지? 그렇다면 미친 개도 생명이니 보호해야 할까?

   ④ '정직해야 한다'는 것은 누구나 다 지켜야 하는 일반적인 윤리이고 도덕이야. 그러나 독립운동을 하는 독립군의 비밀 기지를 일본군에게 알려 주는 행위도 '정직해야 한다'는 윤리 규범을 지킨 것일까?

   ⑤ 『어린왕자』에서 여우가 말했어. "네 장미꽃이 너에게 그렇게 소중한 이유는, 네가 네 장미꽃을 위해 허비한 시간 때문이란다." 여우가 어린왕자에게 한 말의 의미가 무엇인지 이야기해 보자.

2. 너의 능력과 취미, 소질 그리고 이름 등을 회상하며 네가 어떻게 살고 싶은지에 대한 내용을 담아 자신의 이름에 의미를 부여해 봐. 친구의 이름에도 의미를 부여해서 새로운 별명을 붙여 줘 봐.

8. 미치도록 공부하면 미친다?

 ## 공부를 잘하려면?

계획을 잘 짜면 반은 실현한 것이라고 하지? 목수가 집을 지을 때도, 발명가가 새로운 발명품을 만들 때도, 엄마가 반찬을 만들 때도, 모두 계획을 세워. 그리고 그 계획을 이루기 위해 다양한 재료와 물건들을 준비해.

너도 무엇을 공부하려면 먼저 계획표를 세우잖아. 그런데 안타깝게도 작심삼일이 되기 쉽잖아. 그런 너에게 선생님은 이런 말을 해 주고 싶어.

"너는 공부할 책이 너무 많아서 공부를 못하고, 우리 선조들은 공부할 책이 너무 없어서 공부를 잘했다."

그럼 이제 공부 잘하는 법을 이야기할게.

많은 사람들은 선생님을 신기하게 생각해. 언제 그렇게 책을 읽고 글을 쓸 수 있느냐고. 선생님은 자투리 시간을 활용해. 그리고 성취할 수 있는 계획을 세워 지속적으로 일을 하지. 선생님은 얼마 전에 860페이지 되는 역사책 한 권을 읽었어. 선생님은 매일 30페이지씩 읽기로 계획을 세웠어. 그리고 중간의 목요일 하루는 '휴식 및 보강'이란 날을 만들었어. 물론 일요일은 가족과 함께하는 '쉬는 날'로 잡았지.

이렇게 하니 일주일에 5일 동안 30페이지씩 읽어서 150페이지의 양을 매주 읽게 되었지. 두 달이 채 되기도 전에, 정말 엄두도 안 났던 860페이지가 되는 역사책을 읽을 수 있었어. 물론 선생님이 생활하는 학교에서도 똑같은 방법으로 600여 페이지의 사마천의 『史記(사기)』를 읽었어. 매일 30페이지씩 읽는 계획으로.

'떨어지는 물방울이 바위를 뚫는다'는 말은 진리였어. 끊임없이 지속적으로 노력하고 읽는 선생님에게 사람들은 감탄과 찬사를 보냈어. 작심삼일은 없어. 작심삼일 되는 계획이라면, 3일 뒤 다시 세워. 선생님은 일주일에 목요일과 일요일을 '휴식 및 보강의 날'로 잡았어. 혹시라도 실천하지 못한 계획은 그 이틀 동안 진행했지. 그렇게 하자 목표한 날에는 성취한 계획의 결과를 볼 수 있었지. 선생님은 스스로를 믿을 수 있게 되었고, 스스로가 자랑스러웠어.

난 이제 내가 하고자 하는 일에 미쳐. 그래서 미친 듯이 일하고 공부해. 그러면 내가 목표로 한 일에 미칠 수 있더라고. 공부 잘하는 법은 달리 없어. 성취할 수 있는 잘 짜인 계획과 그 계획을 이루기 위해서 미친 듯이 공부하면 그 목표에 미칠 수 있어. 자기가 좋아하는 일에 열정적으로 힘을 쏟으라고! 그러면 자기가 이루고자 하는 목표를 이룰 수 있어. 그래서 난 외쳐. 미쳐야(狂) 미친다고(及)!

인생은 공부의 연속

네 엄마와 아빠가 지금 무얼 하고 계신지 알고 있니? 엄마와 아빠는 지금도 무언가를 공부하고 있을 거야. 아빠는 요리학원을 다니거나 늦게나마 기타를 배우고 있을 거야. 어쩌면 마당 있는 집을 짓기 위해 한옥마을로 가서 집 짓는 법을 배우고 있을지도 몰라. 그리고 엄마는 평

생교육원에 다니면서 컴퓨터를 배우거나 그림을 배우거나 한자 등을 공부하고 있을 거야.

졸업은 또 다른 시작을 알리는 출발점이란 말을 들어 보았을 거야. 세상은 한 권의 책이고 이 세상을 살고 있는 모든 사람은 그 책을 공부하는 학생이라는 말의 뜻도 이제는 알 거야. 왜냐하면 세상을 살면서 언제나 공부해야 하기 때문이지.

너는 초등학교, 중학교, 고등학교, 대학교를 거쳐서 대학교에 진학하거나 유학을 가게 될 수도 있어. 그리고 직장에서도 끊임없는 교육을 받아야 할 거야. 학교에 다니면서 공부하는 사람을 학생이라고 해. 그리고 그 학생을 가르치는 사람을 선생이라고 하고, 그 선생을 높여 부르는 말이 선생님이야.

선생님은 학생인 너에게 한 시간 수업을 하기 위해 한 시간 이상의 공부를 해. 왜냐하면 재밌게 수업을 해야 네가 수업시간에 졸지 않거든. 선생님은 이미 다 알고 있다고? 천만에! 그 어떤 지혜로운 사람도 이 세상의 모든 지식과 지혜를 알고 있지 않아.

그래서 사람들은 오늘도 공부를 하기 위해 세상이란 책을 펼쳐. 아빠는 회사에서, 엄마는 직장이나 가정에서, 그리고 선생님은 이 학교에서. 인생이란 자신만의 책을 펼치지. 이건 너도 마찬가지야. 네가 지금 무엇을 하고 있든, 그건 네 인생이란 책을 쓰고 있는 것이고, 그 책을 읽고 있는 것이기도 해.

학문이나 기술을 배우고 익히는 것을 공부라고 해. 단순히 학교에서 책을 보는 것만이 공부는 아니야. 그 모든 것을 익히고 배우는 것이 공부야. 따라서 지금도 모든 사람은 공부를 하고 있어. 너는 지금 학생으로서 학교에서 공부를 하고 있지. 하지만 학교가 끝나면, 친구들과 놀면서도 공부를 해. 버스나 지하철을 타거나 가게에서 물건을 살 때도 공부를 하고 있는 거야. 왜냐하면 네가 '고맙습니다' '감사합니다' 등의 인사를 건네면, 상대방도 너에게 즐겁고 행복한 마음으로 답례한다는 것을 알게 되니까 말이야. 네가 기분 나쁜 표정을 짓거나 행동을 하게 되면 상대방도 너에게 친절하게 대하지 않는다는 것을 알게 되는 것이지.

"공부해서 남 주느냐? 공부해라, 공부!"

이 말은 참이기도 하고 거짓이기도 해. 참인 이유는 공부한 것을 남에게 주어야만 먹고 살 수 있기 때문이야. 옷을 만드는 사람은 자신만 입을 옷을 만들지는 않아. 농부는 자신만 먹을 양식을 위해 농사짓지 않아. 목수는 자신의 집만 짓고는 살 수 없어. 선생님은 공부한 것을 너에게 주기 위해 공부해. 옷 만드는 사람, 목수, 농부, 그리고 선생님은 공부한 것을 남에게 주어야만 먹고 살 수 있어. 그래서 공부해서 남 주느냐는 말은 거짓이기도 해. 왜냐하면 옷 만드는 사람, 목수, 농부, 그리고 선생님이 공부한 것을 남에게 주면 줄수록 그 기술과 학문은 넓고 깊어지는 것이지 없어지는 것이 아니기 때문이야.

공부는 끝이 없고, 죽을 때까지 해야 하는 거야. 그리고 그 공부한 것은 남에게 주어야만 해. 남에게 주어야 하는 공부는 정성스럽고 건강해야 하고 행복한 마음이 있어야 해.

부모님을 인터뷰해 보자!

너에게 난 계속 '관계 속의 인간'을 이야기하고 있어. 학생이 있기에 교사가 의미 있고, 자식이 있기에 부모가 의미 있어. 물론 그 반대로도 생각할 수 있지. 너와 나 중에서 너를 먼저 이야기하고, 학생과 자식을 먼저 이야기한 이유는 타인을 배려하는 마음을 네가 익히기를 바라서야. 너는 나의 타인이잖아. 또한 너와 네 친구들이 선생님이나 부모님보다 오래 살기 때문이기도 해. 네가 오래 살면서 선생님이 생각하지 못한 것, 너의 부모님이 생각하지 못한 것들을 이루어 지금보다 살기 좋은 세상을 만들기를 바라는 마음도 있기 때문이야.

넌 부모님의 사랑으로 태어났고 자랐잖아. 이젠 가장 기본이라 할 수 있는 그 부모님에 대해서 네가 알기를 원해. 그리고 네가 부모님과 대화하기를 바라. 언제나 받기만 하던 네가 이젠 먼저 부모님에게 다가가 봐. 네 부모님과 너를 알고 사랑하는 모든 사람들은 네가 성장한 모습에 깜짝 놀랄 거야.

논술 놀이터

1. 넌 어떤 공부를 하고 있니?

   나는 _____ 를 공부하고 있다.
   왜냐하면 나는 _____ 하며 _____ 다.

2. 아빠와 엄마가 지금 무슨 공부를 하고 있는지 알아보고 발표하자.

   아빠(엄마)는 _____ 를 공부하고 있다.
   왜냐하면 아빠(엄마)는 _____ 하며 _____ 다.

3. 다음 내용에 대해 부모님을 인터뷰해 보렴. 물론 이 주제는 모두의 앞에서 발표할 거란다.

   - 아빠와 엄마의 출생 연도와 어린 시절 사셨던 곳
   - 아빠와 엄마가 가장 행복하셨던 때와 그 이유
   - 아빠와 엄마가 지금 하시는 일과 그 일을 하시면서 느끼는 소감
   - 아빠와 엄마의 인생관과 좌우명, 그리고 그 이유
   - 아빠와 엄마가 너에게 부탁하고 싶은 말

9. 이 상자를 열까 말까

🎁 판도라의 상자

그리스 신화에는 티탄족(族) 이아페토스의 아들인 에피메테우스('나중에 생각하는 사람'이라는 뜻)와 그의 형인 프로메테우스('먼저 생각하는 사람'이라는 뜻)가 나와.

제우스는 이 세상의 피조물들에게 나누어 주려고 선물을 준비하였어. 그런데 에피메테우스가 그 선물들을 자기 기분 내키는 대로 피조물들에게 나눠 줘 버렸어. 사자에게는 날카로운 이와 힘 있는 발을, 독수리에게는 멀리 볼 수 있는 눈과 날카로운 발톱과 튼튼한 날개를 줬지. 많은 짐승들에게 선물을 남발하다가 정작 신들의 모습을 모방하여 만든 인간에게는 나눠 줄 선물이 없게 되었어. 결국 동생의 실수를 만회하기 위해 프로메테우스는 신들의 왕 제우스가 감춰 둔 불을 훔쳐 인간에게 선물로 주었어. 불을 도둑맞은 제우스는 인간과 프로메테우스에게 복수를 결심하였어. 제우스는 신들에게 명령하여 '판도라(모든 선물)'라는 여성을 만들어 프로메테우스에게 보냈어.

판도라는 그리스 신화에 나오는 인류 최초의 여성이야. 프로메테우스가 하늘에서 불을 훔쳤을 때, 제우스는 이를 복수하기 위해 대장장이 신 헤파이스토스를 시켜 흙으로 여자를 만들게 했어. 여기에 아프로디테는 매력을 부여하고 헤르메스는 간사한 지혜를 주었지. 그리스 로마 신화에 나오는 거의 모든 신이 온갖 능력을 주었어. 이 때문에 인류 최초의 여성은 모든 선물이라는 '판도라'라는 이름을 얻은 것이지.

프로메테우스는 자기에게 보내진 판도라를 경계하여 접근을 꺼렸어. 하지만 에피메테우스는 그녀를 아내로 삼았지. 판도라를 프로메테우스에게 보내면서 제우스는 그녀에게 하나의 상자를 보냈어. 너도 잘 알고 있는 판도라의 상자야.

아~ 궁금한 건 참을 수 없어.

제우스는 판도라에게 "그 상자는 무슨 일이 있어도 열어 보아서는 안 된다."라고 말했어. 그러나 모든 부귀영화를 누리는 판도라였지만, 그녀의 호기심은 그 어떤 부귀영화보다도 앞섰어. 결국 판도라는 그 예쁜 상자를 열고 말았지. 상자가 열리자, 그 속에서는 온갖 질병과 고통과 악(惡)이 튀어나왔어. 깜짝 놀란 판도라는 상자를 닫았는데, 마지막으로 나오지 못할 것이 '희망'이라는 것이었어. 이것이 '판도라의 상자' 사건이고, 그리스 신화에서는 여기서부터 인류의 불행이 비롯되었다고 말해.

프로메테우스에게 편지 쓰기

제우스는 프로메테우스가 자신의 장래에 관한 비밀을 알려 주지 않았기 때문에 코카서스(카프카스)의 바위에 쇠사슬로 묶어 놓았어. 그는 날마다 낮에는 독수리에게 간을 쪼여 먹히고, 밤이 되면 다시 간이 회복되어 영원한 고통을 겪게 되었대. 그러다가 제우스의 아들 헤라클레스가 독수리를 죽였어. 자기 자식의 영웅적 업적을 기뻐한 제우스는 프로메테우스를 풀어 주었지.

프로메테우스가 인간을 사랑하지 않았다면 이런 고통을 받지 않았을 거야. 인간은 불의 발견으로 보다 윤택해졌고 만물의 영장이 될 수 있는 기틀을 잡았어. 하지만 그 불로 인해서 인간은 종족 간의 전쟁을 일으켰고, 어떻게 하면 서로를 더 많이 죽일지를 생각하게 되었어. 그리고 무분별한 자연개발로 인해 환경오염이 발생하기도 하였어.

나에게 쓰는 편지

고대 그리스의 철학자 소크라테스는 "음미되지 않은 삶은 가치가 없다."라고 이야기했어. 자신의 행동과 생활에 대해서 반성하지 않으면, 그 사람의 인생은 변화가 없어. 세상은 눈코 뜰 새 없이 숨 가쁘게 변하는데, 변하지 않는다면 그건 퇴보를 의미하잖아. 자신의 생활을 돌아보면서 자기 자신에게 편지를 써 보렴.

논술 놀이터

1. 너는 지금부터 프로메테우스나 제우스에게 편지를 써 봐. 그것이 감사의 편지건 불평의 편지건 간에 말이야.

2. 자기 자신에게 다짐하거나 약속하는 글을 써 보자. 형식과 내용을 자유롭게 하여 편지, 시, 수필 등으로 내용에 관계없이 글을 써 보자. 다음은 시로 표현한 반 친구의 글이란다. 참고해서 너만의 글을 써 보렴.

나 자신에게

나는 어둡고 우울한 내가 싫다.
겉과 속이 전혀 다른 내가 싫다.

용기 없이 눈치 보는 내가 싫다.
의지박약의 바보인 내가 싫다.
나는 이런 내가 싫다.

일부러 밝게 지내려고 노력해 봤다.
마음 가는 대로 행동하려고 노력해 봤다.
용기란 것을 가져 보려고 노력해 봤다.
나름대로 의지를 지키려고 노력해 봤다.
그럼에도 나는 아직도 내가 맘에 들지 않는다.

나 자신에게 말한다.
주위까지 밝게 하는 사람이 되자.
자신의 마음을 속이지 말자.
사소한 것에 겁먹지 말자.
의지를 지킬 신념을 가지자.

나에게 당당하게 살아라.
나 자신에게.

10. 생각을 바꿔라

 미래의 사회는 살기 좋을까

과연 인간의 미래 사회는 낙관적일까?

아담과 이브는 에덴동산에서 나체로 살면서 부끄러움이 없었어. 왜냐하면 그들에겐 선과 악, 잘남과 못남을 구별할 판단기준이 없었으니까. 필요로 하는 것은 매일매일 에덴동산에서 무제한으로 공급되었고, 언제든지 마음 놓고 에덴동산을 걸어 다닐 수 있었어. 에덴동산에는 불안도 범죄도 아픔도 없었어.

신은 아담과 이브에게 하나만 제한하였어. 에덴동산 가운데에 있는 선과 악을 알게 해 주는 나무에 열린 사과를 따 먹으면 안 된다는 것이었어. 그러나 아담과 이브의 호기심은 신이 준 그 어떤 안락함과 편안함을 뛰어넘었어. 먼저 약한 자(?)인 여자 이브는 사탄의 유혹에 빠져 사과를 먹었어. 그리고 이브의 유혹을 받은 아담도 사과를 맛보았어. 인류 최초의 여자가 인류 최초의 남자를 유혹하는 장면이지.

에덴동산의 사과를 먹자 그들의 눈이 열렸어. 그들은 스스로가 나체임을 발견했어. 선과 악에 관한 지식이 그들의 순결을 더럽혔고, 낙원의 문을 닫게 했어. 분노한 신은 아담과 이브를 에덴동산에서 추방하였어. 그리고 저주 아닌 저주를 내렸지. 노동과 근심과 고통과 죽음이 아담과 이브의 후예들을 위한 지상의 유산이 되었어. 이브는 아기 낳는 고통을, 아담은 생존을 위한 노동의 고통을 맛보게 되었지.

비슷한 주제가 플라톤의 '동굴의 비유'*에서 나와. 동굴에 갇힌 죄수들은 목을 움직이지 못한 채 불빛에 의해 동굴 벽에 비치는 사물의 그림자만 보면서 살아 왔어. 이들은 태어나면서 죽을 때까지 불빛에 비친 그림자들만 보았기 때문에 그림자들이 실제 사물의 모습이라 생각하며 살고 있었어. 그러다가 동굴을 탈출하여 태양 아래의 진짜 사물을 본 사람이 있었어. 그 선구자**는 자신만이 알게 된 이 사실을 동굴 속의 다른 사람들에게도 알리기 위해 동굴로 돌아와. 하지만 동굴 속의 사람들은 이 선구자가 미쳤다고 이야기하면서 그의 말을 믿지 않아. 오히려 그를 압박하고 결국에는 죽이기까지 하지. 하지만 이런 선구자와 개척자, 그리고 천재들의 끊임없는 노력으로 동굴 속의 사람들도 허위(동굴

* 어떤 사물이나 현상을 직접 설명하지 않고, 그와 비슷한 다른 사물이나 이야기로 돌려 설명하는 것
** 일이나 사상에서 다른 사람보다 앞서 가는 사람.

의 벽면에 비친 그림자)와 진실(태양 아래의 실제 사물)을 구별하게 되지.

　이와 같은 일들은 인류의 역사에서 굉장히 많아. 대표적인 것이 천동설*과 지동설**이야. 사람들의 눈에 비친 모습으로는 태양이 지구의 주위를 돌아. 그러나 실제로는 지구가 태양의 주위를 돌잖아. 그래서 유명한 일화가 갈릴레이가 종교재판장을 나오면서 "그래도 지구는 돈다."라고 말했던 이야기잖아.

　과학이 완전하다면, 더 이상 과학의 발전은 있을 수 없어. 과학이 발전한다는 것은 과학이 불완전하다는 이야기야. 보다 완전해지기 위해서 변화하고 발전하는 거니까.

* 태양이 지구의 주위를 공전한다는 천문학 이론.
** 지구가 태양 주위를 돈다는 천문학 이론.

주체와 객체

너나 나는 이미 원시인이나 조선시대의 조상들보다 더 많은 정보와 지식을 접했어. 네가 매일 접하는 정보의 양을 생각해 봐. 인터넷을 뒤지며 정보 검색을 하고, 학교와 학원에서는 또 얼마나 많은 공부를 하니? 그러나 그것들 가운데 너의 것으로 소화한 것은 얼마나 될까? 정보나 지식이 많다는 것은 중요해. 하지만 더욱 중요한 것은 그 정보와 지식을 어떻게 자신의 것으로 소화해서 지혜롭게 살아가느냐는 거야. 선생님들이 모든 것을 가르쳐줄 수는 없어. 중요한 것은 네가 스스로 공부해서 무엇을 얼마나 자신의 것으로 만들었느냐 하는 것이야.

이 책은 네가 직접 해야 할 것들을 제시하고 있어. 그래서 열심히 자기 자신을 반성하고 공부하면서 그 내용들을 직접 글로 써 보는 연습을 하도록 요청하고 있지.

'주체'와 '객체'라는 어려운 말이 있는데, 이 말은 사실 너무도 쉬운 말이야. 주체는 이 세상을 살고 있는 '너'를 말하는 것이고, 객체는 너를 둘러싼 너를 제외한 그 모든 '대상'을 말하는 거야. 이 때문에 선생님은 너를 객체로 보고 있으며, 너 또한 선생님을 객체로 보고 있는 거야. 결국 주체란 너와 선생님을 말하는 것이고, 객체란 너와 선생님을 제외한 이 세상 모든 대상물을 말하는 거야. 철학에서는 이 주체를 '주관', 객체를 '객관'이라 표현하기도 해.

이 세상은 주체와 객체로 나눌 수 있어. 주체인 인간 자신이 객체인 세상을 어떻게 이해하고 받아들이느냐에 따라 그 사람의 인생과 삶이 바뀐다는 사실을 기억하길 바라. 이런 점을 불경에서는 "중생은 언제나 대상과 함께하고 대상과 하나로 어울리느니라. 선한 마음을 가지면 대상을 선하게 보고, 비열한 마음을 가지면 대상을 나쁘게 보게 되느니라."라고 말해. 시쳇말로 '부처님 눈에는 부처님만 보이고 개 눈에는 똥만 보인다'는 이야기야. 부처님이 가르치는 이 지혜는 마음의 눈으로 보는 것의 중요성을 강조하고 있어.

무엇이 변했을까

원효와 의상이 당나라로 불교를 공부하러 유학을 떠난 661년. 그들은 당항성[南陽]에 이르러 한 동굴(실제는 무덤)에서 잠을 자게 되었어. 원효는 잠결에 목이 말라 물을 찾다가 바가지에 담긴 물을 찾아 맛있게 마셨어. 그런데 날이 밝아 일어나 보니 어젯밤에 마신 그 물은 해골에 괸 물이었어. 원효는 이미 다 소화되었을 그 물을 헛구역질해 가며 토해 냈지.

원효가 지난밤에 마신 물과 오늘 아침 해골에 담긴 물은 똑같은 물이었어. 다른 게 있다면 어젯밤에는 해골에 담긴 물이라는 사실을 몰

랐다는 것이고, 오늘 아침에는 해골에 담긴 물이라는 사실을 알았다는 거야. 객체(해골 물)는 변함이 없고 주체(원효 자신)의 인식만 변했을 뿐인데도 간밤의 달콤했던 물이 오늘 아침에는 구역질나고 더러운 물이 되었던 거지.

  이 경험을 통해 원효는 사물 자체에는 깨끗함도 더러움도 없으며 모든 것은 마음에 달렸음을 깨달았어. 그러고는 당나라 유학을 포기하고 신라로 돌아와 불교의 대중화에 힘썼어. 이때 원효가 깨달은 것은 이 세상 모든 것은 오직 마음이 만든다는 일체유심조(一切唯心造)야.

논술 놀이터

1. '부처님 눈에는 부처님만 보이고 개 눈에는 똥만 보인다'는 말을 실생활에서의 보기를 들어 설명해 보자.

2. 사람들은 흔히 "이것은 과학이야, 과학! 넌 과학도 못 믿니?"라고 말하면서 과학적 지식을 신뢰한다. 과학적 지식을 신화나 철학, 종교보다도 더 믿는 이유는 무엇인지에 대해서 토의해 보자.

3. '일체유심조(一切唯心造)'의 의미는 무엇일까?

4. 원효 대사가 깨달은 것은 과연 무엇인지 두 문장 이상으로 써 보자.

미술은 무엇일까? 그림을 그리고, 여러 재료를 이용하여 만들거나 꾸미고, 감상하는 것으로 알고 있지? 그래, 맞아. 하지만 이런 것도 포함되지만 미술이 단지 잘 그리고 잘 만드는 단순한 기술적인 손재주만이 아니란 것을 알아야 해. 앞으로 살펴볼 화가나 작품들을 보면서 그 속에는 어마어마한 상상력과 사고력, 철학, 혹은 자신만의 확실한 가치관이 숨어 있다는 것을 알 수 있을 거야. 그 속에 숨겨진 이야기를 살펴보고 따라 해 보면서 너만의 창의력을 키울 수도 있을 거야.

그런데 미술을 배우면서 알아야 할 것이 있어. 미술은 꼭 미술 한 가지만을 잘하기 위해서 배우지 않는다는 거야. 그것이 무슨 말이냐면, 뜀틀을 할 때 도움닫기를 하지? 도움닫기의 발판을 밟고 뛰면 보다 높이 보다 멀리 뛸 수 있잖아? 미술이 바로 그런 역할을 해. 다른 것을 공부할 때 좀 더 잘 할 수 있도록 발판 역할을 할 수 있다는 거지. 왜냐하면 미술가들은 자신만의 스타일과 새로운 아이디어로 매우 독창적이고 개성 있게 표현하기 위해 생각하고 또 생각하는 매우 창의적인 사람들이기 때문이야. 우리가 그러한 점을 배울 수 있다면 머리도 똑똑해지고 창의력도 많이 키울 수 있을 거야.

창의력은 우리가 살면서 거의 모든 분야에서 꼭 필요로 하는 능력이거든. 예를 들면, 과학자가 새로운 이론이나 사실을 발견하기 위해 곰곰이 생각하는 것이나, 어떤 남자가 짝사랑하는 여자에게 어떻게 하면 마음을 사로잡을 수 있을지 고민하는 것은 미술가가 새로운 작품을 표현하기 위해 생각하는 것과 똑같은 뇌를 쓰고 있어. 그 외에도 장사하는 사람이 어떻게 하면 장사를 잘 할 수 있을까, 발명가가 어떻게 하면 편리한 물건을 만들 수 있을까, 요리사가 어떻게 하면 더 맛있고 건강에 좋은 음식을 만들 수 있을까, 소설가가 어떻게 하면 재미있는 글을 쓸 수 있을까 등등……. 거의 모든 분야에서 '어떻게'라는 것을 해결하기 위해서는 창의력이 필요해.

또 한 가지! 미술가들은 '어떻게'뿐만 아니라 기존의 사실이나 고정관념에 대하여 항상 '왜'라는 질문을 던지기도 한단다. "왜 이렇게만 해야 하는 것이지?" "왜 이래야만 하는 것이지?" "왜 이것 말고는 없는 것일까?" "왜 다른 것은 없을까?" 바로 이 '왜'라는 질문을 스스로에게 던지고 다른 해답을 찾으려고 노력하고 있단다. 우리가 알고 있듯이 사람들의 '왜'라는 질문과 호기심으로부터 인류가 발전할 수 있었지. 어때? 이제 미술을 왜 배워야 하는지 알겠지?

미술가들의 생각과 그 작품 속에 숨어 있는 의미를 살펴보면서 나만의 아이디어도 생각해 낸다면 창의력을 꾸준히 발전시켜 나갈 수 있을 거야. 미술이야 말로 흥미로우면서 가장 쉽고 재미있게 창의력을 키워주는 좋은 친구가 되어 줄 거야. 자, 그럼 미술가들이 무엇을 고민하면서 어떠한 작품을 탄생시켰는지 살펴볼까?

1. 누구나 죽는다 - 데미안 허스트

 해골과 다이아몬드

실제로 죽은 사람이나 해골을 본 적 있니? 영화나 사진, 그림으로는 많이 보았지만 아마 실제로 해골을 본 친구들은 거의 없을 거야. 죽음을 상징하는 해골을 보고 자신 또한 이렇게 된다는 사실을 생각하면 등골이 오싹해지지 않을까?

'이 세상에 살아 있는 모든 생명체는 언젠가는 죽는다'는 것을 누구나 알고 있지? 하지만 곧 죽음을 맞이해야 할 환자나 큰 사고로 죽어가고 있는 특별한 상황을 빼면, 대부분의 사람들은 자신이 죽는다는 것을 알고는 있지만 그 사실을 염두하며 살고 있지는 않아. 많은 사람들이 죽는다는 것을 알면서도 마치 자신과는 상관없는 일이고 아직 멀게만 느껴지는 일인 듯 살아가고 있다는 거지. 아마도 죽음은 접해 보지 못했고 생각하고 싶지 않은 두려움의 존재이기 때문에 그럴지도 몰라. 이렇게 사람은 언젠가는 죽는데 마치 영원히 살 것처럼 많은 욕심을 부리기도 하지.

다이아몬드를 본 적이 있니? 엄마의 반지나 목걸이 등의 액세서리에 한 개쯤은 있을 거야. 그 다이아몬드를 보면 어때? 반짝이고 예쁜

데미안 허스트, 〈신의 사랑을 위하여〉, 2007년

것이 한 개쯤 갖고 싶은 생각이 들지? 다이아몬드는 값비싼 보석으로 가장 단단한 광석이어서 좀처럼 변하지도 깨지지도 않는 것이지. 그래서 영원함을 상징하거나 부와 사치, 혹은 인간들의 욕망을 나타내기도 해. 그래서 누구나 갖고 싶고 탐내는 물질이기도 하고. 이러한 많은 양의 다이아몬드가 옆에 있다면 해골 따위의 으스스함은 느껴지지 않을 거야. 해골과 다이아몬드. 이 두 가지는 서로 다른 느낌을 갖고 있고, 상징의 의미도 서로 달라.

영국의 괴짜

영국의 '데미안 허스트'라는 미술가는 두렵고 무서우면서도 생각하기 싫은 죽음을 미술작품을 통해 많이 보여 주었어. 실제로 그 작품들을 본다면 끔찍하고 징그럽게 느껴질 수도 있을 거야. 포름알데히드*가 가득 채워진 커다란 유리 상자 속에 죽은 상어를 집어넣고 상어에 전기 모터 장치를 달아 움직이게 한 작품이나, 열대지방의 나비 수백 마리로 가득 채운 곳에 캔버스를 놓아, 그 곳에 알을 낳게 한 작품, 소, 양, 돼지 등의 실제 동물을 반으로 잘라 속이 훤히 보이게 유리 상자에 담아 둔

* 자극성 냄새를 갖는 가연성 무색 기체로, 물에 잘 녹아 흔히 포름알데히드의 37% 전후 수용액을 포르말린(Formalin)이라 함. 살균, 방부제로 주로 사용됨.

데미안 허스트, 〈살아 있는 자의 마음속에 있는 죽음의 육체적 불가능성〉, 2001년

작품 등은 새로운 형식을 떠나서 엽기적이기까지 하지.

특히 가장 엽기적인 작품 중의 하나는 앞에서 말했던 해골과 다이아몬드로 만든 작품이었어. 과거에 실제로 살아 있던 어떤 사람의 두개골에 백금을 입히고 수천 개의 진짜 다이아몬드를 박아 놓았단다. 죽음에 대한 두려움으로 가까이 두고 싶지 않은 해골에 누구나 갖고 싶어 하는 비싼 다이아몬드를 붙여 놓다니, 참 장난스럽지? 하지만 이 작품에는 깊은 뜻이 담겨 있어. 어떤 뜻인지 먼저 데미안 허스트의 말을 들어 볼까?

"나는 다이아몬드가 훌륭하다고 생각한다. 다이아몬드는 희소성의 가치를 띠고 있으며 값비싸다. 다이아몬드와 내가 설명하려는 죽음의 의미는 깊은 뜻을 지니고 있다. 이 두개골은 죽음에도 아랑곳 하지 않고 비싼 다이아몬드와 함께 웃고 있다."

-데미안 허스트-

죽음을 상징하는 실제 해골을 사용해서 사람들에게 누구나 죽는다는 사실을 알려 주고, 욕망과 탐욕을 상징하는 다이아몬드를 함께 보여 줌으로써 현재 우리의 모습을 반성하게끔 만든 작품이었던 거지. 즉, 백 년도 살기 힘든 인간이 마치 영원히 살 것처럼 끝없는 욕심을 부리고 있다는 것을 비판하고 있는 거야.

너도 나도 죽는다!

 죽음이라는 주제로 실제 두개골을 사용하여 작품을 만든 데미안 허스트의 발상은 예술과 미술의 표현에는 재료나 방법의 한계가 없다는 것을 말해 줘. 두개골과 다이아몬드를 통해 인간의 어리석음과 탐욕스러움을 이야기하고자 한 작품. 때론 이렇게 깜짝 놀랄 재료를 사용하여 간접적으로 표현하는 것이 직접적으로 말을 하거나 글을 쓰는 것보다 사람들에게 더 효과적으로 전달될 때가 있단다.

 ※ 참고문헌
 윤난지(2005). 현대미술의 풍경. 한길아트.

창의 놀이터

1. 과거 조각 작품들의 재료는 무엇을 사용했을까? 데미안 허스트는 왜 다른 미술가처럼 전통적인 재료를 사용하지 않았을까?

2. 키우던 강아지나 고양이, 병아리, 곤충, 식물 등의 죽음을 경험한 적 있니? 그때 감정이 어떠했는지 이야기해 볼래? 없었다면 어떤 기분이 들지 상상해 봐.

3. 이번에는 자신이 늙어서 죽는다고 상상해 봐. 그렇다면 네가 죽기 전에 하고 싶은 일은 무엇이고 남은 인생을 어떻게 살아야 할지 이야기해 볼래?

4. 데미안 허스트는 실제 해골과 다이아몬드를 작품 재료로 사용했어. 너라면 어떤 재료를 사용해서 이 주제를 표현하겠니?

5. 다음에 해당하는 것을 그려 넣어 봐. (정답은 없어. 지금 떠오르는 대로 낙서하듯이 자유롭게 그려 넣어.)

삶을 상징하는 이미지	죽음을 상징하는 이미지

2. 내 모습을 바라보자 - 윤두서

 영혼이 담긴 자화상

 옛날 사진기가 발명되지 않았을 때 인물화는 큰 의미를 갖고 있었어. 자신의 모습과 똑같은 그림이 존재한다는 것은 또 다른 자신이 존재한다고 느꼈거든. 특히 우리나라 조선시대 때 인물화는 그 인물의 영혼이 담긴다고 생각했었지. 그 때문에 초상화나 자화상을 함부로 그리지도 않았고, 그린다고 해도 그 인물의 얼과 마음까지도 담을 수 있도록 그렸단다. '얼'은 곧 마음을 뜻하고 영혼을 뜻해. 그래서 얼굴의 '얼' 자가 들어간 것이지. 그렇다면 그 얼을 어떻게 담을 수 있을까? 초상화에서 가장 중요한 부분이 어디일까? 얼굴형, 눈, 코, 입, 표정 모두 특징이 있고 각각이 상징하는 것이 있어서 이것들을 잘 조절해서 그린다면 얼을 잘 담아낼 수 있을 거야. 그중에서도 눈은 마음의 창이라고 해서 가장 중요한 부분으로 생각하였단다.

조선시대에 이 얼을 아주 잘 담아낸 인물화가 있어. 공재 윤두서의 자화상 작품이야. 국보 제240호이고 윤두서가 직접 그린 자신의 자화상이야. 크기는 가로 20.5㎝, 세로 38.5㎝의 크지 않은 그림이지. 윤두서는 고산 윤선도의 증손자이자 정약용의 외증조로 조선 후기 문인이며 화가였어.

윤두서, 〈자화상〉, 조선 18세기

이 자화상은 종이 위에 먹선을 그리고 그 위에 엷게 채색을 했어. 화폭 전체에 얼굴만 그려지고 몸은 생략했어. 그림의 윗부분은 생략한 탕건을 쓰고 눈은 마치 자신과 대결하듯 정면을 보고 있으며 두툼한 입술에 수염은 한 가닥 한 가닥 섬세하게 표현하였단다. 이 자화상은 정면을 바라보는 눈동자가 너무도 생생해서 관람자에게 당장이라도 호통을 칠 듯한 눈빛을 지녔어. 또한 아주 세밀하게 묘사된 수염과 피부는 그때 당시 윤두서의 건강 상태까지 느껴질 정도야. 그래서 이 그림을 보면 살아 있는 윤두서를 보는 듯해서 '얼'이 잘 담긴 그림이라고들 하지.

그림을 잘 그리는 사람은 한 번쯤 초상화를 그려 달라는 부탁을 들어 본 적이 있을 거야. 아니면 그림을 잘 그리는 친구에게 내 얼굴을 그려 달라고 해 보았거나. 그런데 막상 초상화를 보거나 자화상을 그려 놓고 보면 마음에 들지 않을 때가 많아. 그 이유는 그림은 사진과 다르게 겉모습만 그대로 똑같이 그리면 어딘가가 닮지 않았고 생동감이 떨어져 보이기 때문이지. 그래서 대상이 되는 사람의 눈이나 특징 등을 잘 살려서 그곳을 강조해야만 하지. 또한 매우 신중하고 공을 들여서 정신까지 담아내서 그려야 하는 것이지.

걸작 자화상의 비밀

윤두서의 자화상에는 이러한 생동감과 특징이 매우 명확하게 드러나 있어. 윤두서는 다른 초상화나 자화상과 다르게 자신만의 방법으로 그 생동감을 표현하였어.

첫 번째는 몸통의 생략이야. 몸을 생략하고 얼굴만 표현하여 주제를 더 명확하게 전달했다는 거지. 그 당시에 신체 일부를 생략한다는 것은 허용되지 않은 방법이었어. 조선시대는 형식을 엄격히 따지는 시대였거든. 바로 윤두서가 이 형식을 깨고 상상도 못 할 시도를 한 거야. 물론 희미하게 몸체를 그렸던 스케치 흔적이 적외선 카메라로 촬영하면 나타나 있어. 이 점 때문에 아직도 풀리지 않은 수수께끼처럼 남아 있지만, 다른 곳은 모두 완성해 놓고 몸통만 나중에 그리려고 남겨 둘 리가 없을 것이라는 추측이야. 이것으로 보아 윤두서는 의도적으로 몸통을 생략했다고 볼 수 있지.

두 번째는 수염의 모양이야. 보통 사람의 수염이 사자의 갈기처럼 옆으로 뻗기 힘들고 실제 윤두서의 수염이 그렇게 생겼을지도 의문이야. 그렇다면 왜 수염을 옆으로 뻗치게 그렸을까? 그것은 윤두서 자신의 모습에 좀 더 강렬한 인상을 주기 위해서 그랬다는 거야. 만약 수염이 평범하게 아래로 뻗쳤다면 그림과 같이 강한 인상은 나오지 않았을 거야.

세 번째로 그림 선의 굵기야. 현미경으로 살펴보면 선의 굵기가 0.5mm라고 해. 이것은 현재 사용되는 붓으로는 절대 표현하기 힘들어. 현재에는 그러한 붓이 전해지지도 않는다고 해. 그 정도의 굵기로 묘사했으니 얼마나 세밀하고 정교하게 표현됐을까. 그때 당시 사용할 수 있는 붓 중에서 가장 가느다란 붓으로 털 한 올이라도 놓치지 않고 그렸다는 거야. 아마도 자신의 털 한 올까지도 놓치지 않아야 자신을 좀 더 강하게 표현할 수 있다고 생각했을 거야.

 얼굴은 마음의 창

 윤두서의 자화상은 그 시대의 기존 인물화와 다르게 형식에 얽매이지 않았고, 자신이 표현하고 싶은 것을 더 확실하게 하기 위해 과감한 생략을 서슴지 않았어. 왜 이러한 시도를 한 것일까? 아마도 그 당시 사대부가의 엄격함 때문에 자유롭지 못했던 주제와 형식에 대한 도전으로 시대가 원하는 시대의 틀을 넘기 위한, 윤두서의 의지와 노력, 그리고 창의력이 아닐까? 그로 인해 지금까지도 우리는 윤두서의 씩씩한 기상과 꿋꿋한 절개와 생동감 있는 그의 얼굴을 볼 수 있게 된 것이지.

※ 참고문헌
이내옥(2003). 공재 윤두서. 시공아트.
손철주(2006). 그림 보는 만큼 보인다. 생각의 나무.

창의 놀이터

1. 거울로 자신의 얼굴을 꼼꼼하게 관찰하고, 친구나 가족들의 얼굴형과 어떻게 다른지 비교해 봐.

2. 다음의 얼굴 형태에 따라 느껴지는 성격을 이야기해 볼래?

동그란 형	네모난 형	세모난 형	계란형	길죽한 형

3. 자신의 성격이나 특징을 가장 잘 나타낼 수 있는 신체 부위를 찾아 봐. 그 부분을 어떻게 표현하면 가장 효과적으로 자신의 성격을 나타낼 수 있을지 생각해 봐. (표현할 때 눈, 코, 입, 입술, 눈썹, 귀, 머리카락…… 등을 생략, 과장, 외곡, 강조를 하면 효과적이야.)

4. 자화상이 꼭 얼굴만을 그려야 하는 것은 아니야. 자신을 나타낼 수 있는 상황이나 환경, 물건을 대치시켜도 된단다. 주변에서 그러한 요소들을 찾아보고 왜 그것이 나를 나타내었는지 이야기해 보렴.

3. 물건의 재탄생-마르셀 뒤샹

 소변기를 미술관으로

　미술가가 직접 만들거나 그리지 않아도 예술작품이 될 수 있을까? 1917년 프랑스의 어느 화가가 화장실에 있는 남성 소변기를 그대로 미술관에 출품해서 많은 사람을 깜짝 놀라게 한 사건이 있었어. 그때 당시 사람들은 모두 당황해하면서 그것을 절대 미술품으로 인정해 주지 않았고 전시 또한 하지 못하게 했었지. 공장에서 만들어 낸 소변기는 미술가가 직접 만든 것도 그린 것도 아닌데 어떻게 그것이 작품으로 인정받을 수 있냐는 것이었어. 그런데 시간이 지나 현재 사람들은 그 작품을 현대미술계에 가장 큰 영향을 끼친 훌륭한 작품이라고 다시 평가하였지. 그 작품은 바로 마르셀 뒤샹의 〈샘〉이라는 작품이야.

　마르셀 뒤샹은 미술가가 직접 만들지도 그리지도 않은 기존의 물건에 다른 의미를 부여해도 훌륭한 예술작품이 될 수 있다고 주장했단다. 바로 이런 자신의 생각을 보여 주기 위해 이 작품을 출품했던 거야. 어떻게 화가가 직접 그리지 않은 것이 작품이 될 수 있을까? 공장에서 찍어 낸 기존 물건도 예술작품이 될 수 있을까? 현재에 와서는 왜 그런 것도 훌륭한 작품이 될 수 있는 것일까?

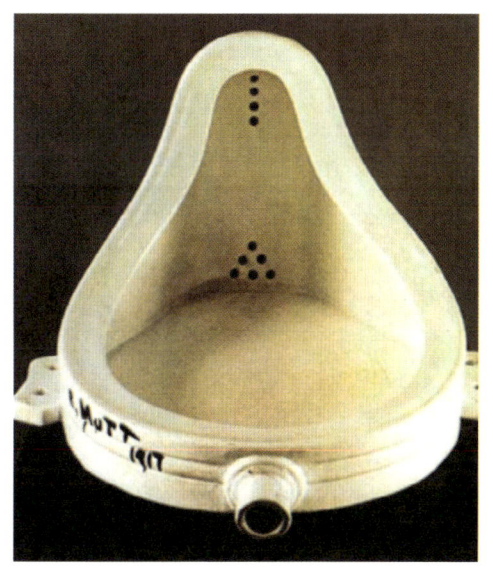

마르셀 뒤샹, 〈샘〉, 1917년

별것이 다 작품

만약 마르셀 뒤샹의 말대로라면 우리가 쓰는 필통, 의자, 옷, 핸드폰, 텔레비전 등 모든 일상의 물건도 멋진 예술작품이 될 수 있다는 이야기잖아? 맞아, 훌륭한 작품이 될 수 있어. 그렇다고 무작정 아무 물건을 집어 들고 작품이라고 우기는 것은 아니야. 뒤샹이 의도한 점은 그런 것이 아니었어. 아무 물건이나 갖다 놓고 적당한 제목을 붙여 '이것도 예술작품이다'라고 우기면 너무 혼란스러워지겠지? 그렇다면 일상적인 물건이 어떻게 예술작품이 될 수 있는 것일까? 그것은 바로 생각이야. 종이 위에 멋진 풍경화를 그린 그림, 돌을 정성스럽게 깎아 만든 조각품, 이러한 기존 작품들은 그 가치를 인정받고 있지. 뒤샹은 이러한 기존 작품들 외에도 미술가가 생각하고 고민한 것들도 작품이 될 수 있다고 주장했어. 바로 아이디어야. 아이디어나 새로운 생각 자체도 훌륭한 미술품이라고 보았던 거지. 그때 당시 사람들은 인정해 주지 않았지만 현재 사람들은 뒤샹의 주장이 맞다고 생각하게 된 거야. 이를 우리는 '개념미술'*이라고 부른단다.

결국 뒤샹은 결과물보다는 과정도 중요시하자는 이야기를 하고 싶었던 거였어. 이렇게 자신의 생각을 주장하고 표현하기 위해서 뒤샹은 실용성을 위해 만들어진 기성품을 사용했어. 일상에서 늘 사용하는 기존의 물건을 원래의 목적을 떠나 별개의 의미를 갖게 한 것이지. 변기를 '샘'으로 다시 부르고, 명화 〈모나리자〉에 수염을 그려 전혀 다른 의미의 초상화로 바꿔 자신의 생각을 이야기했던 거야.

우리는 이런 것을 '레디메이드'**라고 불러. 뒤샹이 처음 개발한 것인데 '레디메이드'란 앞에서 말한 것과 같이 평범한 기존의 물건을 본래의 역

* 언어에 의한 기술이나 사진·도표에 의한 종래의 예술가적 의식을 버리고, 완성된 작품 그 자체보다는 아이디어나 제작 과정이 바로 예술이라고 생각하는 반미술적 제작 태도를 가리킴.
** '기성품'을 의미하나 모던아트에서는 오브제의 장르 중 하나. 실용성을 위해 만들어진 기성품의 최초의 목적을 버리고 별개의 의미를 갖게 한 것

할을 잃어버리게 만들어 버린다는 뜻의 새로운 용어야.

나도 멋진 화가

뒤샹의 주장은 미술가들의 화려하고 멋진 그림이나 조각품들만 작품으로 인정받지 않아도 된다는 거잖아? 그럼 우리도 멋진 작품을 탄생시킬 수 있는 거야. 다시 말해서, 뒤샹은 손을 통해 나온 결과물도 좋은 예술작품이지만 우리 머릿속에서 나오는 생각 자체도 훌륭하고 아주 소중한 예술작품이 될 수 있다고 말하는 거야. 그래서 뒤샹의 〈샘〉이란 작품을 비롯해 그가 말하고자 한 작품들은 이후에 많은 미술가들에게 영향을 주었어. 뒤에서 나올 꿈을 그린 초현실주의 화가 르네 마그리트, 피카소, 백남준 등 무수히 많은 현대미술가들에게 큰 영향을 주었지. 이러한 점에서 뒤샹은 우리가 본받을 만한 훌륭한 창의력을 보여 준 미술가라고 할 수 있어. 수백, 수천 년을 이어 온 미술의 형식과 개념을 한 차원 넓혀 놓은 것이지.

※ 참고문헌
유로 현대미술 연구회(2003). 현대미술 속으로. 예경.
노버트 린튼(2003). 20세기의 미술. (윤난지 옮김). 예경.
캐롤 스트릭랜드(2010). 클릭 서양미술사. (김호경 옮김). 예경.

창의 놀이터

1. 다음 물건들의 이름을 새로 지어 보고 새로운 역할을 부여해 보자.

기성품	새로운 이름	이유나 역할
비행기		
텔레비전		
의자		
전화기		

2. 우리 일상생활에서 볼 수 있는 것 중에서 예술작품처럼 느낄 정도로 예쁜 물건이 있는지 찾아보자. 찾았다면 그것이 왜 아름답고 왜 예술작품처럼 느꼈는지 이야기해 줄래?

강렬한 한국의 색

 가장 한국적인 미술작품에는 무엇이 있을까? 고려청자, 민화, 고궁, 목공예, 백자…… 등등 전통 미술품들이 있겠지. 그런데 안타깝게도 이런 전통적인 작품들이 많이 사라지고 있고 계승하는 것도 어려워졌단다. 그리고 현대에 들어와서는 다른 나라들에게 이러한 전통 미술품 외에는 한국적인 미술작품으로서 보여 줄 만한 작품들이 많지가 않단다. 이런 와중에 '박생광'이라는 화가는 우리나라의 전통 소재를 가장 한국적인 색으로 매우 강렬하게 사용하여 한국 전통의 현대화를 이루어 냈어. 박생광의 작품들은 원초적인 색을 주로 사용해서 처음 보는 순간 너무나도 강렬해 눈이 어지러울 정도야. 이 색은 사실 우리나라 전통 색인 빨강, 파랑, 노랑, 검정, 흰색을 주로 사용한 거란다. 또한

박생광, 〈전봉준〉, 종이에 수묵채색, 1984년

작품의 소재는 탈춤, 토기, 자수, 나전칠기, 전통문양, 불상, 탱화, 단청, 민화, 부적, 무당 등 우리나라의 전통문화에서 가져온 것이었어.

우리의 정체성

우리의 역사를 살펴보면 참 가슴 아픈 사건들이 많이 있었어. 전쟁도 많았고 외세의 침략도 많이 있었지. 그래서 박생광은 이렇게 가슴 아픈 역사 속 사건을 그림으로 표현하여 한을 풀어 보려고 했었대. 예를 들어, 한 가지 사건을 들려줄게.

'새야 새야 파랑새야 녹두밭에 앉지 마라
녹두꽃이 떨어지면 청포장수 울고 간다'

이렇게 시작되는 시를 들어 보았지? 이 시는 참 가슴 아픈 역사적 사건을 말해 주는 거야. 조선시대 말기의 동학농민운동이라는 큰 사건을 '청포장수'로 빗대어 부른 노래란다. 여기에서 녹두밭은 농민군, 녹두꽃은 전봉준, 파랑새는 청나라와 일본군, 청포장수는 우리 백성을 의미하고 있어. 박생광은 이 역사적 사건을 3.6미터 높이에 5.1미터 너비의 대작으로 붉은색과 흰색, 파란색, 노란색, 초록색, 검정색이 뒤엉켜 강렬하게 표현했어. 그림의 왼쪽 하단에는 고통스러워하는 여인이 쓰러져 있고 농민을 상징하는 소 한 마리가 갈 곳을 잃고 울부짖고 있어. 왼편에는 흰색 옷을 입은 농민들이 화면 오른쪽의 관군들을 향해 포를 쏘고, 말을 달리면서 활도 쏘아 수많은 화살이 관군을 향해 날아가고 있어. 전봉준은 화면 가운데 선두주자로서 중심을 이루고 있어. 화가 박생광은 이렇게 역사적 현장을 우리의 색으로 간결하면서도 강렬하게 표현하여 역사를 되돌아보고 아픔을 치료하고자 한 거야.

"역사를 떠난 민족은 없다. 전통을 떠난 민족예술은 없다.
모든 민족예술은 그 민족 전통 위에 있다."

― 박생광 ―

 자신의 노트에서 이렇게 말했듯이 박생광은 우리의 민족성을 매우 중요하게 생각했단다. 이 작품 이외에도 을미사변(명성황후 시해 사건)*을 주제로 한 〈명성황후〉라는 작품도 보는 사람들로 하여금 그때 당시의 참혹한 역사를 기억하게 하고 숙연한 마음이 들도록 하지. 그 외에도 많은 역사적 사건을 그림으로 표현하고 싶어 했지만 끝내 그리지 못하고 암으로 세상을 떠났단다. 그런데 박생광의 그림에서는 슬픔만 느껴지기보다는 강렬한 주술적 힘이 느껴지기도 해. 이는 오방색**이라는 전통의 화려한 색채를 사용하여 우리나라 전통 무속신앙이 그 속에 배어들 수 있도록 했기 때문이야.

* 1895년 음력 8월 20일(양력 10월 8일) 명성황후가 경복궁에서 조선 주재 일본 공사 미우라 고로(三浦 梧樓)가 지휘하는 일본 낭인들에게 시해된 사건. 일본 제국이 조선을 침략하는 데 가장 큰 걸림돌인 명성황후 민씨를 실해함.
** 한국의 전통 색상. '오방정색'이라고도 하며, 황(黃), 청(靑), 백(白), 적(赤), 흑(黑)의 다섯 가지 색을 말함.

'오방색'의 새로운 도전

박생광의 작품은 미술사적으로 우리나라의 채색화 부분에 새로운 가능성을 제시하였어. 또한 우리나라의 역사적 주체성을 회화를 통해 표현하고자 했다는 점에서 큰 의의를 가지고 있고, 전통을 현대화한 화가로도 평가하고 있지. 하지만 박생광은 다섯 가지 우리의 색뿐만 아니라 강렬한 남색과 보라색, 주홍색의 윤곽선을 배합했어. 이는 일본이나 인도와 같은 다른 나라의 민속 색감도 함께 씀으로서 한국을 넘어선 아시아 전체를 표현한 화가로도 평가된단다. 기법상 서양풍도 섞여 있어 동서양의 경계도 초월하려 했지. 그러면서도 한국의 특징을 잃지 않기 위해서 한국적 소재에 혼을 불어넣음으로써 소재를 극복한 점에서 본받아야 할 미술가야. 즉, 한국적인 것이 가장 세계적이라는 것을 작품으로 직접 보여 준 거야. 서양 문화 베끼기가 아닌 한국의 색, 오방색으로 우리나라뿐만 아니라 세계적으로도 높은 평가를 받은 것이지.

※ 참고문헌
최열(2004). 화전: 근대 200년 우리 화가 이야기. 청년사.
한국미술평론가협회 편(2009). 한국현대미술가 100인. 사문난적.
이석우(2004). 예술혼을 사르다 간 사람들. 아트북스.

창의 놀이터

1. 우리 전통의 오방색은 각각 상징하는 것이 있어. 평소 우리 주변에 많이 접할 수 있는 것들인데 곰곰이 생각하여 찾아보고, 자신만의 상징으로 다시 바꿔서 적어 봐.

색	방향	상징	계절	오행	나만의 상징
청(파랑)	동	청룡	봄	나무	
백(하양)	서	백호	가을	쇠	
적(빨강)	남	주작	여름	불	
흑(검정)	북	현무	겨울	물	
황(노랑)	가운데	인간		흙	

2. 네가 미술가라고 생각하고, 한국의 전통성을 잃지 않기 위한 방법을 그림으로 표현해 보자.

3. 가장 한국적인 것이 가장 세계적인 것이 될 수 있다고 했지? 그렇다면 한국적인 것이 세계적이 것이 되었던 예를 생각해 보고, 또 다른 것으로는 어떤 것이 있을지 생각해 볼까?

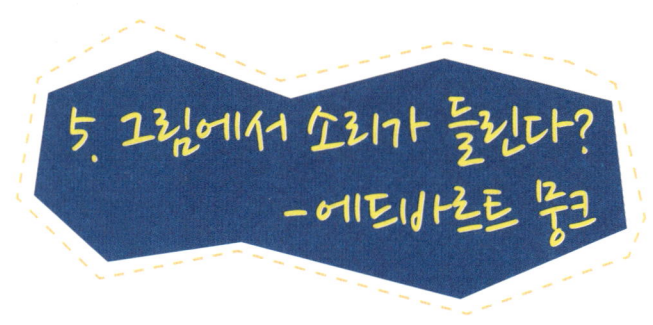

5. 그림에서 소리가 들린다?
ㅡ에드바르트 뭉크

 비명 소리가 들리는 그림

뭉크의 〈절규〉란 작품을 본 적이 있지? 그림에서 마치 소리가 들리는 듯한 강렬한 이미지의 작품이지. 이 화가는 왜 이런 그림을 그리게 되었을까?

에드바르트 뭉크의 일기를 잠시 살펴볼까? "나는 친구 두 명과 길을 걷고 있었다. 태양은 뉘엿뉘엿 지고 있었고,

에드바르트 뭉크, 〈절규〉, 유채, 1893년

교실 밖 상식 놀이터 **109**

약간 우울한 기분이었다. 돌연 하늘이 피처럼 붉게 물들었다. 나는 멈추어 서서 난간에 매달렸다. 피곤해서 죽을 지경이었다. 친구들은 계속 걸어가 버렸다. 나는 거기에 멈추어 서서 불안에 떨고 있었다. 그리고 바로 그 순간, 자연을 관통하는 커다란 절규가 끝없이 계속되는 것을 들었다." 그리고 나서 뭉크는 자신의 작업실에 와서 〈절규〉라는 작품을 그리게 된 것이지. 뭉크는 왜 이렇게 불안하고 슬픈 마음을 가졌을까?

슬픈 화가가 그리는 절망의 그림

　뭉크는 어린 시절 감당하기 힘든 슬픈 일을 겪었단다. 1863년 노르웨이에서 태어난 뭉크는 다섯 남매였어. 누나와 남동생, 두 명의 여동생이 있었지. 그런데 뭉크의 어머니는 그가 다섯 살인 해에 폐결핵으로 돌아가셨어. 그 후로 열다섯 살인 여동생도 어머니와 같은 병으로 죽고 말았단다. 이렇게 뭉크는 어린 나이에 죽음과 불행을 겪으면서 마음속 깊이 큰 상처를 입고 있었던 거야. 그래서인지 평생 동안 불안과 고통, 죽음은 그의 그림의 주제가 되었어.
　삶에서 이렇게 절망스럽고 힘들 때면 죽고 싶다는 생각을 하는 사람이 많지? 하지만 뭉크는 그런 생각들을 그림으로 표출하여 그림을 통해서 어두웠던 기억들을 솔직한 모습으로 드러냈던 거야.

우리는 이렇게 인간의 심리나 정신적 상황, 내면의 세계를 평범한 겉모습으로 표현하지 않고 다양한 기법과 강렬한 색채로 자유롭게 표현한 화가들을 표현주의라고 불러. 뭉크는 표현주의의 대표적인 화가라고 볼 수 있지.

내 감정을 표현해 봐

사람들은 많은 감정을 느끼며 살아가지. 기쁨, 슬픔, 우울, 공포, 화…… 등등. 이 중에서 좋지 않은 감정은 풀어 줘야 건강에 좋다는 말을 들어 봤을 거야. 사람이 어떤 충격이나 우울한 감정을 풀지 못하면 몸도 마음도 병들어 간단다. 뭉크는 스스로 "자신은 그림을 그리지 않았다면 이미 죽었을 것이다."라고 했어. 이렇듯 공포나 우울한 감정을 피하고 참는 것이 아니라 정면으로 부딪혀서 그림이든 노래든 글이든 어떠한 방법으로든 표출해야 정신건강에 좋아. 뭉크는 다행히 그 우울함을 예술로 이겨 낸 셈이지. 그래서 그 시대 사람치고 뭉크는 장수했나 봐. 하하하하!

※ 참고문헌
장소현(1996). 에드바르트 뭉크. 열화당.
롤프 스테너센(2003). 에드바르트 뭉크. (김윤혜 옮김). 눈빛.

창의 놀이터

1. 자신이 겪었던 일 중에서 가장 감정이 격했을 때를 이야기해 보자. (가장 화가 났을 때, 가장 우울했을 때, 가장 기뻤을 때, 가장 공포감을 느꼈을 때…….)

2. 연필이나 펜으로 종이 위에 모양, 무늬, 점, 선, 면…… 등으로 자유롭게 낙서하듯이 감정들을 그려 보자. (이것은 누구에게 보여 줄 것이 아니라 단지 자신만의 감정 표출일 뿐이야.)
   - 여러 감정을 낙서했을 때 그림을 그리는 속도는 어땠어?
   - 혹시 그 감정을 그릴 때 진짜 그 감정이 느껴지진 않았니?

3. 다음 칸에 각각의 감정에 어울린다고 생각하는 자신만의 색을 넣어 보자.

우울함	기쁨	공포감	재미남	슬픔	화남	평온함

   - 각각의 색을 왜 그 감정의 색이라고 선택했는지 이야기해 볼래?

6. 조선시대의 로맨스 - 신윤복

 조선시대의 아름다운 사랑 이야기

　남녀의 사랑 이야기는 옛날이나 지금이나 서양이나 동양이나 참 아름답고 가슴 설레는 일이야. 하지만 우리나라 역사에는 이렇게 생각만 해도 기분 좋고 설레는 사랑을 마음껏 하지 못하고 몰래 해야만 하던 시대가 있었어. 특히 조선시대에는 엄격한 유교적 전통 때문에 남녀가 드러내 놓고 연애하는 것을 사회적으로 용납할 수 없었지. 만약 그런 상황이 드러난다면 사회적으로 큰 물의를 불러일으켰고 천박하다고 비난받았지. 유교적으로 볼 때 사랑은 아름다운 것이기는 하나 남들이 보면 속된 것으로 비쳐질 수 있다고 그 당시 대부분의 사람들이 생각했기 때문이야. 그런데 이러한 사회적 분위기 속에서도 과감하게 남녀의 사랑 이야기를 그림으로 표현한 화가가 있었어. 바로 혜원 신윤복이야.

화려한 용기

* 일정한 사회계층을 대표하는 사람들의 풍속·취미·일상생활의 모습 등을 소재로 그린 그림.
** 돈 잘 쓰고 잘 노는 사람. 조선시대 양인 이상의 특수신분층. 〈용비어천가〉에는 한량의 뜻을 풀이해 "관직이 없이 한가롭게 사는 사람을 한량이라 속칭한다."라고 하였음.

혜원 신윤복(1758~?)은 화원인 신한평의 아들이었고, 그 당시 단원 김홍도와 함께 조선시대 최고의 풍속화*가였지. 신윤복은 양반이나 한량**과 기생 사이의 사랑과 일탈을 은밀하게 그린 화가였어. 특히 그 당시 그림에는 화면 속에 거의 등장하지 않았던 여성을 표현함으로써 사람들에게 큰 충격을 주었어. 그것은 유교적 전통에 대한 도전적인 그림이었던 거야. 조선시대는 남자의 권위가 높아서 여자에 대한 차별이 심했던 때였거든. 그런데 여성을 세련되고 화려한 색채로 과감하고 파격적인 소재로 표현했으니 당시 양반(남자)들이 얼마나 못마땅하게 봤겠어.

신윤복의 〈월하정인도(月下情人圖)〉는 남녀가 으슥한 달밤에 몰래 사랑을 나누고 있는 그림이야. 주인공들의 행색으로 보아 한량과 기생으로 해석돼. 남자 손의 움직임으로 보아 어디론가 기생을 유혹해 가려고 재촉하듯이 보이고, 기생은 마음을 선뜻 정하지 못하고 고개를 숙이고 부끄러운 표정을 짓고 있어. 그림의 장소는 후미진 담벼락 모퉁이이고, 하늘의 달을 보면 한밤중인 것을 알 수 있지. 결국 이 그림은 남녀의 은밀한 분위기를 표현하기 위한 의도된 그림인 거야. 〈월하정인도〉 외에

신윤복, 〈월하정인도〉, 수묵채색화, 약 18세기

도 신윤복의 그림은 남녀를 자주 등장시켜서 그림 속에서 묘한 감정을 느낄 수 있도록 표현했지. 앞에서도 말한 것처럼 이러한 그림들은 그 시대 상황으로는 굉장히 파격적인 것이었어. 뿌리 깊게 자리 잡은 유교 사상 속에서 인정받지 못한 소재의 그림을 그린 신윤복의 도전과 용기가 정말 대단하지?

눈치 보지 말고 당당하게!

　신윤복이 이러한 내용의 그림을 그릴 수 있었던 것은 무엇 때문이라고 생각하니? 아마도 실제로 그는 기생이나 한량들과 어울리면서 그 경험을 바탕으로 그림을 그린 것일 거야. 직접 경험한 모습을 바탕으로 그 시대의 사랑과 풍류, 멋과 해학, 그리고 사람들의 솔직한 감정을 그림으로 이야기하고 싶었던 것이지. 그 당시 사람들은 이러한 신윤복의 그림을 무시하고 천박하게 여겨 인정해 주지 않았어. 하지만 한량과 기생들의 생활과 사랑 또한 조선 사회의 숨김없고 솔직한 삶의 모습인 거야. 신윤복은 양반들 혹은 조선 사회의 엄격한 제도와 전통, 체면과 권위, 아부와 위엄, 가식에 대한 과감한 도전장을 그림으로 제출한 거지. 또는 흥청망청 놀고 은밀한 면을 숨기면서 겉으로는 점잖은 척하는 사람들에 대한 비판의 메시지도 들어 있었어.

　우리는 신윤복의 그림을 통해서 조선 사회의 또 다른 한 면을 숨김없이 볼 수 있는 것이지. 구속받았던 사랑, 자유롭게 표현하기 어려웠던 사회적 분위기, 그 속에서 한국적 멋을 실감나고 진실되게 그린 신윤복의 당당함과 용기가 그만의 개성이자 독창성을 갖게 한 것이지. 우리는 이 점을 배워야 해. 주어진 대로, 태어난 대로, 억압된 대로 행동하고 생각한다면 결코 독창성과 창의성을 찾을 수 없는 것이란다.

※ 참고문헌
임두빈(1998). 한국미술사 101장면. 가람기획.

창의 놀이터

1. 신윤복의 그림 위에 말풍선을 달아 그 속에 무슨 대화가 이루어지는지 상상해서 써 봐.

2. 신윤복처럼 기존의 틀을 깨고 새로운 것을 추구한 사례를 더 생각해 봐. 그리고 그런 행동이 사회에 미친 영향은 무엇일지 생각해 봐.

3. 생활하면서 네가 보기에 어른들의 안 좋은 점이 무엇인지 쓰고, 그것을 어른들에게 어떻게 말씀드릴지 신윤복처럼 그림으로 그려 줄래?

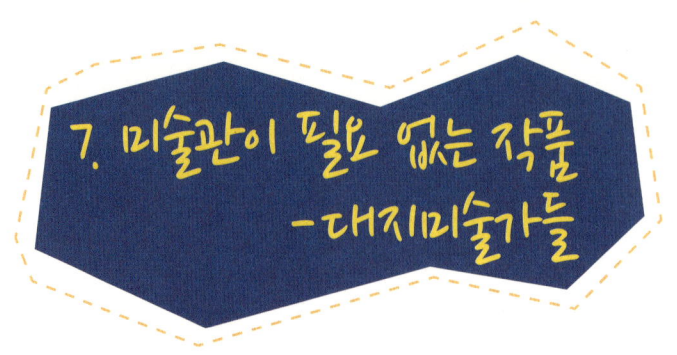
7. 미술관이 필요 없는 작품
-대지미술가들

 세상에서 가장 큰 미술작품

미술작품은 특별한 사람들이 미술관에서만 접할 수 있는 매우 값비싼 것이라고 생각하지? 하지만 꼭 그런 것은 아니란다. 미술관에 미술작품들이 있는 것은 맞지만 미술관에 가지 않아도 작품을 볼 수 있는 경우가 많단다. 공원에 있는 조각 작품들이나 건물 벽에 그려진 벽화, 병원이나 시청 같은 공공장소에 걸려 있는 미술품들……. 이런 것들은 굳이 미술관에 가지 않아도, 특별한 사람이 아니어도 볼 수 있는 작품들이지.

이 작품들은 사고파는 상업적 목적이 없단다. 누구나 다 같이 함께 감상하는 것이 목적이지. 이러한 미술을 공공미술이라고 불러. 공공미술의 시초일 수 있는 비슷한 성격의 미술 장르로 대지미술이라는 것이 있어. 이 미술은 값비싼 작품을 소수의 특권층만 거래하고 감상하는 미술작품들에 대한 비판으로부터 나온 것이야. 이 작품들은 값이 매겨지지 않고 화가의 행동 자체로 그 가치를 인정받는 거란다.

대지미술이란 말이 생소하지? 대지는 말 그대로 우리가 살고 있는 자연을 말해. 땅, 하늘, 바다, 강, 호수, 나무, 들판, 천둥, 번개……. 모든 자연물이 미술작품의 재료가 되는 것이지. 여기서 대지미술은 꼭 그 자연물을 사용하거나 변형해서 미술관으로 옮겨 놓는 것이 아닌 자연 그대로를 그 장소에서 즉흥적으로 조금씩 변형하거나 첨가해 작품화하는 것을 말해. 만약 길을 가다 돌을 주워 깎고 다듬어 미술관에 갖다 놓았다면 비록 자연물을 사용했다 하더라도 대지미술이라고 부르진 않아. 즉, 길가의 돌을 그 자리 그대로 두어 작품을 만든 후 자연적으로 소멸하고 변형되는 것이라야 대지미술이라 해.

자연 그 자체가 작품

대지미술을 하는 미술가들은 자연 자체가 도화지이자 물감이 되는 셈이야. '월터 드 마리아'라는 화가는 1977년에 번개가 자주 치는 장소로 알려진 미국 뉴멕시코 주의 한 들판에 금속 기둥 400개를 세웠어. 지름 5cm, 높이 6m의 반짝이는 스테인리스로 똑같이 제작된 이 기둥들은 약 61m 간

월터 드 마리아, 〈번개 치는 들판〉, 1977년

격으로 가로세로 반듯하게 열을 지어 세웠지. 이렇게 해서 〈번개 치는 들판〉이라는 제목을 붙였단다. 이 작품은 총 면적이 동서로 1.6km, 남북으로 0.5km에 달했지. 관람자들에게 번개가 치는 날에는 순간적으로 번개가 스테인리스 기둥으로 빨려 들어가는 장관을 목격할 수 있도록 한 거야. 그러나 작가가 중요시한 것은 번개 구경보다는 빛의 효과였어. 400개의 스테인리스 기둥은 아침에는 아침 햇살에 반짝이고, 낮에는 정오의 눈부신 태양 광선에 반짝이며, 밤에는 별을 바라볼 수 있도록 한 거야. 자연의 조화와 그 자체의 아름다움을 보여 주려 한 것이지.

이 밖에도 어떤 미술가는 드넓은 해변에 막대기 하나를 들고 어마어마하게 큰 그림을 그리기도 했어. 비가 오거나 파도가 밀려 오면 그림

짐 드네반,
〈모래 위에 가변크기〉,
2008년

이 지워지기도 하고 시간이 흐르면 풍화로 인해 사라지지. 붓도 물감도 종이도 필요 없이 막대기 하나면 자연이 곧 캔버스인 거야. 자연을 물감 삼아…….

이처럼 거대한 규모의 작품들은 압도적인 스케일로 관객들에게 독특한 심리적 경험을 하게 하여 미술관에서 경험하기 어려운 생생한 체험과 놀라움을 주는 것이지.

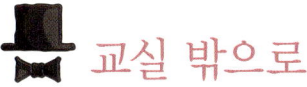 교실 밖으로

대지미술가들에게는 지구 전체가 하나의 커다란 도화지인 셈이야. 어때? 자연도 미술작품이 될 수 있다는 것이 놀랍지?
대지미술가들에게서 우리가 알아야 할 점을 다시 한번 정리해 줄게.

첫째, 대지미술 작품은 어느 누구도 소유할 수 없다는 점이야. 둘째, 미술관이나 우리가 사는 사회문명으로부터 작품을 떼어 내어 자연으로 돌아간다는 점이야. 셋째, 대개 작업들은 자연적으로 소멸되기 때문에 결과보다는 과정이나 의미가 더 중요하다는 점이야. 그 외에도 규모가 큰 것, 일시적으로 존재하는 것, 자연물을 소재로 하는 것 등이 기존 미술과 다른 점이지. 우리도 가끔 교실에서 공부하기 답답하다면 밖으로 나가 자연을 커다란 공부방이라고 생각하고 넓은 생각과 사고를 키워 나가 보자고!

※ 참고문헌
노용 외 5인(2011). 고등학교 미술 해설과 평가. 교학사.

창의 놀이터

1. 지금 밖으로 나가 익숙한 장소에 가 봐. 늘 가던 길, 학교, 가게……
늘 보던 풍경들……. 이곳들 중 한 곳을 정해서 아침, 점심, 저녁, 밤에 관찰하고 그 느낌을 각각 적어 봐.

2. 앞마당이나 학교 운동장, 혹은 흙길을 찾아 막대기로 그림을 그려 놓고 지나가는 사람들의 반응을 살펴서 적어 놓을래?

3. 번개 치는 벌판에 기둥을 세운 것처럼 대지미술로 표현할 수 있는 아이디어를 떠올려 봐. 어떤 것이 있을까? (파도치는 바다에 모래성 쌓기, 막대기를 규칙적으로 꽂아 놓기 등)

4. 자연은 우리의 감각을 일깨워 주는 가장 좋은 친구야. 컴퓨터를 하거나 TV를 보는 시간을 줄이고 밖으로 나가 자연을 관찰해 보렴.

8. 무의식을 그리다 - 르네 마그리트

 ## 상상력이 문화를 만든다

공상과학영화나 판타지 만화영화 좋아하지? 이런 영화를 보면 현실에서는 불가능한 장면들이 많이 등장해. 사람이 날개 없이 날아다니고, 물에 있어야 할 배나 물고기가 공중에 떠다니고, 물건들이 살아 있는 것처럼 말하고 움직이기도 하고. 비현실적인 장면들이 무궁무진하게 나오잖아? 〈매트릭스〉 〈아바타〉 〈천공의 성 라퓨타〉 〈하울의 움직이는 성〉 등의 영화나 애니메이션에는 기발한 상상력이 돋보이는 장면들이 많아. 뿐만 아니라 TV 광고나 뮤직비디오, 잡지 광고, 포스터와 같은 다른 매체에도 이와 같이 현실에서는 일어날 수 없는 장면들이 자주 등장하지.

우리는 이런 것들을 초현실적이라고 말해. 현실을 초월한 비현실적인 장면들. 그런데 오늘날 이러한 장면들은 이미 과거의 여러 화가가 그림으로 그리기 시작했었단다. 그들은 '초현실주의'라고 불리는 화가들이야. 그중에 '르네 마그리트'라는 화가가 있었는데 그 화가의 그림을 보면 요즘 보는 영화나 애니메이션에서 본 듯한 장면이 등장하기도 하지. 바로 초현실주의 화가들에게 영향을 많이 받아서 그런 거야. 즉, 초현실주의 화가들의 그림을 보고 영감을 얻어 영화나 광고, 애니메이션 등으로 만드는 것이지.

마그리트, 〈피레네 성〉, 1959년

프로이트라는 심리학자는 사람들의 무의식의 세계, 꿈의 분석, 자유 연상법 등의 정신세계를 연구했어. 초현실주의 화가들은 이 프로이트의 연구에 영향을 받았지. '사람들은 꿈을 왜 꾸는 것일까? 이성적인 판단보다 무심코 나오는 생각들은 어디서 오는 것일까? 잠재의식은 무엇일까? 상상력은 어디서 오는 것일까?' 이런 것들이 궁금할 때가 있지? 프로이트도 이 궁금증 때문에 연구를 시작한 거야. 이것을 함께 공감한 화가들은 그림으로 표현한 것이란다.

영화 〈아바타〉의 한 장면, 2009년

우린 항상 꿈을 보고 있다

가상현실이나 3D, 홀로그램이란 말을 들어 보았지? 이것들은 현실이 아닌 가짜의 세계들이잖아. 하지만 사람들은 마치 진짜처럼 느껴서 실재와 착각을 하거나 실재와 같은 감정을 불러일으키기도 해. 예를 들어, 게임을 하면서 흥분한다거나, 영화를 보며 울기도 하고 웃기도 하고, 3D 영상을 보며 손으로 만져 보려고 손을 들어올리기도 하지. 모두 가짜인 줄 알면서도 실재와 같은 행동과 감정을 가져. 돼지꿈과 같은 좋은 꿈을 꾸면 마치 현실에서도 좋은 일이 생길 거라고 믿기도 하고, 눈으로 보이지는 않았지만 영혼이나 외계인이 진짜 존재한다고 믿는 사람들도 많아.

즉, 이렇게 시각, 청각, 촉각으로 못 느껴도 머릿속에서 상상하거나 생각하는 것을 실재처럼 느끼는 사람도 많지. 실재가 가짜처럼 느껴질 때도 있고 가짜인데 실재처럼 느껴질 때도 있어. 마그리트는 이러한 심리를 그림으로 표현해서 보는 사람들로 하여금 많을 것을 생각하게끔 만들었지.

엉뚱한 상상력은 미래를 발전시킨다

　현재 우리가 사용하고 있는 편리한 물건들도 과거 사람들의 상상력에 의해 만들어진 거야. 하늘을 나는 상상으로 비행기를, 저 멀리 하늘 끝을 상상하며 우주과학을, 바다 속을, 빠른 속도를……. 그때 당시의 엉뚱한 상상들이 현재와 미래 문명을 발전시켰던 거야. 그런데 이거 아니? 이런 상상은 사실 과학자들보다 화가들이 먼저 했었어. 그래서 미술가나 예술가들을 보며 4차원 사람이라고 놀리기도 하잖아? 평범한 생각보다는 워낙 엉뚱하고 남다른 생각들을 하다 보니 그런 것이지. 이런 엉뚱한 생각을 그림으로 표현하고 남긴 것이 우리가 보기에는 이상해 보이기도 한 것이고. 하지만 이렇게 다양하고 엉뚱한 상상을 표현한 그림들이 후대 사람들에게 영감을 주어 보다 많은 생각을 낳게 했고, 그런 생각들이 세상을 발전시킨 것이란다. 예를 들어, 레오나르도 다 빈치가 상상하여 스케치한 헬리콥터나 탱크, 자동차, 로봇이 오

> * 기하학적 형태나 색채의 장력(張力)을 이용하여 시각적 착각을 다룬 추상미술.
> ** 일체의 낭비를 생략하여 물질이 갖는 내재적인 힘을 끌어내려고 한 예술 표현. 극히 간소한 표현.
> *** 벽이나 그 밖의 화면에 낙서처럼 긁거나 스프레이 페인트를 이용해 그리는 그림.

늘날 실현된 것이나 인상파 화가들로 인해 빛과 색 과학이 발전한 것, 옵아트*, 미니멀아트**, 그래피티아트*** 등과 같은 현대미술의 장르들이 오늘날의 건축, 패션을 비롯한 디자인의 여러 분야를 이끌고 있는 것을 보면 예술가들이 시대를 앞서고 있다는 것을 보여 주고 있는 것이지.

 이처럼 많은 예술가들이나 마그리트를 비롯한 초현실주의 화가들의 작품에는 우리가 생각지도 못한 깊고 앞선 상상과 철학 이야기가 들어 있어. 작품 속에 몇 가지 이야기를 담고 나머지는 관람하는 사람들이 해석하고 더 생각하게끔 해 놓는 것이지. 즉, 초현실적인 그림들은 사람들의 상상력을 자극시켜 주는 것이야. 이렇게 상상된 것들이 영화나 애니메이션, 뮤직비디오, 소설 등에도 많은 영향을 주었고.

 지금 현재 우리가 아무렇지 않게 사용하고 있는 기기나 교통수단, 통신 등의 문명은 과거 사람의 상상력이 실현되어 이루어진 것들이잖아? 조선시대에 비행기나 전화기는 꿈같은 물건들이었지. 지금 네가 하고 있는 상상들이 미래의 현실이 될 수 있을지도 몰라! 지금은 초현실적이지만 미래에는 그것이 현실이 될 거야.

 ※ 참고문헌
 박정자(2011). 마그리트와 시뮬라크르. 기파랑.

창의 놀이터

1. 꿈을 꾸었는데 실재처럼 생생했던 기억을 이야기해 봐. 꿈인지 생시인지?

2. 앞으로 100년 후에 사람들을 더 편리하게 해 줄 물건들이 어떤 것이 있을지 상상해 봐.

3. 자신에게 초능력을 부여해서 상황을 현실처럼 그려 봐. (나는 손을 대지 않고 물체를 움직일 수 있어. 나는 스스로 공중에 날 수 있어. 나는 거울 속으로 들어 갈 수 있어.)

4. 서로 다른 물건이나 풍경을 한 화면에 함께 그려 넣어 봐. (하늘을 나는 물고기, 바다 위에서 자라는 소나무, 몸통은 강아지이고 머리는 오리 등)

9. 텔레비전은 도화지 - 백남준

 도화지와 물감은 필요없어!

 미술 하면 그림 그리기가 가장 먼저 떠오르지? 또 그림은 종이에 연필로 스케치하고 물감으로 채색을 하는 것이 보통 우리가 알고 있는 상식이잖아? 이러한 방법은 수백, 수천 년 동안 그리고 지금도 가장 많이 사용하는 방법이고 앞으로도 계속 사용할 방법과 재료일 거야. 하지만 '백남준'이라는 화가는 다르게 생각했어. 과학기술이 발달하고 그에 따른 많은 기기가 발달함에 따라서 표현하는 방법도 달라져야 한다고 생각했지. 그래서 나온 것이 '비디오아트'란다. 비디오아트는 종이와 물감으로 표현하는 대신 텔레비전을 사용하여 미술작품을 완성하는 거야. 백남준이 비디오아트를 창시하기 전까지 텔레비전은 단순히 쇼나 드라마, 뉴스 등을 전달하고 시청하는 가전제품으로만 여겼었지. 이것을 미술작품에 사용할 생각은 전 세계 아무도 못하던 거였어. 그런데 바로 백남준이 생각해 낸 거야. 사람들은 모두 그의 새로운 표현 방법에 놀라워했지.

끝없는 실험은 세계 최초를!

백남준은 당시의 최첨단 전자기기를 예술작품으로 탈바꿈시킨 최초의 인물로 남았어. 그러나 비디오아트는 갑자기 나온 것이 아니라 그의 끝없는 실험과 노력에 의해 탄생했다는 것을 우리는 알고 배워야 해.

백남준은 1932년 부유한 가정에서 태어나 1956년 일본 동경대에서 미학 및 미술사학과를 졸업했어. 그러고 나서 독일 뮌헨대 철학과에 입학해서 음악과 미술사도 배웠지. 우리는 백남준을 미술가로만 알고 있지만, 일본과 독일에서 음악, 철학, 예술사를 공부한 현대 음악가이자 작곡가이기도 하다는 것을 알아야 해.

백남준은 이처럼 여러 학문을 함께 공부해서 여러 장르를 두루두루 이해하여 생각하는 범위를 넓혔던 거야. 그래서 그동안 누구도 생각지 못한 새로운 장르를 탄생시키게 된 것이란다. 음악과 미술, 종교 또는 최첨단 기술과 함께 미술을 융합시키려는 끊임없는 실험정신을 발휘한 거야. 이렇게 부단한 노력과 도전이 세계 최초라는 비디오아트를 탄생시킬 수 있었던 것이지.

백남준의 작품은 세계 여러 곳에 소장되어 있고 우리나라에도 많이 전시되어 있어. 그중에서도 과천 국립현대미술관에 있는 작품은 우리의 눈을 번쩍이게 하지. 미술관 중앙 홀에 자리 잡은 작품의 이름은 〈다다익선〉인데, 우리 전통 탑의 형상으로 하늘을 향해 1,003개의 텔레비전으로 만들었어. 1,003개의 모니터는 10월 3일 개천절을 뜻한다고 해. 각각의 화면은 여러 색과 장면이 빠르게 전환하여 화려함과 세련됨을 보여 주고 있어.

 미래문화를 부탁해

　백남준은 텔레비전이나 비디오 그리고 동영상을 사용하여 첨단 예술 작품을 만들었다고 했지? 그럼 이러한 작품들이 사람들에게 혹은 문화에 어떤 영향을 끼쳤을까?

　백남준은 앞으로 브라운관이 캔버스를 대신할 것이며 우리는 종이 없는 사회에서 살 것이라고 선언하였어. 지금 현재 우리가 살고 있는 현실 속의 일부분은 백남준의 말대로 되고 있지. 컴퓨터, 핸드폰, 텔레비전을 보며 많은 정보를 얻잖아? 과거 책과 같은 종이 매체에서 정보를 얻는 것과는 차이가 생겼어. 앞으로는 교과서도 종이 말고 태블릿 PC로 된 교과서로 교체될 거야. 또한 미술관에 가지 않아도 화면으로 예술작품을 볼 수 있게 될 거야. 아직은 종이 매체가 완전히 사라지지 않았고 앞으로도 사라지진 않겠지만 백남준의 예견대로 종이가 줄고 전자화면이 대신하는 경우가 늘어나고 있는 추세야. 물론 전자기술이 발달해 좋은 기기가 나와서 그런 것도 있지만 이러한 현상 자체를 백남준이 미리 예측했다는 것이 놀라운 것이지.

 백남준은 TV라는 캔버스가 레오나르도만큼 정확하게, 피카소만큼 자유롭게, 르누아르만큼 다채롭게, 몬드리안만큼 심오하게, 폴록만큼 격렬하게, 제스퍼 존스만큼 서정적으로 형성할 수 있게 해 줄 것이라고 말했어. 즉, 과거의 뛰어난 천재 미술가들의 능력만큼 첨단기술이 예술의 다양성을 가져다줄 것이라고 예상하고 비디오아트를 탄생시킨 것이었어.

"콜라주*가 유화를 대체하듯
브라운관이 캔버스를 대체하게 될 것이다."
－백남준－

* 질(質)이 다른 여러 가지 헝겊, 비닐, 타일, 나뭇조각, 종이, 상표 등을 붙여 화면을 구성하는 기법. 미술작품이나 디자인물의 구성 기법의 한 가지로 신문이나 잡지 또는 광고물 등의 일부를 찢어 맞추어서 어떤 형상을 조형하는 것

창의 놀이터

1. 백남준이 현재의 문화에 끼친 영향으로 또 어떤 것이 있을지 생각해 봐. (힌트: TV 매체는 전 세계인을 향해 자기의 생각을 동시 다발적으로 전할 수 있다.)

2. 백남준은 TV를 사용하여 미술 문화를 바꾸어 놓았지? 현재에는 어떤 것을 사용할 수 있을까? 또 미래에는 어떤 것이 미술 문화를 바꿔 놓을지 예상해 보렴.

3. 이번에는 여행을 떠나 볼까? 경기도 용인시에 있는 백남준 아트센터나 과천 국립현대미술관에 가면 백남준의 작품을 더 많이 볼 수 있어. 그곳에 가서 작품과 제목을 보며 백남준이 무엇을 말하려고 했는지 생각해 보자. 또한 설치된 작품 속 영상이나 색채가 주는 느낌을 각각 적어 봐.

4. 네가 백남준이라면 다음 주제를 갖고 어떤 영상으로 표현할지 생각해 보렴. (다음 주제 외에도 또 다른 주제도 생각해 봐.)

- 우리의 전통 탈춤
- 서양과 동양의 차이
- 과거와 현재 또는 미래 문명의 사람들
- 어른과 아이의 생각 차이
- 공부를 하는 이유

10. 팔방미인-레오나르도 다 빈치

 ## 좌뇌와 우뇌

 창의력이 좋은 사람은 우뇌가 발달됐다는 연구가 있어. 우뇌는 상상을 하거나 예술적이고 본능에 가까운 생각을 할 때 사용되지. 반면 좌뇌는 차근차근한 논리성, 언어, 계산 등의 학습적인 면을 담당한단다. 지금 우리가 배우고 있는 미술은 어느 쪽 뇌를 발달시키는 것일까? 그래, 맞아. 우뇌를 발달시키기 위해 미술을 하는 거야. 즉, 창의력이나 좋은 아이디어, 상상력을 키우기 위해서 말이야. 그런데 대부분의 사람들은 논리적이고 분석적인 면에 의해 명확한 결과가 나오는 것을 좋아해. 반면에 추상적이고 엉뚱한 상상을 하거나 말로 표현되지 않는 감각을 담당하는 우뇌의 일들은 꺼려하는 경향이 있어. 왜냐하면 당장 결과가 나타나지 않고 부정확하기 때문이야. 하지만 좌뇌만 발달한다고 해서

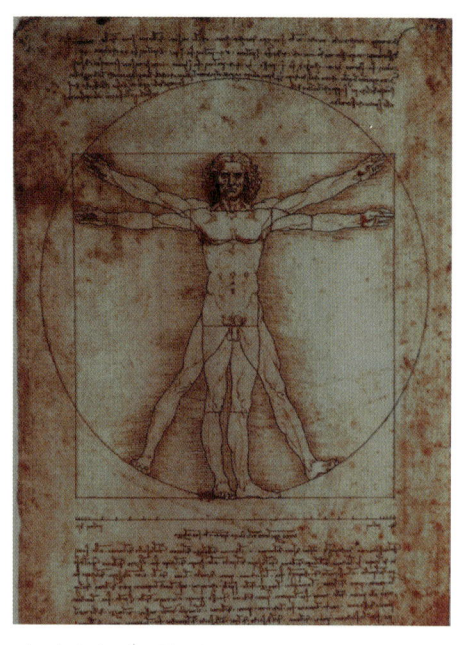
다 빈치가 연구한 비트루비우스적 인체비례

똑똑하고 모든 일을 다 잘할 수 있는 것은 아니야. 논리력이나 분석력 등을 담당하는 좌뇌와 창의력을 담당하는 우뇌가 함께 발달해야 어느 분야에서든 능력을 최대로 발휘할 수 있단다. 이것이 바로 이 책에서 배우고자 하는 점이란다. 각 분야의 교류와 학문 간의 융합, 우뇌와 좌뇌의 고른 발달!

인류 역사상 전 세계를 통틀어 훌륭한 천재로 불린 사람들을 보면 바로 이 양쪽 뇌를 골고루 사용할 줄 알았던 사람들이었어. 세종대왕, 이순신 장군, 알베르트 아인슈타인, 아이작 뉴턴, 알렉산더 대왕, 셰익스피어, 레오나르도 다 빈치, 미켈란젤로……. 모두 창의력이 좋은 위인들로 손꼽고 있지. 이들은 우뇌적인 창의력뿐만 아니라 좌뇌적인 합리성과 논리적 사고력 또한 뛰어났어. 예를 들어, 아인슈타인은 물리학 등의 분야에서 뛰어난 과학자로 알고 있지? 하지만 소크라테스나 칸트와 같은 고전 인문학에도 능통했었고 직관적인 상상력을 자주 떠올려서 연구했다고 해. 과학자가 인문학을 함께 공부한 셈이지. 아인슈타인

외에도 뛰어난 계산과 예측으로 전술을 펼치고 기발한 발상으로 거북선을 만든 이순신 장군, 세계적으로 가장 독창적인 문자를 만드신 세종대왕! 이들 모두 여러 학문에 능통하여 우뇌와 좌뇌를 고르게 사용한 위인들이지. 이러한 위인들 중에서도 레오나르도 다 빈치는 한두 가지에서 뛰어난 면을 보인 다른 위인과 달리 여러 분야에서 뛰어난 능력을 보여 천재 중에 천재로 알려져 있어.

하나를 알면 열을 안다

　레오나르도 다 빈치는 15세기의 이탈리아 사람으로 좌뇌와 우뇌가 모두 발달한 천재였어. 레오나르도 다 빈치는 과학자일까? 예술가일까? 철학자일까? 우리는 〈모나리자〉나 〈최후의 만찬〉 등의 미술작품을 떠올리며 뛰어난 화가로 알고 있지? 그런데 다 빈치는 조각, 건축, 토목, 수학, 의학, 음악, 무기, 지질, 천문학 등에 이르기까지 모든 분야에 재능을 갖고 있었어. 이 중 어느 것 하나도 소홀하지 않고 많은 연구와 전문 지식을 갖춘 만능 박사였지. 특히 그림 그리기를 좋아해서 스케치나 낙서 같은 메모가 많이 남아 있어. 다 빈치는 어떤 기계 장치를 생각하거나 수학, 과학, 인체 해부, 동·식물을 연구하는 좌뇌적 활동을 많이 했는데 이러한 과정들을 단순히 글로 기록한 것이 아니라

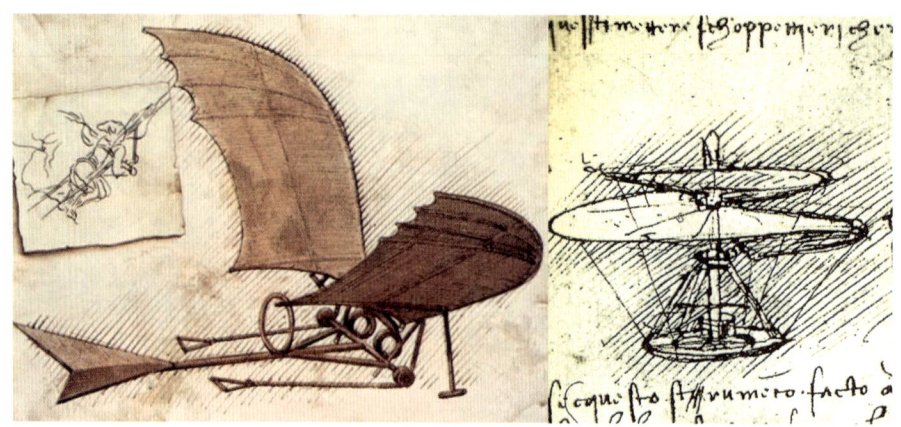

다빈치가 상상한 스케치

수많은 그림으로도 함께 남겼어. 때론 연구 결과나 과정을 미술작품으로 남기기도 했다고 해. 이건 예술적 활동을 하는 우뇌도 함께 사용했다는 말이지. 다 빈치의 우뇌에서 나온 수많은 작품과 스케치는 분석적인 좌뇌를 도와 더 많은 상상력을 갖게 해 준 셈이지.

이렇게 레오나르도 다 빈치가 그 당시 상상하여 스케치한 기계 장치들은 이후 사람들에게 영감을 주어 비행기, 헬리콥터, 탱크, 자동차, 로봇 등을 만들 수 있게 해 주었어. 뿐만 아니라 인체의 구조가 궁금했던 다 빈치는 시체 해부를 직접 해 보고 관찰할 정도로 의학에도 뛰어난 지식을 갖고 있었어. 심지어는 인체 구조를 이해하기 위해 시체 안치소에 몰래 들어가 사람을 해부하고는 빠져나오기도 했었단다. 그 당시에는 사람을 해부하는 것은 죽은 사람에 대한 모욕이라는 종교적 사고가 강했기 때문에 잡히면 사형에 처하는 무시무시한 상황이었어.

그럼에도 몰래 해부를 했다니 대단한 열성을 가졌지? 다 빈치는 이 모든 과정을 그림으로 남겨 연구하고 또 연구했어. 그 노력 덕분에 해부학에 의한 정교한 인체 표현이 발달한 것이란다.

이처럼 레오나르도 다 빈치는 과학적인 분석과 정확성을 연구하는 좌뇌적 성향과 수많은 스케치와 예술작품을 표현하는 우뇌적 성향이 골고루 발달하여 그 어느 분야를 공부하든 어려워하지 않고 척척 해낼 수가 있었던 것이란다.

하나와 하나가 만나면 열이 될 수 있다

레오나르도 다 빈치는 사물을 예리하게 관찰하고 각종 원리를 이해하기 위해서는 각각의 학문을 모두 알아야 한다고 주장했어. 그래서 원근법과 해부학, 중력과 역학, 색채학, 천문학, 지질학, 동·식물학, 철학 등 다양한 학문을 기초로 사실적인 표현과 과학적인 연구, 인간의 아름다움 등을 위한 공부를 끊임없이 했단다. 길가에 핀 꽃, 하늘을 나는 새, 물이 떨어지는 현상, 바람, 밤하늘의 별……. 다 빈치는 자신 주변의 모든 사물과 자연현상에 대한 호기심과 관찰로 궁금증에 대한 해답을 찾으려 노력한 거야.

레오나르도 다 빈치처럼 몇 세기에 한 번 나올까 말까 하는 천재가 되기란 쉽지 않을 거야. 보통 사람에게는 다 빈치처럼 혼자서 모든 학문을 융합하여 새롭게 발전시킬 만큼의 능력은 사실상 없어. 그렇기 때문에 우뇌와 좌뇌를 함께 발달시키고 분야의 소통과 학문의 융합이 무엇보다도 중요한 거야. 즉, 혼자 팔방미인이 되어 학문을 융합하라는 것이 아닌, 여러 분야 학문 간의 소통이 이루어져야 한다는 거야.

"모든 사물에 대한 지식은 가능하다."
-레오나르도 다 빈치-

※ 참고문헌
마이클 겔브(2005). 레오나르도 다 빈치처럼 생각하기. (공경희 옮김). 대산출판사.

창의 놀이터

1. 네가 좌뇌형에 가까운지 우뇌형에 가까운지 생각해 봐. 그리고 왜 그렇게 생각하는지 말해 줄래? 그리고 좌뇌와 우뇌를 골고루 발달시키기 위해 어떤 노력을 하면 좋을지 생각해 보렴.

2. 말과 마차를 타고 다니던 중세시대에 하늘을 나는 기계 장치를 상상하여 그림으로 그린 레오나르도 다 빈치는 그 당시 사람들에게는 엉

뚱하고 쓸데없는 공상가로 불렸어. 그런데 몇 백 년이 지난 지금은 그 상상이 실제가 되어 버렸잖아? 레오나르도 다 빈치의 상상력이 수백 년을 앞서 갔다는 사실에서 우리는 본받을 점이 많아. 혹시 너도 어른들에게 쓸데없고 엉뚱한 상상이라고 무시받았던 적이 있다면 지금 하얀 종이를 펴고 그림과 글씨를 이용해서 그것을 낙서로 남겨 봐. 없다면 지금 엉뚱하고 재미있는 상상의 낙서를 해 보렴.

3. 수첩이나 공책에 그동안 궁금했던 것들을 거침없이 쭉 적어 내려가 봐. 하늘은 왜 파랄지? 사람은 왜 밤에 잠을 잘까? 우주의 끝은 어디일까? 하루는 왜 24시간일까? 등등. 이렇게 적은 후 책이나 인터넷에서 해답을 찾지 말고 너의 상상으로 해답을 적어 봐. 그것이 정답이 아니어도 너만의 답을 적어 보는 거야.

4. 다음과 같은 사람들이 있다면 각자가 하는 역할에 어떤 도움이 될지 곰곰이 생각해 보렴.

- 그림을 잘 그리는 의사
- 연주를 잘하는 수학자
- 소설을 잘 쓰는 프로그래머
- 수학을 잘하는 야구선수
- 철학을 많이 공부한 디자이너
- 서예를 잘하는 목수

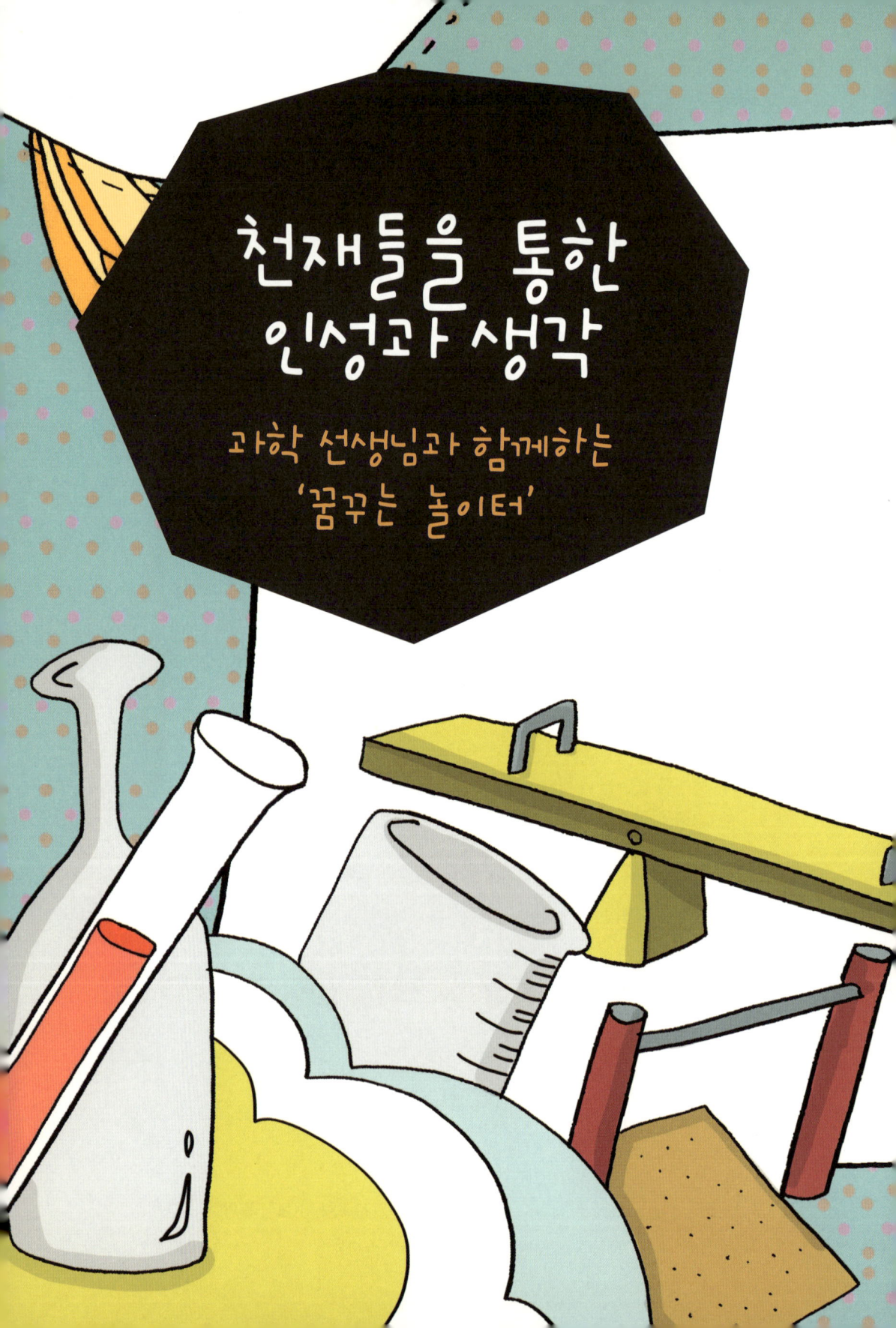

요즘은 정말 하루가 다르게 변하지 않니? 마치 사이언스 쇼라도 펼쳐지듯, 매일매일이 변화와 발전의 연속이라는 생각이 들어. 특히 정보통신 기술은 어제의 기술이 과거의 기술이 될 만큼 변화 속도가 눈부시지. 이런 과학 혁명과도 같은 세상 속에서, 명색이 과학 선생님으로서 뒤처지지 않고 살아가려고 선생님도 얼마나 노력하며 사는지 너는 아마 모를 거야.

이렇게 눈부신 과학기술의 발전이 비단 최근에 이루어진 걸까? 로마가 하루아침에 이루어지지 않았듯, 오늘날의 과학기술 역시 역사 속에 살아 숨 쉬고 있는 위대한 과학자들이 있기에 가능했을 거야.

발명왕 에디슨, 부부과학자 퀴리 부부, 상대성 이론의 아인슈타인, 노벨상을 남긴 노벨, 근대과학의 아버지 뉴턴, 유전학의 창시자 멘델……. 교과서나 위인전에서 자주 보았던 과학자들이 머릿속에 떠오르지 않니? 선생님도 이런 과학자들이 머릿속에 떠오르는구나.

인류를 위해 천재적인 머리와 과학에 대한 열정으로 수많은 실험을 통하여 원리와 이론을 만들고 발명을 한 위대한 과학자는 많단다. 그리고 이미 서점에는 수많은 위인전과 과학 관련 책들이 있지. 이 책들을 통하여 우리는 과학의 역사와 원리, 그리고 지식들을 배우고 학교 공부에 도움이 되는 보조 교재로 이용하고 있지.

사실, 우리 머릿속에 떠오르는 위대한 천재나 한 분야에서 일생을 바친 사람만이 세계를 발전시키고 변화시킨 것은 아니야. 위인전과 교과서에 등장하는 인물들이 다른 사람과 비교하여 큰 영향을 미친 건 사실이지만, 역사의 수레바퀴를 굴러 가게 한 근원은 인류 전체라고 할 수 있어. 배움을 전달하는 선생님이나 배우고 익히는 너희들, 그리고 부모님, 노동자, 농부, 상인……. 그들이 세계를 변화시킨 주인공이라고 할 수 있겠지. 그러나 교과서나 그 밖의 책에서 업적과 이름을 남긴 이는 무언가 다른 점이 있지 않을까? 그래서 우리는 그들을 존경하고 때로는 인생의 멘터로 삼기도 하겠지. 그래서 선생님은 이 책을 통하여 세계를 변화시킨 인물들의 특별한 점을 알아보는 기회와 그것을 통한 생각의 힘을 너에게 알려 주고 싶어.

이 내용이 시험을 잘 보게 하는 것도 아니고 너를 감동시켜 모범생이 되게 하는 것은 더욱 아니야. 그러나 한 인물을 통하여 올바른 삶의 태도와 열정은 무엇인지, 나아가 네 꿈이 무엇인지 돌아보는 기회가 될 수 있기를 바라.

선생님은 주말농장에 콩을 심어 재배했단다. 새싹이 돋고 물과 햇빛을 고루 받은 콩은 잘 자라났지. 어느 날 자라난 콩을 무심히 보고 있었단다. 그런데 그 콩들 중에 유독 튼튼하고 열매를 많이 맺은 콩이 있었지. 선생님이 고랑에 뿌린 콩은 모두 모양도 크기도 비슷한 콩이었는데 그중 한 콩만이 유독 튼튼하고 열매를 잘 맺었지. 이유가 무엇일까?

너의 생각에 따라 여러 이유를 찾을 수 있겠지? 그런 것을 생각하는 상상의 놀이가 지금부터 이야기하는 열 사람을 통해 꼭 이루어지길 바라.

1. 계란을 품은 천재 과학자

 ## 호기심 많은 에디슨

자, 선생님이 퀴즈 하나 낼게.

발명의 아버지! 계란을 품은 호기심 소년! 전기의 창시자! 누가 떠오르니?

그래! 당연히 토머스 에디슨(1847~1931)이야! 초등학교 1학년 꼬마에게 물어도 금방 답이 나올 만큼 유명한 과학자 에디슨!

네가 알고 있는 대로 에디슨은 달걀을 따뜻하게 하면 부화가 된다는 사실을 알고 양계장에서 밥 먹는 것도 잊은 채 달걀을 품고 있었을 만큼 호기심 가득한 꼬마였어. 그 꼬마가 훗날 우리의 밤을 낮처럼 사용할 수 있도록 해 주는 전구를 비롯해 2,000여 건의 발명품을 발명해 냈을 만큼 이 시대 최고의 발명가이자 과학자가 된 거야.

그렇게 훌륭한 과학자였던 그가 초등학교 시절 학교에서 퇴학을 당했다는 것 역시 잘 알고 있을 거야. 미국 오하이오 주 밀란에서 태어난 호기심 소년, 토머스 에디슨은 제도화된 학교 교육에 적응하지 못하고 독특한 행동을 일삼아 선생님과 친구들에게 놀림을 당하기 일쑤였어. 결국 입학한 지 3개월 만에 학교에서 퇴학을 당하고 말았단다.

다행히 에디슨에게는 에디슨을 누구보다도 잘 알고 있는 어머니가 계셨어. 어머니는 아들이 비록 제도권 교육에 적응하지는 못했지만, 사물에 대한 관찰력이 뛰어나고 무엇인가를 만들고 있을 때는 놀라운 집중력을 보인다는 사실을 알았단다. 그래서 비록 학교에서 쫓겨난 아들이지만 희망을 갖고 늘 좋은 책을 곁에 두기 위해 노력했지.

그 책들 중 한 권이 바로 파커의 『자연실험철학』이란 책이었단다. 실험에 대해 구체적으로 서술해 놓은 이 책을 통해 에디슨은 실험에 관심을 갖게 되었고, 그 관심을 몸소 실천하는 실천가가 되었단다.

열 살 때부터 자기 집 지하에 실험실을 꾸미고 실험을 했다고 하니, 정말 대단하지? 자라면서는 신문팔이와 철도회사의 신문을 만들어 실험에 필요한 자금을 모았단다.

그러다 우연한 기회에 철도의 화물칸에 실험실을 만들어 『자연실험철학』에 나온 각종 화학 실험을 하게 되지. 화학 실험을 직접 하면서 에디슨은 실험의 매력에 정신없이 빠져들었어. 그런데 달리는 열차 안에서 화학 실험을 했으니 어떻게 됐을까? 그래, 맞아! 실험을 하다가

실험도구가 넘어져 열차에 불이 나는 큰 사고가 발생하고 말았어.

하지만 거기서 물러섰다면 오늘날의 발명왕 에디슨은 없었겠지? 열차 화재 사고에도 불구하고 실험을 향한 에디슨의 열정은 식지 않았어. 열차 실험실이 폐쇄되자, 전신 기술을 배워 미국 제일의 전신기사가 되어 돈을 벌었고, 그 돈으로 '멘로파크 연구소'를 설립했지.

이제 비로소 보다 전문화된 에디슨의 실험이 시작된 거지. 그 멘로파크 연구소에서 희대의 발명품인 전구를 비롯해 컴퓨터 발전의 핵심이었던 진공관과 영사기술 등 2,000여 건의 발명품이 탄생했단다.

에디슨은 호기심과 끈기, 그리고 실천의 힘을 지닌 과학자였어. 효율적인 계획을 세워서 연구하기보다는 뭐든 생각나는 대로 즉시 실험을 해 보는 실천가였고, 하루 20시간 이상 실험에 몰두하는 놀라운 집중력과 끈기를 가진 노력가였어. 한번 실험을 시작하면 만사 재치고 실험만 해서 연구소 경비 아저씨가 에디슨을 몰라볼 정도였다고 하니, 그의 행색이 어땠을지 상상이 가지?

생활 속의 의문

발명왕 에디슨은 학교에 적응하지 못한 친구라고 했잖아. 친구뿐만 아니라 선생님한테도 인정받지 못한 학생이 위대한 발명왕이 되었지. 그 이유가 무엇일까? 생각해 보자.

선생님은 그것이 물음표(?), 곧 의문이라고 생각해.

요즘 교실에서 보면 이상한 행동을 하거나 정서 불안으로 인하여 학교에 적응하지 못한 학생들이 많지? 그 학생들은 때로 친구나 선생님들로부터 소외받거나 심지어는 학교를 떠나기도 하지. 이런 학생들은 주의력 결핍 과잉행동장애(ADHD)라는 질병으로 진단되어 치료와 상담이 필요한 경우가 많단다. 우리의 시각에서 본다면 에디슨은 중증 환자이며 병원에서 치료가 필요한 학생이 틀림없지.

"왜?"라고 집요하게 질문하는 아이에게 자세하고 재미있게 설명하는 어른이 많니? "왜 그렇죠?"라고 끊임없이 질문하는 학생에게 여유를 가지고 친절하게 설명해 주는 선생님도 많지 않아.

오늘날 에디슨이 학교에 다녔다면 분명히 탈선 청소년 내지 학업 중도 탈락자쯤 되지 않았을까? 그러나 에디슨의 어머니는 아들의 편에서 아들의 장점을 잘 간파하고 도와주는 최고의 선생님 역할을 했단다.

오늘날 교실 문화 속에서 많은 학생이 에디슨과 같은 정서 불안을 가지고 있단다. 어찌 생각하면 그 학생들 중에는 에디슨의 어머니와 같은 어른과 선생님이 계셨다면 에디슨보다 더 우수한 능력을 보여 줄 학생도 많지 않을까? 이런 학생들은 제2의, 제3의 에디슨으로 성장하고 발전할 수 있겠지만 때로는 방치로, 때로는 권위로 짓밟히고 있단다.

학생들은 일상생활 속에서 늘 물음표를 던지고 질문하고 생각한단다. 그 생각의 자유성에 최대한 날개를 달아 주어야 하는 게 선생님과 어른들의 몫이라고 생각해. 에디슨의 어머니처럼 말이야.

자라나는 학생들의 눈으로 보는 자연 세계나 사회 현상은 참으로 궁금한 물음표가 많단다. 그래서 쏟아 내는 질문도 다양하고 심오하지. 이런 의문이 생길 때 우리는 어떻게 해야 할까? 귀찮다는 이유나 생각하기 싫다는 이유로 책보다는 인터넷을 제일 먼저 떠올리는 경우가 많지 않니? 좋은 책을 많이 읽는 독서 습관은 지적인 갈증을 해소해 줄 뿐만 아니라 또 다른 형태의 의문을 만들어 내어 새로운 의견을 만들어 낼 수도 있단다.

이런 질문은 해도 될까? 모두 다 알고 있는데 나만 모르는 질문일까? 엉뚱한 질문이고 엉뚱한 발상이라고 사람들이 욕하지 않을까? 이런 걱정은 하지 마.

선생님 아들이 아홉 살 때 학교에서 친구들과 놀다 다리를 다쳐 발목이 퉁퉁 부어 집에 온 일이 있었단다. 토요일이어서 가까운 병원이 문을 닫아 대학병원 응급실로 치료를 위해 함께 가면서 아들에게 공갈 협박을 했지.

"발목을 다쳐서 어쩌면 다리를 자를 수도 있단다. 그래서 항상 친구들과 놀 때는 조심해라."

아들 녀석이 한참을 고민하다가 이렇게 말했어.

"자르면 다리가 새로 날 텐데 무슨 걱정이에요."

이런 엉뚱한 생각들조차도 무시하지 않고 칭찬해 주고 자세히 설명을 해 주니 질문도 많아지고 궁금한 것이 있으면 스스로 책도 읽어 보곤 하더구나. 이런 엉뚱함과 기발한 발상이 생활 속에서 창의적인 사고와 함께 생활 속의 의심(호기심)을 심어 주는 동기 유발이 된다고 생각해.

호기심과 의문이 많은 학생들은 모두가 에디슨이란다. 일상 생활 속에서, 또 놀이를 하면서도 의문을 가지고 창의적인 생각을 한다면 너도 과학자이고 발명왕이란다. 엉뚱함과 '왜'라는 생활 속 의문들이 과학적 사고의 시작이야. 그리고 그것을 위해 노력해야 한단다.

그렇다면 어떤 노력을 해야 할까? 첫째는 책을 많이 읽어야 하고, 직접 실험을 하고, 생각도 많이 해야 한단다. 둘째는 여유를 가지고 여행을 해야 한단다. 왜냐하면 여행을 통해서 느끼고 배우고 깨닫는 것이 많거든. 자연과 사람살이를 통해서 배우기 때문이지. 셋째는 의문과 그 해답을 찾기 위한 연구를 위해 최대한의 노력을 해야 한단다. 그래서 필요한 것이 독서와 토의 그리고 토론이야.

한번 몰입하면 그 일 외에는 모두 잊고 연구에만 몰두한 에디슨처럼 열정적인 집중력과 실천의식은 목표한 것을 이루는 힘이 돼. 그리고 이와 같은 생각과 행동은 좋은 인성의 모범이 되기도 해.

우리는 모두가 에디슨

너희들 모두는 생각에 날개를 단 에디슨이야. 간혹 어떤 엄마들은 자식에 대한 사랑으로 자기 아이들이 예의에 어긋난 행동을 하고 남들에게 피해를 주는데도 그 행동을 그냥 방치하곤 하지.

학교생활은 여러 친구들과 함께 지식을 배우고 사고력을 발달시키고 공동체 의식을 배우는 곳이야. 수업 중에 "왜요?" "왜 그렇게 되는데요?" 하며 손을 들어 질문하고 호기심을 충족하는 아우성과 대화들은 인정해 주고 칭찬해 주어야 해. 그러나 일부 학생들은 수업 중에 돌아다니고 옆 친구와 떠들고 소리치고 장난쳐서 다른 친구들이 수업에 집중하거나 궁금한 점을 질문할 기회를 빼앗는 수업의 방해꾼이 되기도 해. 이런 친구들은 생각의 날개를 단 천사가 아니고, 다른 친구들의 생각과 행동의 자유를 방해하는 수업의 방해꾼, 문제 학생이라고 볼 수 있단다. 이런 친구들은 대부분 집에서 잘못된 인성 교육을 받았거나 충분한 사랑을 받지 못해서 이렇게 행동한단다. 남을 배려하고 사랑하는 마음을 가지고 생각과 행동에도 날개를 달아야 한단다.

꿈꾸는 놀이터

1. 에디슨이 달리는 열차 안에서 신문을 제작하여 팔아 돈을 벌고 실험도 할 수 있는 두 가지 일을 하는 것은 사회적으로 인정해야 하는 태도다.
   왜냐하면 _____ 때문이다.

2. 에디슨이 달리는 열차 안에서 신문을 제작하여 팔아 돈을 벌고 실험도 할 수 있는 두 가지 일을 하는 것은 사회적으로 인정해야 하는 태도가 아니다.
   왜냐하면 _____ 때문이다.

3. 에디슨뿐만 아니라 많은 과학자가 호기심과 창의성이 높다고 하는데, 이는 어머니의 배려와 이해가 있어야 가능하다. 어머니의 과잉 배려와 지지가 때로는 말썽꾸러기, 문제 학생을 만드는 경우도 있다. 호기심쟁이와 말썽꾸러기는 어떻게 다른지 생각해 보자.

삶의 동반자 퀴리 부부

얼마 전 일본은 지진으로 인하여 원자력 발전소가 파괴되었어. 그 피해가 전 세계적 재앙으로 뉴스에 나온 것을 보았을 거야. 원자력 발전소의 핵연료로 사용하는 폴로늄이라는 원소를 발견한 과학자가 누구일까? 바로 마리 퀴리란다.

마리 퀴리(1867~1934)는 1867년 폴란드의 바르샤바에서 태어났어. 그녀는 방사선학을 학문으로 탄생시킨 여자 대장부야. 방사선을 내는 성질인 방사능 연구로 베크렐과 남편인 피에르 퀴리와 함께 노벨 물리학상을 받았고, 라듐의 발견으로 노벨 화학상을 수상하여 두 번의 노벨상을 받은 과학자로 존경을 받고 있단다.

마리 퀴리는 프랑스 소르본 대학에서 물리학과 수학을 공부한 수재였단다. 그러나 화학에서는 초보자였던 그녀는 8년 동안 남편과 함께 힘든 작업을 통하여 라듐이라는 미지의 원소의 성질과 특징을 연구하여 노벨 화학상을 받았단다.

마리가 스물여덟 살 때 물리학자인 남편 피에르 퀴리와 결혼을 했는데 남편의 나이는 서른여섯 살이었어. 방사능을 가진 우라늄이나 토륨 이외에도 미지의 방사성 원소가 있음을 확신한 퀴리 부인은 새롭게 연구를 시작했어. 결혼 후 남편에게 미지의 원소를 찾는 연구에 함께하자고 설득하여 공동 연구를 하게 되었단다. 이때 남편인 피에르 퀴리는 자신의 연구 활동을 중단하고 8년 동안 아내와 함께 연구 작업에 몰두했단다. 너라면 네가 하고 있는 일이 있는데 그걸 포기하고 부인을 위해 연구 분야를 바꿀 수 있겠니? 피에르 퀴리는 부인이 하려는 새로운 연구를 위해 헌신적인 배려와 사랑을 보여 주었단다.

퀴리 부부는 피치블렌드라는 우라늄 광석에서 미지의 방사성 원소를 분리하는 단순한 작업을 소르본 대학의 낡은 해부학 실험실에서 시작했어. 피치블렌드 광석을 학교 정문에서부터 실험실까지 마대에 담아서 하루 종일 운반하는 육체 노동에서부터 그 광석을 그릇에 넣어 가루로 만드는 힘든 일까지 남편과 함께 해냈단다. 그다음에는 퀴리 부인이 용매를 이용하여 침전물과 용해물을 분리하는 반복적인 단순 작업을 통해 라듐을 얻게 되었지. 미지의 원소를 찾기 위해 작업 중간 중간에 증발 접시를 이용하여 용액을 농축시키는데 이때 사용된 접시만도 5,000개가 넘었다고 하니, 부부의 연구에 대한 열정과 노력을 상상할 수 있겠지.

또한 라듐 0.1g를 추출하는 데 피치블렌드 광석 4톤을 사용했다고 해. 퀴리 부부가 이런 단순 작업을 8년 동안 공동으로 수행하여 발견한 라듐(원자량 266)은 물리학, 화학, 의학 분야에서 소중하게 사용되고 있단다. 피치블렌드 광석에서 라듐 염을 얻는 데는 여러 단계의 분별 농축법이 사용되었어. 이에 대해서 특허를 냈다면 퀴리 부인은 지금으로 이야기하자면 빌 게이츠보다 더 부자가 되었을 수도 있었지. 그런데 퀴리 부인은 그 방법을 공개하여 학문의 발전에 기여했고 젊은 후배들에게 희망과 용기를 주었단다. 너라면 어떻게 했겠니? 그녀는 정말이지 아름다운 마음을 가진 여성 과학자라 할 수 있어.

그러나 불행하게도 퀴리 부인이 서른아

고마워요, 여보.

홉 살 때 남편 피에르가 교통사고로 사망했단다. 그녀는 28년 동안 미망인으로 살면서 동반자였던 남편에 대한 변함없는 애정으로 학문 연구에만 전념하며 살았단다. 아름다운 여인으로.

방사선 물질에 오염되면 위험하다는 것을 잘 알고 있지? 오랜 기간 방사선 연구 생활로 인해 그녀가 피폭된 방사선 양은 약 200시버트로 추정하고 있지. 그로 인하여 그녀는 백혈병으로 사망하게 되었어.

현재 퀴리 박물관에 가면 퀴리 부부가 사용한 노트가 보관되어 있는데, 지금까지도 그 노트에서 방사선이 방출되어 방사능 측정기를 가져가면 반응을 한다고 해. 퀴리 부인의 헌신적인 학문의 열정은 죽음을 각오하는 사랑임을 알 수 있겠지?

사랑 속에서 태어난 과학

선생님이 어렸을 때 어머니께서 해 주신 사랑에 대한 일화가 하나 있는데 들어 보렴.

"한 부부가 세 살 난 아들과 함께 달동네에 살고 있었단다. 가난하긴 했지만 늘 서로 아껴 주고 배려해 주는 마음으로 행복하게 살고 있었지. 남편은 돈을 벌기 위해 일터로 나갔고 아내는 아들과 함께 달동네 비탈길에서 곱게 핀 야생화를 구경하고 있었어. 세 살 난 아들이 잠깐 사이 비탈길로 걸어갔지. 바로 그때 길가에 세워 둔 화물 트럭이 뒤로 미끄러져 내려오기 시작했단다. 짧은 순간 이 광경을 목격한 아내는 아들에게로 달려갔어. 밀려 내려온 트럭을 온몸으로 정지시켜 아들을 살렸지. 잠깐 동안 엄청난 힘으로 트럭을 정지시킨 거지. 다행히 아들은 살아났지만 엄마는 순간적으로 초인적인 힘을 사용한 탓에 밀려 내려오는 트럭에 치어 죽었단다."

엄마의 자식에 대한 사랑이 얼마나 대단한 것인지 느낄 수 있겠니?

사랑의 힘이 얼마나 위대한가를 단적으로 전달하는 이야기지만, 그 후로 선생님은 줄곧 사랑의 힘은 신의 힘만큼 초인적임을 믿고 살고 있단다.

퀴리 부인을 위해 8년 동안 광석을 운반하는 단순한 일을 너는 할 수 있겠니? 운반한 광석을 그릇에 담아 고운 가루로 빻는 일을 8년 동안 할 수 있겠니? 퀴리 부인의 실험을 위해 기초 준비 작업을 한 피에르 퀴리의 헌신적인 노력과 배려도 사랑이라고 생각해.

방사선에 대한 연구가 초기 단계여서 피폭이 얼마나 무서운가는 오늘날처럼 알려지지 않았겠지. 어쩌면 신만이 알 수 있는 시대였다고 할 수 있을 거야. 그런 위험을 감수하고 손이 화상으로 항상 짓무르고 필기구를 잡을 수 없을 만큼 통증이 심해도 퀴리 부인은 학문 연구에 열정을 쏟았단다. 학문에 대한 이러한 집중력과 열정도 과학에 대한 사랑임을 알 수 있겠지?

사람이 살아가는 관계는 사랑의 끈으로 맺어져야 한단다. 사랑의 끈으로 연결된 관계는 무엇일까? 가족 간의 관계는 사랑의 끈으로 연결되어 있어. 학교에서 선생님과 학생의 관계도 사랑의 끈으로 연결되어 있지. 교실에서 옆에 앉은 짝꿍도 사랑의 끈으로 연결되어 있단다. 이 사랑의 끈은 퀴리 부부처럼 서로를 위해 헌신하고 배려하는 사랑이 있을 때 위대하단다. 그래서 퀴리 부부는 8년이라는 긴 시간을 하나의 목표를 위해 매진할 수 있지 않았을까?

퀴리 부인은 남편이 사망하자 소르본 대학의 강사가 되어 여성 과학자의 권리 획득을 위해서도 많은 노력을 했단다. 강의 시간에는 자신의 방사능에 대한 연구에 대하여 열정적으로 수업하여 학생은 물론이고 청강하는 일반인에게도 감동을 주었다고 해.

내 짝꿍이 최고!

마리 퀴리 부인도 피에르를 만나기 전에는 학업을 마치면 고국으로 돌아가 물리 교사가 되려고 했대. 그러나 피에르 퀴리를 만나 고국으로 돌아가는 것을 포기했단다. 사랑하는 짝꿍을 만나 미지의 원소를 찾아내는 새로운 연구에 부부가 동반자로 참여하여 노벨상까지 수상하게 된 거지.

학교 교실에서 옆에 앉아 함께 공부하는 친구들도 공부를 하는 동안은 서로가 도움을 주고받는 짝꿍이야. 짓밟고 올라서야 할 경쟁자로 여긴다면 서로에게 도움이 되지 않아. 퀴리 부부의 이야기를 통해서 우리는 이제 알 수 있지 않니? 네가 잘 이해하고 있는 공부 내용을 친절하게 짝꿍에게 설명하는 마음은 친구를 사랑하는 마음이고 우정을 나누는 일이지. 더 나아가 어른이 되었을 때 네 짝꿍이 퀴리 부부처럼 인생의 동반자로 함께할 수 있을지도 모르잖아.

학교에서 짓궂은 장난으로 옆에 앉은 짝꿍을 놀리기만 했다면 이제는 사랑하는 마음으로 네가 가진 사랑의 마음과 공부를 나누고 전달해 보렴. 그러면 네 짝꿍은 네가 최고라고 엄지손가락을 치켜세우지 않을까?

짝꿍에게 크든 작든 나누는 마음을 가져야 한단다. 사랑은 나누면 두 배, 세 배 커지는 마술 같은 거야. 마리 퀴리가 라듐염 농축법에 대해 특허를 신청했다면 명예뿐만 아니라 엄청난 부자가 될 수 있었다고 이미 말했지? 그러나 그녀는 자신이 가진 것을 인류를 위해 나누어 가지는 분배의 정의를 실천한 정의로운 여성 과학자였어.

네 짝꿍을 위해 늘 무엇을 나누고 무엇을 해 줄 것인지 먼저 생각해 보자꾸나. 그러면 그 짝꿍이 퀴리 부부 같은 훌륭한 동반자가 될 수 있지 않겠니?

꿈꾸는 놀이터

1. 퀴리 부인이 젊은 과학자들에게 자주 했던 말이 있단다. "여러분의 희망을 하늘의 별에 묶어 두세요." 이 말이 무슨 뜻일지 한번 생각해 보자.

2. 만약 "한강의 모래 속에 천문학적인 가치를 지닌 다이아몬드가 하나 있다."라고 하면서 8년 동안 모래를 퍼내라고 한다면 너는 그 일을 할 수 있겠니? 한번 생각해 보자.

3. 꿈은 이루어진다

 용감한 라이트 형제, 윌버와 오빌

레오나르도 다 빈치 이후 인류의 꿈은 하늘을 날아 보는 거였대. 너도 하늘을 나는 꿈을 꾸어 본 적이 있니? 하늘을 새처럼 비행하는 인간의 꿈을 실현한 사람이 미국의 인디애나 주와 오하이오 주에서 태어나 자전거 가게를 경영한 라이트 형제였어.

네 살 차이인 윌버(1867~1912)와 오빌(1871~1948) 형제는 늘 함께 살았고 함께 공부했으며 함께 일하고 함께 생각했다는구나.

이 형제가 살았던 시기에 미국을 포함하여 프랑스, 독일 등 여러 나라에서 하늘을 날고자 하는 시도와 비행 기록이 많았어. 그럼에도 비행기 하면 제일 먼저 떠오르는 사람이 라이트 형제인 것은 그들의 실험 정신이 투철했고 용감했기 때문이야.

라이트 형제는 고등학교를 졸업하고 자전거 가게를 운영했어. 오늘날로 말하자면 고졸 출신 노동자인 셈이지. 그들은 글라이더 시험 운영에 대한 책을 읽고 감명을 받아 동력을 이용하여 날 수 있는 비행기를 만드는 꿈을 함께 꾸게 되었어. 그리고 새처럼 날고 싶은 인류의 꿈을 실현하기 위해 활공 기술을 익혀. 그들은 많은 위험을 감수하면서 2년 동안 약 천 번의 비행을 시도했어.

글라이더를 이용한 비행 기술 경험은 동력 비행기를 위한 매우 적절한 경험이고 노하우였어. 비행기는 불안정한 대기 속에서 균형을 잡는 것이 중요한데 글라이더를 이용한 활공 기술은 큰 도움이 되었지. 1903년 12월 17일 플라이어 1호는 체공 시간 12초, 비행 거리 36미터에 불과했지만 인류 최초로 동력 비행에 성공했단다. 하지만 비행기가 이륙하거나 선회할 때 난기류가 발생하면 기체가 불안정하고 비행기의 안정성 유지가 어렵다는 과제가 남아 있었지. 라이트 형제는 이 문제를 해결하기 위해 다른 과학자의 책을 참고하여 공부하고 연구했단다. 나아가 집에서 기르는 비둘기를 유심히 관찰해서 안정적으로 비행하기 위해서는

'비틀 수 있고 휘어지는 날개'여야 한다는 사실을 알아냈단다. 이렇게 연구와 시험 비행을 반복하여 안정적으로 이륙하고 착륙하고 선회하는 동력 비행기를 만들어 냈단다.

용기 있는 자가 멀리 본다

어렸을 때 누구나 한 번은 하늘을 나는 꿈을 꾸지 않니? 파란 하늘을 유유히 나는 새를 보면서 겨드랑이에 날개가 나오는 상상도 했을 거야.

선생님도 어릴 적에 고향의 감나무 위에서 보조 낙하산을 메고 올라가 뛰어내렸다가 부모님께 혼이 난 경험이 있단다. 이것은 하늘을 날아 보고 싶은 사람들의 심리를 잘 보여 주는 선생님의 경험담이야.

이론적으로 하늘을 나는 비행기를 설계하고 만들어도 그 비행기를 타고 시험 비행을 할 때는 알 수 없는 문제가 발생할 수 있단다. 어떤 문제인지 짐작이 가니? 시험 비행 때 하늘에서 이론처럼 날지 않는다면 비행기는 땅으로 곤두박질치게 되겠지. 내가 감나무에서 뛰어내리는 황당함과는 다른 매우 위험한 결과가 벌어질 수 있겠지. 신체적으로 불구가 되거나 목숨을 잃게 되기도 할 거야.

라이트 형제는 좀 더 전문적인 공부를 하기 위해 스미스소니언 연구소를 방문했단다. 그곳에서 책을 찾던 라이트 형제에게 동력 비행과 기체역학에 대하여 자세하게 설명해 준 사람이 랭글리 교수였지. 랭글리 교수는 스미스소니언 연구소의 항공기술자로 전문적인 항공 공부와 이론에 밝은 사람이었어. 그런데 랭글리 교수는 라이트 형제가 자신보다 뛰어난 항공기술자가 되길 바라는 마음으로 자세히 설명하지는 않았단다. 항공공학에 대한 계몽 차원에서만 자세하고 친절하게 가르쳐 주었다고 하는구나.

라이트 형제가 공개 비행에 성공했다는 소식을 듣고 랭글리 교수는 공식적으로 비행기 승부를 제안했단다. 그런데 그 도전 대회에서 랭글리 교수는 창피를 당하게 되었단다. 제자를 사랑하고 발전시키려는 마음보다는 자신이 더 실력이 있음을 보여 주려는 선생님이 당한 창피로는 너무도 당연하지 않니? 스승보다 제자가 나은 것은 고금의 진리야. 청출어람!

랭글리 교수와 그를 옹호하는 스미스소니언 협회는 비겁하게도 라이트 형제를 중상모략 했단다. 권위를 앞세우는 학자들이 일개 기술자에게 패배한 것에 자존심이 크게 상했던 거지.

우리나라 속담에 '벼는 익을수록 고개를 숙이고 사람은 배울수록 고개를 숙인다.'는 말이 있는데, 랭글리 교수는 학자로서는 배움이 조금 부족한 사람이었던 것 같구나.

조나단이 쓴 『갈매기의 꿈』이라는 책에는 "높이 나는 갈매기가 멀리 본다."는 내용이 있어. 라이트 형제를 알고 나니 "용기 있는 자가 멀리 본다."라고 바꾸고 싶구나.

가끔은 주먹을 불끈 쥐자

얼마 전 신문에서 모 은행에서 고졸 출신 여행원을 채용한다는 기사를 보았단다. 회사에서 인재를 뽑을 때 이력서에 학력을 쓰는 칸을 없애는 회사도 있을 만큼 사회적으로 학벌 타파를 주장하고 있다는 것은 너도 잘 알고 있지? 그럼에도 일부에서는 여전히 학력이 높아야 훌륭한 사람이라고 생각하는 것 같구나. 그러니 고졸 출신을 채용하는 것이 무슨 대단한 일을 한 것처럼 뉴스에도 나오잖아. 정부 차원에서조차 고졸 출신 채용을 늘리겠다고 하는 걸 보면 우리 사회에는 여전히 랭글리 교수나 그를 옹호한 스미스소니언 협회같이 권위적이고 목에 힘을 뻣뻣하게 주고 싶은 나쁜 인품의 사람이나 조직이 있는 것 같아.

인류 역사를 바꾼 훌륭한 과학자나 발명가들 중에는 중도에 학교를 포기하거나 고등교육을 받지 않은 사람이 아주 많단다. 학력이나 학벌 때문에 공부를 하는 학생이 있다면 생각을 바꾸어야 한단다.

사람이 기본적인 사회생활을 하기 위해서는 기초 학문과 올바른 인성을 배우고 익혀 사람의 도리를 하면서 살아야 하기에 기본의무교육

기간이라는 것도 있단다. 그 후부터는 자기가 하고 싶은 일과 목표에 맞는 지식을 얻는 단계까지만 학교를 다녀도 되지 않을까? 네가 하고 싶은 일이 대학이나 대학원을 나오지 않아도 되는데 학벌이라는 자격 때문에 학교를 다닌다면 불행하지 않을까? 본인의 절실한 필요와 간절한 열정을 가지고서 배움에 대한 목마름을 채워야 해. 물론 이것은 개인의 생각과는 별도로 그러한 환경을 사회적으로 제도적으로 만들어 주어야 가능한 거지만 말이야. 살아가면서 새로운 지식이나 생활 속에서 필요한 지혜는 평생을 두고 연구하고 공부해야 하는 거야. 그런 생각과 학습 태도를 마땅히 가져야 한단다.

꿈꾸는 놀이터

사람이 살아가는 데 학력이니 학벌이니 하는 배경이 중요한지 그렇지 않은지 생각해 보고, 나는 대학을 가야 하는지 또는 왜 가야 하는지에 대해서도 생각해 보자.

4. 모든 것은 상대적이다

 돌머리 아인슈타인

알베르트 아인슈타인(1879~1955)은 독일의 울름에서 유대인 공장주의 아들로 태어났어. 독일어 아인슈타인을 우리말로 해석하면 '하나의 돌'이란 의미지. 우리나라 이름으로 말하자면 '돌쇠'라 할 수 있을 정도로 쉽게 지어 부르던 다소 흔하고 친숙한 이름이지.

아인슈타인은 김나지움(중등학교)에 진학하여 교육을 받을 때 우리나라 식 별명으로 '돌쇠'라고 불릴 만큼 행동이 느리고 고집이 센 문제아였다고 해. 대개 이런 학생은 학급에서 친구들로부터 '왕따'를 당하기도 하지. 이런 이유인지 모르겠지만 아이슈타인은 김나지움에 적응하지 못하고 열여섯 살에 학교를 중퇴했단다. 이런 고집 세고 행동이 느려 터진 문제아가 20세기 최고의 이론 물리학자로 특수상대성 이론,

광양자설, 브라운 운동 이론을 발표하여 노벨 물리학상을 받은 거지.

학교를 중퇴한 이후에 아인슈타인은 그의 집 하숙생이었던 유대인 의대생한테 교양과학에 관련한 다양한 책을 빌려 본인의 특성처럼 느리게 읽고 충분히 완벽하게 이해했단다. 아인슈타인이 읽은 교양과학 책 중 '베른슈타인이'라는 사람이 쓴 책에는 빛이 입자임을 주장하고 중력장에 의해 빛이 휠 수 있다는 내용이 있었어. 자기가 생각하는 내용과 완전히 통하고 있음을 알고 자연과학 탐구의 세계로 들어서게 되었지.

아인슈타인의 아버지는 발전기나 모터를 만드는 전기 공장을 운영했어. 회사의 경영을 돕고 있던 야콥 삼촌은 조카의 자연과학적 재능을 알아보고 기하학과 대수학 같은 수학을 가르쳤고, 전기 공장 내부를 안내하며 최첨단 장비들을 보여 주고 설명해 주기도 했단다. 이러한 삼촌의 이해와 도움이 특수상대성 이론을 발견할 수 있게 했지.

아인슈타인은 열일곱 살에 스위스 연방공과대학에 입학하여 학교생활을 했지만 물리와 수학 이외의 공부에는 흥미가 없어 강의에 자주 빠지곤 했어. 그래서 교수들한테 평판이 좋지 않았지. 모교의 조교 선발에 탈락된 것도 수업에 종종 빠지는 등 품행이 좋지 않아서였어. 그러나 친구의 도움으로 특허청에 취직하여 특허 적격 여부 심사 업무로 7년 동안 직장생활을 해. 특허청 근무를 통하여 독창적인 이론에 무엇이 중요하고 무엇이 가치가 있는가를 판단하는 능력과 통찰력을 습득하였어. 또한 특허청의 일은 업무량이 적어 혼자서 생각하고 새로운 이론에 몰두할 수 있는 시간적 여유가 많았단다.

이 시기에 특수상대성 이론, 광양자설, 브라운 운동 이론을 발표하여 세계의 물리학계로부터 주목을 받게 되지. 이를 계기로 아인슈타인은 학계로 진출하여 프라하 대학 교수와 모교인 스위스 연방공과대학 교수, 베를린 대학 교수로 성공의 길을 걸었단다.

발상의 전환이 혁명적 사고로!

아인슈타인의 상대성 이론은 20세기 현대 물리학의 새로운 모습을 출현시킨 대단한 일이야. 시간과 공간에 관한 새로운 관점이었지. 상대성 이론은 19세기를 통해 활발하게 연구되었던 고전 역학과 고전 전자기학 사이에서의 문제점을 해결하려는 노력의 과정에서 태어났어.

어려워 이해를 못하겠다고?

이런 문제를 생각해 보자. 속도 1로 달리는 차에서 속도 2의 속도로 공을 던졌을 때 실제로 이 공이 날아가는 속도는 어떻게 될까? 달리는 차와 정지한 차에서 나오는 빛의 속도는 어떻게 될까? 고전 역학에서 보면 공이 날아가는 속도는 속도 1과 속도 2를 합하면 되지. 빛의 속도도 그래야 되겠지? 그런데 19세기 말의 과학자 맥스웰의 전자기학은 빛의 속도가 일정하다고 했어. 고전 역학의 입장에서 보면 달라야 하는데 전자기학 입장에서 보면 일정하거든.

19세기에 살고 있었던 대다수의 물리학자들은 우주에 꽉 찬 무언가가 있고 압축이 되지 않은 무언가가 있다고 가정을 했단다. 그래야 태양 빛이 지구로 올 수 있는 이유가 설명되었기 때문이지. 19세기 과학자들은 진공 중에서는 파동인 빛이 전파될 수 없기에 지구와 태양 사이에 빛을 전달해 주는 매질이 존재해야 한다고 가정을 할 수밖에 없었지. 그것은 에테르라는 물질이고 그것의 성질에 대해 과학자들마다 다양한 주장을 했어. 전자기학 분야에서도 수많은 전자론이 등장하게 되었지.

아인슈타인도 움직이는 물체를 다루는 전자기학에서는 뉴턴의 고전역학과 전자기 법칙이 서로 모순된다고 생각했지. 고전 전자기학이 가정하고 있던 가상적 물질이었던 에테르와의 상호작용을 발견할 수 없었던 그는 과감하게 그 존재를 부정했어. '그런 것은 없다'라고. 빛이 파동일 경우 필요했던 매질인 에테르를 부정한 그는 논문에서 진공 중에서도 빛이 전달되는 이유를 설명하기 위해 빛의 입자성을 제안하지. 그것이 바로 광양자 가설로 나중에 빛에 관한 파동-입자 이중성 개념으로 일반화되었고, 현대의 양자론 형성에 커다란 영향을 미치게 된단다.

아인슈타인은 독일의 김나지움보다 자유롭고 민주적인 스위스 간톤학교를 다닐 때(열여섯 살) 물체가 빛과 같은 속도로 달리면 어떤 현상이 나타날 것인가에 대해 골몰했다고 해. 이 사고가 상대성 이론과 관련된 최초의 사고 실험이었으며, 10여 년 동안 이 문제에 대해 고민하고 연구한 끝에 특수상대성 이론에 대한 논문을 내게 되었어.

"모든 좌표계에서 빛의 속도가 일정하고 모든 자연법칙이 똑같다면 시간과 물체의 운동은 관찰자에 따라 상대적이다."라는 특수상대성 이론. 당시까지의 관념으로는 시간과 공간이란 절대적 개념이지 상대적으로 생각할 수 있는 개념이 아니었거든. 시간과 공간을 상대적인 것으로 전환하자 문제들이 쉽게 해결되는 거야.

특수상대성 이론의 수학적 표현은 "어떤 물질이 갖는 에너지는 그 물질의 질량에 빛의 속도의 제곱을 곱한 값이다."라는 식이야. 이 식은 인류 역사상 가장 위대한 식이 되었지. 이때 아인슈타인의 나이는 불과 스물여섯 살이었단다.

아인슈타인의 혁명적인 사고는 '왜 시간과 공간을 절대적이라고만 생각한 거지?'라는, 전통과 권위에 대한 생각을 바꾼 영감이야. 이 1%의 영감이 없었다면 나머지 99%의 노력은 요즘 유행하는 말로 '삽질'일 뿐이지. 세상을 살아가는 태도나 다른 사람과의 관계, 자연을 관찰하거나 연구하는 태도, 공부를 열심히 하는 태도에 중요한 것은 최선을 다해 노력하는 것일 거야. 그렇지만 99%의 노력에도 1%의 변화와 영감이 없다면 헛일이 될 수도 있지 않을까?

나는 상대적이다

세상에 절대적인 것은 무엇일까? 부모님이 자식을 사랑하는 마음, 사람은 먹어야만 살 수 있다는 것, 사람은 모두 죽는다는 것, 역사는 꾸준히 발전한다는 것 등등.

과학의 원리나 법칙도 사실은 기준계가 변하거나 달라진다면 절대적인 원리도 법칙도 아니겠지? 세상의 중심에 나를 놓고 본다면 모든 것이 때론 상대적이더구나.

아인슈타인의 상대성 이론에 대한 제대로 된 이해가 없다고 하더라도 상대적이라는 의미가 나에게는 너무도 좋더구나. 세상에 돈이 많은 사람만이 절대적으로 행복하다고 한다면 불행한 사람이 너무 많지 않을까? 세상에 공부 잘하는 사람만이 절대적으로 행복하다고 한다면 1등 빼고는 불행하지 않을까? 오히려 세상에는 절대적인 것이 없어서 사람이 살아갈 수 있는 거야.

세상의 중심에 놓인 개개의 사람은 고귀한 생명을 지닌 절대적 존재야. 유일무이한 존재인 거지. 그러나 우리가 살아가며 느끼는 생활 태도나 생각들은 대부분 상대적이야. 그래서 우리는 행복을 느끼며 열심히 살아갈 수 있는 거야. 이미 운명이 절대적으로 규정되어 있다면 누가 열심히 노력하고 자기 자신을 사랑하며 살 수 있겠니? 세상의 중심에 서 있는 나는 상대적인 개인이야. 너와 나의 관계 속에서만 의미가 있는 상대적인 존재야. 그래서 사람은 더불어 살아가고 남을 통해 행복해지기도 하고 발전할 수도 있는 것 같구나.

아인슈타인은 시간과 공간이 상대적이라는 영감 하나로 현대의 이론 물리학의 지평을 열었단다. 지금 너의 학교생활, 학업 성적, 친구와의 우정, 또는 생각이나 꿈 등이 절대적인 것은 아니란다. 세상의 중심에 네가 있으며 너의 상대적 존재감을 통하여 세상을 살아가는 지혜와 영감을 만들어 보자.

꿈꾸는 놀이터

1. 사람이 살아가는 세상에 절대적인 진리는 있다.
   왜냐하면 _____ 때문이다.

2. 사람이 살아가는 세상에 절대적인 진리는 없다.
   왜냐하면 _____ 때문이다.

5. 컴퓨터를 탄생시킨 수학자

 ## 암기왕 요한 폰 노이만

오늘날 모든 컴퓨터 설계의 기본이 되고 있는 프로그램 내장 방식을 발표한 사람이 누굴까?

다소 생소할 수 있지만 요한 폰 노이만(1905~1957)이란 사람이란다. 요한 폰 노이만은 뛰어난 천재 수학자란다. 그는 초창기 컴퓨터보다 빠른 수학적 능력을 가진 천재였어. 또한 어학에도 뛰어나 영어, 독일어, 프랑스어, 라틴어, 그리스어를 생활에서 막힘없이 사용했지. 『전자계산기의 이론 설계 서론』이라는 책에 발표한 '컴퓨터 프로그램 내장 방식'으로 에드박(EDVAC)이라는 컴퓨터를 만들었지.

폰 노이만은 1903년 12월 헝가리 부다페스트의 한 유대인 가정에서 태어났어. 성 앞에 붙는 폰(von)은 귀족 가문이었음을 의미해. 부유한 은행가의 삼형제 중 장남으로 어릴 때부터 수학에 재능이 뛰어나 열두 살에 함수론을 이해하고 열여덟 살에 다항식에 관한 논문을 발표했다고 해.

폰 노이만은 부유한 가정환경 덕분에 어린 시절부터 많은 교육을 받았단다. 집 안의 서재는 도서관에 가까운 수준이었대. 이런 이유로 그는 좋은 스펙을 쌓을 수 있는 환경적 요인을 고루 갖추었단다. 그렇다고 하여 둔재가 수재로 길러지지는 않겠지? 폰 노이만은 학교에 들어가기 전에 한 번 읽은 책은 그냥 외워 버릴 정도로 암기력이 뛰어났단다. 영어를 배우기 위해 읽었던 찰스 디킨스의 『두 도시 이야기』를 수십 년이 지난 뒤에도 한 자도 틀리지 않고 외울 정도로 머리가 비상했다는 일화도 있지.

현대 컴퓨터의 창시자라고 불리는 폰 노이만은 스스로가 이미 기계처럼 뛰어난 계산 능력을 지니고 있었어. 여섯 살 때 여덟 자리 나눗셈을 암산으로 계산했다고 하니 거의 계산기 수준이지. 열두 살에는 대학원 수준의 수학을 이미 다 풀었다고 하니 수학에 있어서는 가정환경과는 무관하게 천부적으로 천재적인 머리를 가지고 태어난 거지.

1921년 부다페스트 대학교 수학과에 입학했을 때 이미 일류 수학자로 인정받았고 졸업 후에는 베를린 대학교와 하이델베르크 대학교 강사를 거쳐 미국 프린스턴 대학교 객원 교수가 되었단다. 프린스턴 고등연구소가 세워지자 사망할 때까지 이 연구소에서 수학기초론에서 시작하여 양자역학, 수리물리학, 수리경제학, 게임이론에 이르기까지 매우 다양한 업적을 남겼단다.

컴퓨터는 바늘보다 못하다?

요즘 컴퓨터와 텔레비전이 없는 집이 있을까? 컴퓨터가 생활필수품으로 자리하는 데는 아주 짧은 시간이 걸렸단다. 가정생활에서뿐만 아니라 직장생활, 나아가 걸어 다니면서까지도 사용하고 있지. 컴퓨터가 없으면 할 일이 아무것도 없는 것처럼 느끼고 컴퓨터를 애완동물처럼 친숙하게 생각하는 사람이 많단다.

컴퓨터에 대한 사람들의 이런 행동을 한 번쯤은 고민해 봐야 해. '電雷不如針(전뢰불여침)'이란 말을 한번 만들어 봤어. 컴퓨터는 바늘보다도 못한 물건이야. 이 말을 곰곰이 생각해 봐.

바늘은 실을 꿸 수 있는 바늘귀와 몸통 하나만으로 인류의 역사와 함께 시작한 작은 생활필수품이야. 반면에 컴퓨터는 과학의 종합선물

세트로 수만 가지 부품인 하드웨어와 이 하드웨어를 동작시키는 소프트웨어로 구성되어 있어. 외형상의 비교로 볼 때 생산 비용은 컴퓨터는 하늘이요 바늘은 땅 정도의 차이가 난다고 볼 수 있지. 그러나 두 생활필수품이 인간 세상에서 사라졌을 때 가져다줄 불편함은 어떨까? 물론 사회 인프라 전체가 컴퓨터가 동작하지 않으면 대혼란이 올 정도로 구축되어 있어. 이러한 단순 비교가 불가능하다는 이야기야.

컴퓨터가 없다고 하여 사람이 생존에 영향을 받지는 않지만 바늘이 없다면 인간 생활의 가장 중요한 의식주 중 의복 제작이 불가능하게 되어 생존에 직접적인 영향을 받게 돼.

선생님이 한자를 이용하면서까지 컴퓨터와 바늘을 비유하는 것은 컴퓨터에 대한 경각심을 일깨우고 싶어서야. 우리가 공기의 중요성을 인식하지 않고 살아 대기를 오염시키는 것에 무감각한 것처럼 컴퓨터를 너무 중요하게 여긴 나머지 컴퓨터가 인간에게 주는 오염을 간과한 것에 대한 경각심을 말하고자 해.

컴퓨터는 인간에게 일의 처리 속도를 빠르고 편리하게 해 주고 대용량의 데이터를 쉽고 간단하게 처리해 줘. 또한 정보통신 기술과 결합되면서 컴퓨터의 기능은 다양하게 영역을 넓혀 일상의 거의 모든 일에 컴퓨터가 자리하게 되었지. 이제 컴퓨터는 사람을 대신해서 일(사무 기능)도 하고 사람을 즐겁게 해 주는 기능(오락 기능)도 가지고 있어. 그러나 생각을 하고 따뜻한 마음을 가진 기계는 아니야. 어디까지나 컴퓨터는 도구란다.

  하지만 요즘 사용자들은 컴퓨터에 너무 중독되어 생각하는 능력, 문제 해결 능력, 사람들과 공동으로 생활하는 능력을 잃어 가고 있단다. 컴퓨터는 바늘보다 못한 물건임을 한 번쯤은 깊이 생각해 보아야 해.

  초창기 컴퓨터는 오늘날과 같은 여러 분야에 두루 응용되는 도구는 아니었어. 복잡한 수치 계산의 기능이 컸지. 수학에 있어 천재적인 머리를 가진 폰 노이만은 계산 능력이 빠른 사람이었어. 자신을 위해서는 컴퓨터가 필요 없는 사람이었지. 그러나 폰 노이만은 자신의 머릿속에서 일어나는 계산 과정을 토대로 프로그램 내장 방식을 이용하여 현대적인 컴퓨터를 고안해 냈지. 오늘날 컴퓨터를 이용하는 우리 모두에게 자신의 계산 속도보다 빠른 컴퓨터를 선물해 준 거야.

  이것은 폰 노이만이 사람들을 사랑했기 때문에 할 수 있는 일이었단다. 자신에게는 큰 불편이 없는 일을 남을 위해 개발한다는 것은 보통 사람이라면 할 수 없는 일이지. 사랑의 마음으로 만들어진 컴퓨터가 사랑과 생각하는 힘을 빼앗아 가는 도구로 사용되는 것은 컴퓨터를 사용하는 사람의 마음가짐에 일차적인 원인이 있단다. 폰 노이만의 사랑을 다시 생각하고 바늘보다 못한 컴퓨터에 온종일 빠져 있지는 않은지 늘 경계해야 할 것이야.

컴퓨터보다는 사람!

자, 우선 컴퓨터를 가지고 무엇을 할 수 있는지 생각해 보자.

개인생활에서 컴퓨터의 활용은 사용 목적에 따라, 또 개인 성격이나 취향에 따라 다소 차이가 있겠지. 하지만 보편적으로 다음과 같은 컴퓨터 활용 원칙을 정하여 컴퓨터를 사용해야 한다고 봐.

첫째, 컴퓨터를 활용하는 일은 생산적인 일이어야 해. 생산적인 일이라고 하는 것은 컴퓨터를 통해 업무를 간단하고 빠르게 처리해서 얻은 정보나 결과들이 가치를 창출하는 일이어야 한다는 거야. 학교 숙제를 해결하거나 보고서, 문서를 작성하는 데 컴퓨터를 사용하거나 자료를 정리하거나 많은 정보를 쉽고 빠르게 검색하기 위한 일 등이 그런 일에 해당되지.

둘째, 컴퓨터는 친구가 아니야. 컴퓨터는 사람처럼 생각을 하거나 온정이나 사랑을 가진 유기체가 아니란다. 많은 학생들은 컴퓨터 게임을 하면서 컴퓨터가 제공하는 가상 세계에서 혼자 놀기에 푹 빠져든단다. 이것은 컴퓨터 중독에 빠질 수 있는 흔한 경우야. 가장 경계하고 조심해야 할 부분이지.

셋째, 컴퓨터를 맹신하지 말아야 해. 컴퓨터는 사람이 살아가면서 보조적으로 사용하는 도구일 뿐이란다. 우리가 믿고 의지해야 할 대상은 인간임을 늘 생각해야 해. 너의 슬픔을 달래 주는 것도 사람이고 너를 즐겁게 해 주는 것도 사람이고 너를 화나게 하는 것도 사람이고 너를 사랑해 주는 것도 사람이란다.

꿈꾸는 놀이터

1. 컴퓨터로 내가 할 수 있는 일이 무엇인지 생각해 보자. (게임, 음악 감상, 영화 보기, 인터넷 검색을 제외하고)

2. 네가 만약 세상에서 가장 뛰어난 프로그래머라면 어떤 프로그램을 만들어 사람들에게 선물할 수 있을지 생각해 보자.

6. 모든 물질의 구성을 밝히다

 케쿨레의 벤젠 구조

물질을 이루는 가장 기본 단위가 무엇이지? 빙고! 원자란다. 물질의 고유 특성을 가지고 있으며 하나의 단위를 이루는 원자들의 결합체는 무얼까? 빙고! 분자란다. 원자나 분자는 우리의 눈에 보이지 않아. 그러나 분자의 구조를 알면 물질의 특성을 이해하고 다양한 화합물을 만들 수 있어. 벤젠의 분자 구조를 발견한 과학자가 바로 아우구스투스 케쿨레(1829~1896)란다.

케쿨레는 독일의 귀족 가문에서 태어나 처음에는 건축학도로서 공부와 연구를 했단다. 나중에는 기센 대학에서 리비히(1803~1873)*의 영향을 받

*독일의 화학자. 기센 대학의 정교수로 처음으로 화학 연구 방법을 체계적으로 가르칠 실험실을 만들었으며, 이 실험실에서 아우구스트 빌헬름 폰 호프만, 케쿨레 등 다음 세대를 이끌어 간 뛰어난 화학자가 많이 탄생했음.

아 화학으로 전공을 바꾸었지. 그리고 같은 대학에서 교수로 재직하며 주로 연구 활동을 하면서 여러 탄소 화합물을 연구하고 탄소의 구조와 성질을 발견했단다. 눈에 보이지 않는 원자와 분자 세계에 대한 궁금증을 밝힌 거지. 특히 벤젠에 대해 많이 연구하여 벤젠의 탄소 고리 구조를 제시하였어.

케쿨레는 건축학에서 화학으로 전공을 바꾸면서 원자가 어떤 모양으로 연결되서 분자로 이루어졌는지 궁금하였단다. 그는 꿈을 통해서 원자와 분자의 구조를 알아내는 업적을 이루었지. 케쿨레는 원자와 분자 구조에 대한 궁금증의 실마리를 꿈속에서 얻었어. 영감과 직관으로 벤젠 구조를 발견한 셈이지. 과학사에서 보면 다소 비과학적인 일화라고 할 수 있지.

친구 집에 갔다가 돌아오던 버스 안에서 꾸벅꾸벅 졸던 케쿨레는 꿈을 꾸었단다. 케쿨레의 머리에서 여러 원자가 깡충깡충 뛰어다니며 빙글빙글 춤을 추다가 사슬을 엮는 모습으로 나타났지. 꿈에서 깬 케쿨레는 꿈속에서 본 모양을 스케치했어. 이 그림은 원자를 원자끼리 결합시키는 사슬의 수로 표시한 형태였어. 예를 들어, 물의 경우 수소 결합 사슬은 한 개, 산소 결합 사슬은 두 개이며, 산소 양쪽으로 수소가 하나씩 결합되는 방식이지.

벤젠 분자 구조를 발견한 일화도 꿈과 관련되어 있단다. 케쿨레가 책상에 앉아서 교과서를 집필하고 있었는데 아무리 집중해도 일이 진행

되지 않고 기분 또한 좋지 않아 의자를 난로 쪽으로 향해 놓고 잠깐 동안 졸았단다. 이때 그의 눈앞에 원자가 반짝반짝 움직였다가 그다지 크지 않은 원자단이 나타났다가 하는 모습이 되풀이되면서 여러 가지 모양(분자 구조)을 보았단다. 긴 열이 몇 개씩 연결되어 움직이며 뱀처럼 빙빙 돌고 있었단다. 그런데 묘한 것이 뱀 중에 자신의 꼬리를 문 것이 한 마리 있었다는구나. 더욱이 그 뱀이 케쿨레를 비웃는 것처럼 눈앞에서 빙빙 돌고 있어 깜짝 놀라 눈을 떴고 밤을 새우면서 벤젠 고리 가설을 마무리하였다고 해.

이후 케쿨레는 독일의 빌헬름 2세 황제에게 작위를 받으면서 이름 뒤에 '폰 슈트라도니츠'라는 이름을 붙이게 되었지. 케쿨레의 제자 중 노벨 화학상을 수상한 과학자가 세 명이나 될 정도로 교육과 연구에 열정과 헌신을 다했단다.

꿈은 밤에만 꾸지 않는다

　너의 꿈은 무엇이니? 꿈은 이루고 싶은 무엇이며 살아가는 희망이지. 그래서 꿈을 이루기 위해 노력하고 공부하며 많은 시간을 투자하며 살아가는 거야. 그 꿈을 이루었을 때 얼마나 행복할까? 그래서 사람들은 자기의 꿈을 위해 끊임없는 집중력과 의지로 살아가는 사람들을 존경하고 인정하지.

　그런 노력의 장본인이 바로 케쿨레란다. 그는 열정적으로 꿈을 꾸는 과학자였단다. 케쿨레는 눈에 보이지도 않는 원자나 분자의 구조에 대해 오래오래 생각하고 가슴속과 머릿속에 담고 있었어. 그러했기에 우연처럼 뱀의 모습으로 꿈속에 나타나 실마리를 제공해 주어 진짜 자신의 꿈을 이루게 된 거지. 생각이나 꿈을 이루기는 결코 쉬운 일이 아니야. 특히 그 결과가 너무 당연하거나 모두가 알고 있는 것이거나 눈앞의 이익이 없는 생각이라면 더욱 힘들지 않을까?

우리는 공부를 할 때도 잘 이해가 되지 않으면 한두 번 생각하다가 "에잇! 귀찮아!" 하면서 포기하는 경우가 많아. 그냥 그렇다고 치자라고 치부하고 단순하게 암기하거나 정답만 외우는 경우도 허다하잖아?

케쿨레는 건축가라는 원래 자신의 꿈을 접고 화학으로 전공을 바꾸는 어려운 결단을 했어. 원래 하던 일을 접고 다른 일을 하는 것은 용기와 노력이 많이 필요하지. 그런 결정 속에서도 자신의 생각과 꿈을 위해 노력하여 새로운 꿈을 창조하고 학문적 업적으로 만들었어.

잠을 잘 때 꾸는 꿈은 누구나 꿀 수 있는 가능한 꿈이야. 그러나 인생을 살아가면서 반드시 이루고 성취하는 꿈은 아무에게나 가능한 것은 아니란다. 내가 투자한 시간과 열정, 그리고 포기하지 않은 인내 속에서 그 꿈은 존재하고 의미가 있기 때문이야. 그러한 꿈(생각)은 잠자리에서 꾸는 꿈속에서조차도 실마리와 영감과 행복을 줄 거야. 꿈은 밤에만 꾸는 것이 아니야. 자신이 이루고자 하는 꿈을 꾸고 살아야 한단다. 그래야 행복하게 살아가는 것이지.

꿈을 꾸며 살아간다

케쿨레가 벤젠 구조를 발견했지만 대개의 사람들은 벤젠이 어떤 모습으로 생겼는지에 대해서 깊이 생각하지 않았단다. 왜냐하면 벤젠이 어떻게 생겼는지 몰라도 이미 벤젠을 이용하고 있고 생활에서 불편하지 않았기 때문이지. 우리들 대다수는 불편하지 않고 잘 사용하고 있으면 특별히 의문을 가지거나 돌아보는 일은 별로 없어. 그러나 케쿨레는 벤젠의 얼굴을 보고 싶다는 꿈을 꾼 거지. 대개의 사람들은 나에게 당장 이익이 없는 일에 앞장 서는 선구자적인 꿈을 꾸지는 않는단다. 케쿨레는 당장에 이익이 없는 일이지만 분자의 얼굴을 보고자 하는 꿈에 일생을 바쳤어. 그 덕분에 우리 모두는 조금만 노력을 기울이면 분자의 얼굴을 책이나 인터넷을 통하여 볼 수 있게 되었어.

나아가 얼굴을 알게 되니 변장도 할 수 있어서 벤젠을 이용한 여러 가지 화합물을 만들 수 있게 된 거지. 이런 화합물이 좋은지 나쁜지 분간할 수 있고 안전상의 문제에 대해서도 알 수 있게 되었어. 케쿨레의 벤젠 고리 구조 발견은 인류의 역사에 더없이 큰 이익을 주었어.

당장 눈앞에 이익을 쫓아서 꾸는 꿈은 일장춘몽이라 할 수 있어. 우리가 공부를 하고 학문을 익히는 것도 꿈을 꾸는 과정이야. 이 꿈이 당장 이익을 주지 않는다고 귀찮아하지 마. 그리고 지금 당장 즐겁지 않다고 소홀히 하지도 마. 너의 노력과 그 결과는 너와 너를 사랑하는 사람들에게 헤아릴 수 없는 기쁨으로 돌아올 것이니까 말이야.

케쿨레와 같이 열정과 노력으로 이루는 꿈은 당장은 힘들고 귀찮아도 언젠가는 커다란 보답으로 돌아올 거야. 우리는 모두 꿈을 꾸며 살아야 한단다. 그것도 머리와 가슴으로!

꿈꾸는 놀이터

1. 내가 정말 하고 싶은 꿈은 무엇인지 생각해 보자.

2. 그 꿈을 실현하기 위해서 나는 무엇을 어떻게 해야 할지 생각해 보자.

7. 우주로의 여행

닐 암스트롱의 위대한 첫걸음

달나라에 첫발을 디딘 사람은 누굴까? 올드린과 함께 아폴로 11호에 승선한 닐 암스트롱(1930~)이란다. 올드린이 아니라 암스트롱인 것은 그가 달에 첫걸음을 옮겼기 때문이지.

암스트롱은 어릴 때부터 비행기 만드는 걸 좋아했고 비행기 조종사가 되는 것이 꿈이었단다. 항상 친구들 앞에서 비행기 조종사가 되겠다고 약속을 했었지. 그런 약속을 지키기 위해 퍼듀 대학교에서 항공학을 전공하고 해군 비행학교에 진학하여 비행사 자격을 획득했지.

한국전쟁에 제트기 조종사로 78회 출격하였으며 그 후 미국항공우주국(NASA)에 들어갔어. 1962년 우주비행사로 선발되어 힘들고 엄격한 훈련과 교육을 마쳤단다. 1966년 우주선장으로 첫 우주 비행을 성공하여 아제나 위성과 최초 도킹에 성공하였어. 그리고 우주원년이 시작된 해인 1969년 7월, 암스트롱은 올드린과 함께 아폴로 11호로 인류 역사상 최초의 달 착륙에 성공하였어. 그는 달에 첫발을 내딛는 순간 "이것은 한 인간에게 있어서는 작은 한 걸음이지만 인류 전체에게 있어서는 위대한 약진이다."라는 첫 소감을 말하였단다.

아폴로 11호가 달에 착륙할 당시 고도 1,260미터에서 900미터까지 내려간 상태에서 원인 불명의 경고음이 울렸어. 이는 컴퓨터가 착륙 장소를 잘못 계산해 착륙 불능 지역에 내려서고 있다는 경고였지. 암스트롱은 안전한 착륙을 위해 우주선 운전을 반 수동으로 전환하였단다. 달 표면 30미터까지 접근했을 때 남은 연료로 버틸 수 있는 시간은 60초 정도에 불과한 상태에서 되돌아가느냐, 착륙 작전을 변경하느냐를 판단해야 했지. 암스트롱은 대장으로서 고도를 유지한 상태에서 앞쪽으로 전진할 것을 명령했어. 달 표면 4미터까지 고도가 낮아졌을 때 남은 연료로 버틸 수 있는 시간은 30초 정도에 불과했지. 얼마 후 '고요의 바다' 달 표면에 아폴로 11호 이글이 무사히 착륙했어. 암스트롱의 정확하고 침착한 판단이 맞아 떨어진 결과지. 컴퓨터가 아닌 인간의 판단으로 말이야!

달에서의 임무를 마치고 암스트롱과 올드린이 이글호에 탑승해 달 표면을 이륙하려던 순간, 회로 차단기의 스위치가 똑 부러지는 바람에 이륙이 불가능할 뻔한 일도 있었어. 그 순간 올드린은 스위치가 부러져

생긴 구멍에 볼펜을 넣었고 비로소 회로 차단기가 정상적으로 작동해서 달에서 무사히 떠날 수 있었단다.

인간의 달 착륙에 대한 아폴로 11호의 공식적인 이야기들은 인류에게 희망의 메시지를 주고 있지만, 미국의 아폴로 11호의 달 탐사가 거짓이었다는 이야기와 증거들도 있단다. 그러나 사실의 진위보다 달에서의 첫걸음은 암스트롱의 말처럼 과학기술의 발전과 함께 인류의 역사에 있어 위대한 약진이고 희망이었음은 틀림없어.

계수나무와 옥토끼는 달에 없었다

닐 암스트롱은 어렸을 때부터 꿈꿔 온 것을 이룬 인물이야. 친구들에게 늘 했던 약속을 지킨 현재 생존하고 있는 우주비행사지. 친구들과의 약속을 지키기 위해 남들보다 힘들고 어려운 훈련과 공부를 했던 암스트롱은 자기 자신과의 싸움에서도 승리한 사람이란다. 우주비행사의 대장으로 위급한 상황이 발생하였을 때 당황하지 않고 침착하게 대응한 점도 평소 생활 속에서 자신을 갈고 닦은 노력의 산물이겠지.

암스트롱이 달에 도착한 후 달에 대한 사람들의 관심은 의외로 쉽게 사그라졌어. 달에 첫발을 딛기 위한 우주 비행은 엄청난 돈이 들어간 계획이었단다. 이 일은 우주를 정복하고 자원을 얻기 위해서라기보다는 인류 역사의 꿈이었던 달나라 여행을 했다는 데 더 큰 의의가 있었기 때문일 거야. 투입된 비용에 비해 달에 첫발을 내딛는 의미가 허무하지만, 우리가 열매를 얻을 수 있는 일이나 당장 눈앞에 이익이 보이는 일에만 열정을 쏟는다는 것은 슬픈 일이지 않을까?

암스트롱이 달에 첫발을 내딛는 순간 전 인류가 전쟁조차 잠시 쉬며 그 광경을 지켜보고 눈물을 흘렸단다. 그 눈물은 인류 역사상 가장 허황된 꿈 중 하나인 옥토끼가 방아를 찧는 달나라 여행을 우리 세대가 해냈다는 기쁨이겠지. 그리고 노력하면 못할 일이 없다는 인간 정신의 위대한 승리에 대한 감격의 의미이기도 하고. 더불어 오랜 꿈이던 달나라 여행에 옥토끼도 계수나무도 꽃도 푸른 하늘도 물도 없다는 허무함 때문에 흘린 눈물이기도 해. 아주 오래도록 열망했던 선물이 포장만 요란했지 막상 뜯어 보니 빈 박스인 경우의 그런 허탈함.

하지만 눈에 보이는 이득이 없는 일에도 집중하고 타인의 감동을 나와 동일시할 수 있는 것은 인간만의 고유 특성이야. 학습 능력이 있는 동물들이라도 할 수 없는 일이지.

　요리사가 양파를 손질할 때는 매운 맛 때문에 눈물과 콧물을 흘린단다. 양파 껍질을 까면 양파 껍질 외에 아무것도 남지 않지만 요리사는 양파를 까면서 음식에 대한 희망을 가지고, 기대에 넘치며, 그 과정 동안 충분한 행복감을 느낀단다. 그 행복감에 비하면 눈물과 콧물을 하찮은 거야. 그러나 그 하찮고 허무한 일을 역사 속에서 반복하며 행복감을 느끼는 것이 인간이기도 해. 작은 기쁨과 희망을 위해 달나라에 첫발을 내딛는 삶은 하늘을 날고 싶다, 우주에 가고 싶다, 달나라에 가 보고 싶다는 꿈과 그 꿈을 이루려는 창의적인 삶의 결과야.

첫걸음을 힘차고 당당하게!

　닐 암스트롱이 달에 첫발을 디디며 했던 "한 인간에게 있어서는 작은 한 걸음이지만 인류 전체에게 있어서는 위대한 약진이다."라는 말은 달나라 여행뿐 아니라 일상생활 속에서도 첫걸음은 의미가 크며 그 걸음에 최선을 다해야 한다는 교훈을 포함하고 있단다.

　학교생활에서는 신입생 시절 교문에 첫발을 들여놓으며 새로운 각오를 하지 않니? 새해가 시작되면 새해 첫걸음을 시작하며 새롭게 각오를 다지기도 하잖아. 높은 계단을 오르려 한다면 반드시 첫 계단을 밟고 가야 해. 첫걸음은 그것 자체가 가져다주는 의미가 커. 인간이 상상했던 달에는 인간이 꿈꾼 계수나무나 옥토끼는 없었어. 하지만 달을 정복한 첫걸음이 인류 발전을 위한 약진의 첫걸음이었던 것은 사실이야. 첫걸음은 가슴을 쫙 펴고 당당하고 힘차게 걸어야 해.

인간의 걸음이든 일의 진행이든 역사의 발전이든, 그 출발은 첫걸음부터야. 산을 올라 정상을 향해 등산을 할 때도 반드시 첫걸음부터 출발해. 그리고 그 첫걸음은 튼튼하고 확실하게 출발해야 해. '우보천리(牛步千里)'라는 말이 있어. 소 걸음으로 우직하게 천천히 걸어서 천 리를 간다는 말이지. 공부를 시작할 때, 사업을 시작할 때, 직장에 출근할 때, 사랑을 시작할 때 등 모든 일의 첫걸음은 소처럼 우직하게 최선을 다하여 지속적으로 걷고 또 걸어야 한다는 이야기야.

꿈꾸는 놀이터

작심삼일이어도 좋으니 내가 결심하고 처음으로 실행한 계획이나 목표가 있었는지 생각해 보자. 그리고 그 일이 왜 삼일 만에 무산되었는지에 대해서도 생각해 보자.

8. 컴퓨터의 육체와 영혼

 컴퓨터 속 창문을 연 빌 게이츠

 윈도우즈 또는 세계 갑부 하면 가장 먼저 생각나는 사람이 누구니? 워런 버핏? 빌 게이츠?

 윌리엄 헨리 게이츠 3세(1955~)는 미국 워싱턴 주 시애틀에서 태어났어. 현재는 빌 게이츠라는 이름으로 잘 알려져 있지. 그는 어린 시절부터 남들한테 지기 싫어하는 승부욕의 화신이었단다.

 그는 누나와 퍼즐 게임을 하거나 눈썰매를 탈 때도 절대로 지지 않으려고 최선을 다했단다. 남에게 뒤처지기 싫어하는 성격은 보이스카우트 활동에서도 엿볼 수 있었어. 보이스카우트 활동 중에 80km를 행군하는 캠프가 있었어. 빌 게이츠는 새로 산 신발 때문에 얼마 못 가서 발뒤꿈치가 까지고 아팠단다. 발뒤꿈치의 상처는 시간이 갈수록 심해져 발에서 피가 나오기 시작했지. 그런데도 그는 포기하지 않고 계속 행군을 하였단다. 행군의 반 정도 왔을 때는 신발 전체에 핏물이 보일 정도였지. 그래도 끝까지 뒤처지지 않고 행군을 했단다. 스카우트 관계자의 전화를 받은 어머니가 강제로 그를 데려가고 나서야 행군이 끝났단다.

빌 게이츠가 컴퓨터와 인연을 맺은 것은 상류층 사립학교인 레이크 사이트 스쿨에 입학해서였어. 이 시절에 그는 제너럴 일렉트릭 컴퓨터로 베이직 프로그래밍 하는 것에 흥미를 가졌지. 그는 이 시스템에서 게임을 만들었는데, 이것은 그가 만든 최초의 프로그램으로 사람이 컴퓨터를 상대로 플레이를 할 수 있는 게임이었어. 그는 입력된 코드를 언제나 완벽하게 수행하는 이 컴퓨터 기계에 완전히 매료되었던 거야.

빌 게이츠는 하버드 대학교에 입학 후 중도에 대학을 포기하고 폴 앨런과 함께 마이크로소프트사를 공동 설립했단다. 그리고 학창 시절에 매료되었던

컴퓨터라는 기계를 이용한 새로운 베이직 프로그램을 개발하였지. 이후 그는 개인용 컴퓨터의 급속한 보급으로 소프트웨어 시장의 주도권을 잡았단다. 그는 누구든 쉽게 컴퓨터를 사용할 수 있게 그래픽 사용자 인터페이스인 윈도우 운영체제를 개발하였어. 그리고 대성공을 거두면서 세계 최고의 부호로 등극하였지. 빌 게이츠는 엄청난 돈과 명예를 얻은 후 남을 돕는 사업을 위해 마이크로소프트사의 최고경영자 직을 퇴임하고 빌&멜린다 게이츠 재단을 설립하여 근무하고 있단다.

육체와 영혼 - 하드웨어와 소프트웨어

컴퓨터는 크게 두 가지로 나눌 수 있단다. 빌 게이츠가 매료되었던 컴퓨터는 물리적 구성품인 하드웨어라고 하는 부분과 이 하드웨어를 사용 가능하게 해 주는 프로그램인 소프트웨어로 구성되었다. 특히 빌 게이츠가 동료와 함께 개발한 프로그램은 운영체제라는 것으로 사람으로 비유하자면 영혼과 같은 것이지.

컴퓨터에 이 운영체제가 깔리면, 사용자가 컴퓨터를 사용해 일을 할 수 있는 상태가 되는 것이지. 사람에게 영혼이 없으면 죽은 시체이듯이 컴퓨터에 운영체제가 없다면 컴퓨터는 고철덩어리에 불과하단다. 인간에게 아무 쓸모가 없는 것이지. 빌 게이츠가 만든 프로그램은 컴퓨터를 사용하고자 하는 사람은 반드시 구비해야 할 컴퓨터의 영혼인 것이지.

이렇게 컴퓨터와 운영체제가 만나면 드디어 컴퓨터는 생명을 가진 인간처럼 어떤 일을 할 수 있게 되지. 사람은 어떤 일을 생각하고 기획하여 체계적으로 처리하는 능동적인 지능을 가지고 있어. 그러나 컴퓨터는 해야 하는 어떤 일에 따라 프로그래머가 만들어 놓은 프로그램을 깔아서 사용하는 편리한 도구이고 수동적인 기계야. 컴퓨터로 그림 작업을 하고 싶으면 그림 작업을 할 수 있는 프로그램이 있어야 하고 문서 작성을 하고 싶으면 문서 작성 프로그램이 있어야 하는 것은 잘 알고 있지? 결국 컴퓨터는 인간에 의해 작동하고 일을 처리하는, 인간을 위한 빠르고 정확한 시스템이며 도구일 뿐이야.

프로그래머는 컴퓨터에 영혼을 불어넣어 주는, 컴퓨터에 있어서는 신과 같은 존재야. 사람이 생각하는 체계적이고 논리적인 사고의 흐름을 컴퓨터가 진행할 수 있는 명령 코드로 만드는 사람이 바로 프로그래머지.

컴퓨터는 사람이 지시한 명령어를 한 치의 오차도 없이 그대로 처리해 주지만, 스스로는 생각하지 못하는 지능이 높은 도구란다. 프로그래밍은 간단하면서도 논리적인 일의 흐름을 파악하여 작성해야 하는 창의적인 사고력을 요구해. 실제로 프로그램을 작성하는 일은 컴퓨터에 영혼을 불어넣는 창의적인 상상과 열정과 노력의 결과로만 가능하단다.

　빌 게이츠 역시 컴퓨터에 매료되어 끊임없는 창의적인 생각으로 프로그램 공부를 하였단다. 그 과정에서 사용자들이 쉽게 컴퓨터를 사용할 수 있는 방법은 무엇인가를 고민하고 노력하였어. 그 결과 어려운 명령어를 입력해야만 사용 가능한 전문가 시스템을 남녀노소가 쉽게 아이콘을 클릭하면 사용 가능한 운영체제로 만들었어.

　컴퓨터는 빌 게이츠의 창의성과 열정을 만나 인간에게 편리함을 주었지만, 문제점도 있단다. 컴퓨터는 인간의 일자리를 조금씩 빼앗아 가기도 해. 옛날에는 100명이 해야 가능한 일을 컴퓨터가 있으면 한두 명만으로 처리가 가능한 경우도 흔하기 때문이지. 그러면 나머지 사람들은 일자리를 잃는 것이지. 이러한 정보사회의 변화에 빠르게 적응하는 사람이 되기 위해서는 컴퓨터에 대한 인식을 새롭게 하고, 컴퓨터 운영 및 컴퓨터 응용 능력을 위한 사용 방법과 실력을 길러야 한단다.

변화를 인식하고 준비하는 노력

　컴퓨터는 수학적이고 과학적인 사고력을 요구하는 현재 진행형의 최첨단 도구란다. 도구는 잘 사용해야 해. 나는 남들이 이미 만들어 놓은 하드웨어와 소프트웨어를 잘만 사용하면 된다는 생각은 버려야 해.

왜냐하면 컴퓨터는 나의 생각과 업무를 위한 지극히 개인적인 도구로 발전되고 응용될 높은 잠재력을 가진 도구이기 때문이야.

컴퓨터는 0과 1만을 사용하는 이진법으로 운영된다는 건 알고 있을 거야. 그래서 정보화 시대를 살아가야 하는 너희들은 수학과 과학 공부를 열심히 해야 해. 컴퓨터와 프로그램은 수학과 과학을 기초로 하는 분야이고 모든 학문의 기초 학문이기 때문이야. 이러한 기초 학문을 바탕으로 생활 속에서 항상 논리적인 사고와 창의적인 발상을 위해 노력하고 준비해야 컴퓨터를 사용할 수 있는 자격을 갖춘 사람이라 할 수 있어.

변화를 인식하고 준비하는 노력, 바로 공부가 정보화 시대를 살아가는 기본자세야. 이 때문에 그렇게 살아가고 있는 빌 게이츠에게 사람들이 찬사를 보내는 이유야.

"공부벌레들에게 잘해 주십시오. 나중에 그 사람 밑에서 일하게 될 수도 있습니다."라고 말한 빌 게이츠의 명언에 고개를 끄덕이는 이유도 같은 맥락이겠지?

꿈꾸는 놀이터

1. 욕심과 승부욕에 대하여 생각해 보자. 나는 욕심이 많은 사람인지 아니면 승부욕이 강한 사람인지 구체적인 예를 통해 생각해 보자.

2. 빌 게이츠는 고등학교 시절 처음 접한 컴퓨터에 매료되어 컴퓨터를 사용할 기회만 있으면 잠을 자지 않고서도 찾아가서 프로그램을 연습했다고 한다. 나는 어떤 일에 매료되어 그것을 위해 하루 3시간 이상씩을 투자한 적이 있는지 생각해 보자.

9. 이미지와 창의성의 시대

 스티브 잡스의 한 입 베어 문 사과

IT 시대라 말할 수 있는 가장 큰 이유는 무얼까? 하나는 개인용 컴퓨터의 발명, 또 하나는 인터넷 망으로 전 세계가 거미줄처럼 네트워크화되었다는 거야.

개인용 컴퓨터의 발명이라는 위대한 업적의 한가운데 스티브 잡스(1955~2011)가 있어. 스티브 잡스는 미국 캘리포니아 주 샌프란시스코에서 대학원생 동거 커플 사이에 태어난 사생아란다. 당시 학교에 다니고 있던 생모는 태어난 지 일주일 된 잡스를 폴/클라라 잡스 부부에게 입양시켰지. 잡스는 학창 시절 학교를 자주 빼먹는 비행 청소년이었어. 담임선생님이 돈과 사탕으로 구슬리고 지도하여 겨우 학교생활을 유지할 수 있었지.

그런 그에게 인생의 전환점이 된 계기가 있었어. 바로 전자부품을 조립하여 제품을 만드는 아마추어 전자공학 키트를 접한 거야. 그 덕분에 어려서부터 전자제품의 작동 원리를 익히고 연구하게 되었지. 고등학교 시절에는 휴렛패커드사에서 방과 후 수업을 들으며 전자제품에 대한 전문 지식을 넓혀 갔어.

잡스는 오리건 주에 위치한 리드 대학교에 등록하여 철학을 공부했지만 1학기만 수강하다가 중퇴하였어. 훗날 잡스는 중퇴의 이유에 대해 부모님이 비싼 등록금을 내는 데 대한 부담 때문이라고 말했지. 학교를 그만둔 후 1년 정도를 학교에 머물면서 듣고 싶은 수업만 골라서 몰래 듣는, 소위 도강을 했단다. 그 당시 리드 대학교는 미국 최고의 서체 교육을 실시했고 손으로 직접 쓴 예쁜 글씨들로 포스터나 다양하게 디자인된 상품들을 만들었었단다. 이곳에서의 경험은 현재 애플사의 제품들에 반영되고 매킨토시에 고스란히 반영되고 담겨 있단다.

인도 여행을 다녀온 후 잡스는 워즈니악을 설득하여 개인용 컴퓨터를 만들 계획을 세웠단다. 1974년 자신의 자동차를 팔아 마련한 1,300달러로 회사를 세우고 양부모의 집 차고에서 첫 '애플 I'를 탄생시켰지. 잡스는 앞으로 개인용 컴퓨터의 시대가 도래할 것이라는 강한 확신으로 능력을 키우고 공부했어.

이 당시 한 개인용 컴퓨터 회사에서 잡스에게 스카우트 제안을 했단다. 그 당시로선 매우 파격적인 조건으로 현금 10만 달러와 스톡옵

션*을 내세웠지만 잡스는 자신감과 확신으로 당당히 거절했다고 해.

1980년 말에 애플의 주식이 증시에 상장되고 애플의 성공 신화가 시작되었지. 애플의 공동 창업자인 워즈니악과 함께 잡스는 20대의 나이에 백만장자가 되었어. 우리나라 젊은이들 중에서도 잡스와 애플의 신화를 모델로 삼아 다양한 벤처기업가들이 생겨나기도 했지. 자본의 힘으로 성공한 것이 아니라 오직 창의력과 아이디어, 젊은 열정으로 부와 명예를 거머쥔 신화는 많은 젊은이에게 희망을 주었단다.

* 기업에서 임직원에게 일정 기간이 지난 후에 자사의 주식을 미리 약정한 가격에 살 수 있는 권리를 부여하는 것

독특한 발상

IBM에 개인용 컴퓨터 개발의 선수를 뺏기고 나서도 스티브 잡스는 『월스트리트 저널』에 "IBM을 진심으로 환영합니다!"라는 광고를 냈단다. 자신이 가지고 있는 신념에 대한 확신이자 절대로 위축되지 않겠다는 의미의 광고 슬로건 하나만 보아도 잡스의 생각을 읽을 수 있지 않니?

잡스는 컴퓨터 기술로 사람들이 사용하기 편리한 기계를 만들어 내는 엔지니어가 아니었어. MP3 플레이어 또는 최근의 휴대폰에 이르기까지, 그는 자신만의 독특한 생각으로 작품을 창조하는 예술가였단다.

잡스와 워즈니악은 애플의 로고를 '한 입 베어 문 사과'로 만들었단다. 모든 물건은 흠집이 있으면 시장에서 그 가치가 떨어지는 것이 일반적이지. 과일가게에 가서 사과를 사는데 누군가 한 입 베어 문 사과가 있다면 너라면 사겠니? 그런데 애플은 '한 입 베어 문 사과'로 전 세계에 애플 마니아를 만들 만큼 창의적이고 독특한 생각으로, 해마다 '맥월드'라는 박람회에 애플의 사람들을 끌어들인단다.

외부의 새로운 전문 경영인을 회사에 모셔 오기 위해 잡스는 펩시콜라의 CEO인 존 스컬리를 만나러 뉴욕으로 날아갔어. 그리고 그에게 애플의 경영을 맡아 달라고 제안하면서 이렇게 말했다고 해.

"당신은 남은 인생을 아이들에게 설탕물이나 팔면서 보낼 건가요? 아니면 나와 함께 세상을 바꾸기를 원하시나요?"

이런 독특한 생각과 언변술 때문에 존 스컬리는 잡스의 제안을 수락하게 되었단다.

복사기 회사 제록스가 설립한 PARC 연구소를 방문하여 그래픽 유저 인터페이스를 접한 잡스는 이 개념을 도입한 개인용 컴퓨터 개발에 몰두했어. 우연히 접한 작은 기회조차도 놓치지 않고 잡스는 이 방법을 매킨토시에 도입하여 채택했단다. 매킨토시 탄생 시 애플의 광고에서도 잡스의 독특하고 창의적인 생각을 엿볼 수 있어. 암울한 미래 도시에서 사람들이 획일화된 모습으로 빅브라더*를 향해 묵묵히 걸어가고 무표정한 모습으로 빅브라더의 명령과 지시를 듣고 있지. 그것도 흑백 영상으로. 이때 컬러 옷을 입은 여전사가 나타나 빅브라더가 떠들고 있는 대형 모니터를 향해 망치를 던져. 모니터가 폭발하고 이런 광고 문구가 소개돼.

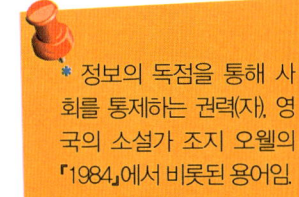

* 정보의 독점을 통해 사회를 통제하는 권력(자). 영국의 소설가 조지 오웰의 『1984』에서 비롯된 용어임.

"1월 24일 애플 컴퓨터가 매킨토시를 소개합니다. 여러분은 왜 현실의 '1984'가 '1984'처럼 되지 않는지 보게 될 것입니다."

새로 영입한 전문 CEO와 애플사 내의 잡스에 대한 불만으로 그는 한때 애플사에서 쫓겨나는 시련과 방황의 시간을 보내기도 하지. 그러나 이런 시련에도 불구하고 그는 새로운 도전을 시도해. 바로 컴퓨터 기술을 이용한 3D 애니메이션 영화를 제작하는 것이지.

전 세계적으로 유명한 애니메이션 〈토이 스토리〉를 기억하니? 〈토이 스토리〉 〈니모를 찾아서〉 등의 제작을 통해 잡스는 또 다른 성공의 시대를 열어 갔단다. 애니메이션 영화를 통하여 기존 하드웨어적인 기술력에 치중했던 생각을 바꾼 거지. 동시에 그는 디자인과 감성의 중요성에 눈을 뜨게 된단다. 이를 바탕으로 새롭게 애플에 복귀한 그는 디자인과 감성이 투영된 제품을 생산하고 고객의 마음을 사로잡게 되었어.

잡스는 젊은이들의 생활 스타일에 주목했어. 인터넷과 컴퓨터 그리고 음악을 즐기는 젊은이들을 위한 컴퓨터를 만들 계획을 세워 새로운 작품 아이맥을 개발해.

아이맥 프로젝트를 위해 잡스는 마케팅에도 전력을 쏟았어. 바로 창의적인 홍보 계획이야. '다르게 생각하라(Think Different)'라는 단순한 광고 문구는 매킨토시 마니아들에게 애플에 대한 강한 신념을 심어 주는 특별한 생각의 광고가 되었어.

우리가 이미 알고 있는 여러 천재들(피카소, 아인슈타인 등)이 나와 자신의 '다름'을 보여 주는 광고로 매킨토시 마니아들에게 자신들만이 애플을 공유하고 유대감을 가진다는 신념을 갖게 해 주었어.

신념에 가득 찬 독특한 생각을 가진 이가 21세기의 새로운 세상을 연 거야.

"항상 다르게 생각하라. 그리고 미칠 정도로 멋진 제품을 창조하라."

스티브 잡스의 말이란다.

아이폰과 소통한다

2007년 6월에 애플의 첫 번째 휴대전화 '아이폰'이 나왔어. 인터페이스가 터치스크린으로 된 독특한 생각이 적용된 진보된 휴대전화야. 그리고 개인용 컴퓨터를 '한 물간 농장' 트럭에 비유하면서 "윈도우즈

(windows) 컴퓨터가 끝없는 내리막을 걷고 있다."라고 주장하고서 아이패드를 개발하여 발표했단다.

휴대전화 시장에서도 애플은 인기를 얻었고 수많은 사람들이 아이폰을 이용해 소통한단다. 전 세계 애플 직원들에게는 아이폰이 무료로 지급되며, 심지어는 비정규직 직원이라도 1년 이상 근무하면 예외 없이 지급된다고 하니 애플은 어쩌면 아이폰으로 소통하는 조직이라 할 수 있겠지.

아침, 저녁 출근길에 버스 안이나 지하철에서 많은 사람들이 아이폰으로 무엇인가를 하는 것을 볼 수 있지? 친구들과 통화도 하고 회사 업무도 보고 일정을 관리하고 메일도 확인하고 외국어 공부도 하고 영화나 TV도 보는 모습 말이야. 지금 세상은 아이폰 시대인 거지. 아이폰과 같은 휴대전화는 사람이 시간과 장소의 제한을 받지 않고 소통하는 시대를 열었어.

하지만 편리한 도구를 통하여 소통하는 우리는 때로 불안과 손해 위험에 빠질 수 있다는 경각심도 가져야 해. 그렇다면 정보화 시대의 소통에서 생각해 볼 문제는 무얼까?

너무 단순하고 편리한 소통의 도구로 인해 비밀스러운 고백을 쉽게 해서 직장을 잃는 경우도 있었단다. 자신은 별거 아니라고 생각하는 소통이 문제가 되었던 거지. 집 주소나 전화번호 등 개인의 신상정보가 쉽게 공개되어 위험에 빠지는 경우도 있단다. 페이스북에 게재된 주소를 보고 혹은 자신이 휴가 기간임을 공개하여 주인이 휴가를 떠난 사이 도둑이 침입한 적도 있단다.

생일, 출생지, 비밀번호를 맞출 수 있는 정보가 소통되어 피싱 사기를 당한 경우도 있어. 위치 정보가 자동으로 인식되는 기능이 있어 사회적으로 문제가 되는 경우도 있었지. 오늘 네가 어디에서 무엇을 한다는 것을 그 누군가가 지켜본다고 생각해 봐. 정말이지 조지 오웰의 『1984』라는 소설 속 빅브라더에 의해 우리 모두는 감시당하고 있다고 할 수도 있는 거야.

하지만 잡스의 끊임없는 도전과 독특한 생각은 개인은 물론 사회를 끊임없이 변화하고 혁신하여 새로운 문화를 만들었어. 새로운 소통 문화에 적응하고 도전하는 것은 바로 너의 몫이야.

꿈꾸는 놀이터

내가 만약 새로운 회사를 만들어 세상에 알려야 한다면, 회사 이름과 로고를 무엇으로 할지 생각해 보자. 그리고 광고를 기획해 보자.

10. 세상은 모두 연결되어 있다

 ## 소셜 네트워크의 창시자 마크 주커버그

영화 〈소셜 네트워크〉의 실제 주인공이 누구인지 아니? 마크 주커버그(1984~)야. 그는 정신과 의사인 어머니와 치과 의사인 아버지 사이에서 태어난 프로그래밍 신동이야. 부모님은 그가 중학교에 다닐 때 소프트웨어 개발자인 데이비드 뉴먼을 개인교사로 고용해 프로그램을 가르쳤어.

우리나라에서는 대개 국어, 영어, 수학 등 대학교 입시에 관련된 공부를 위해 개인교사를 채용하거나, 비싼 교육비를 내고 소수정예 학원을 보내 남들보다 공부를 잘하길 바라는 것이 일반적이지. 그러나 주커버그의 부모님은 달랐어. 아들의 천재성을 개발하고 그 재능을 더욱 빛나게 만들기 위한 컴퓨터 프로그램 교육을 위해 개인교사를 고용한 거야. 정말 특별하지 않니?

교실 밖 상식 놀이터

그는 고등학교 시절 이미 인텔리전트 미디어 그룹이라는 회사에 고용되어 '시냅스 미디어 플레이어'라는 프로그램을 제작했어. 음악을 재생하는 프로그램으로 사용자의 음악 감상 습관을 학습할 수 있는 프로그램이었어. 이 프로그램 개발로 마이크로소프트사와 AOL이 시냅스 미디어 플레이어를 사고 주커버그를 고용하겠다는 제안을 하였으나 그는 거절하고 하버드 대학교에 입학해. 더 폭넓고 깊은 학문을 공부하기 위해서지.

전 세계의 10억 명에 해당하는 사람들이 가입하여 사용하고 있는 '페이스북'이라는 소셜 네트워크 서비스(Social Network Service: SNS)가 바로 주커버그가 친구들과 함께 개발하고 창립한 회사야. 이 회사는 상장되기도 전에 이미 재산 가치가 약 56조 원에 이르렀고 페이스북은 지구상의 약 10분의 1에 해당하는 사람을 하나로 연결해 주는 결합조직 역할을 했단다. 이는 지구상에서 세 번째로 큰 국가의 규모로, 많은 정보를 사람들에게 제공하는 규모란다.

젊은 시절 이미 세계 갑부들만큼(약 7조 원 이상) 성공의 길로 들어선 그는 워런 버핏, 빌 게이츠 등이 주도한 재산 50% 이상 기부운동에 동참하고 '스타트업: 교육재단'을 설립했단다.

MTV에서 7,500만 달러, 야후에서 10억 달러를 제시하며 페이스북을 팔라고 제안했지. 하지만 주커버그는 이렇게 말하며 거절했어.

"페이스북은 나의 아이니까 내가 지켜봐야 하고 내가 보살피고 성장시키고 싶다."

가정에서 부부가 아이를 키우고 보살피면서 사랑이 더 커지는 것처럼, 페이스북이 정보화 사회에서 사람과 사람 사이의 관계를 연결해 주는 고리 역할을 한다는 뜻도 그 이면에 있지 않을까? 실제로 소셜 네트워크 사회에서 우리는 전 세계 모두와 마치 이웃처럼 관계를 맺고 있잖아.

이웃보다 가까운 인터넷 세상

사람 사이의 관계 고리가 변하고 있어. '이웃이 사촌보다 좋다'는 속담도 바뀌어야 할 것 같아. 이때의 이웃은 공간적으로 가깝게 함께하는 사람을 말하니 말이야. 대가족이 핵가족으로 바뀌면서 가족 수가 줄어들고 관계의 고리 수도 줄어들었어. 반면에 인터넷을 기반으로 하는 소셜 네트워크가 전 세계 사람을 관계의 고리로 연결해 주고 있어. 온라인상에서 불특정 타인과 관계를 맺는 것이지.

소셜 네트워크의 이용자들은 이런 관계를 통하여 인맥을 새롭게 쌓거나 기존 인맥과의 관계를 강화하고 있어. 인터넷을 통해 사람들은 시간과 공간을 초월하여 정보를 공유하고, 옆집에 놀러 가서 수다를 떨고 일상의 대화를 하듯이 인간관계를 유지하고 넓히고 있지.

휴대전화와 결합되면서 모바일 접속이 가능해졌고, 통화, 회의, 쇼핑 등 다양한 기능이 SNS에 부가되었어. 이렇게 가까운 세상에서 소통에 대한 생각은 불가피해. 이웃보다 가까운 세상이 되면서 '소통 방식의 변화'에 대해 깊은 고민을 해야 할 때야.

이전까지는 카페나 블로그에 선생님이 글을 올리면 다른 사람들이 선생님의 홈에 방문해야만 소통이 가능했어. 하지만 현재 유행하는 SNS는 '공유하는 마이크로 블로그'의 개념이야. 글을 공유함으로써 방문하지 않고도 선생님의 홈에서 친구의 글을 볼 수 있어. 그리고 장문의 메시지보다는 현재의 상태를 단문으로 기록하는 형태로 바뀌어 가고 있지. 글보다는 사진이나 영상 등의 멀티미디어를 활용하는 빈도도 더 커졌어. 페이스북은 이미지 동영상을 올릴 수도 있고 글을 기록할

수도 있어. 방문의 개념보다는 공유의 개념이 크지. 친구의 페이스북을 방문하지 않아도 내 페이스북에서 친구의 글을 볼 수 있는 거야.

지금 우리는 SNS 시대에 살고 있어. 이웃보다 가까운 인터넷 세상 속에서, 사람과 사람을 연결해 주는 SNS에 대해서 우리가 착각하고 있는 것은 없는지 생각해 보자.

첫째, SNS를 통하여 사람과 쉽게 관계를 맺고 있는가?

둘째, SNS에서 양방향으로 소통이 원활하게 이루어지고 있는가?

셋째, SNS에서 나의 의사가 제대로 잘 전달되고 있는가?

사람과 쉽게 관계를 맺는다는 것은, 반대로 신뢰가 깊은 관계로 발전할 수 없다는 의미이기도 해. 쉽게 만나기 때문에 쉽게 헤어지기도 하겠지. 그래서 SNS에서 이루어지는 사람 사이의 관계에선 신뢰와 배려가 더욱 필요하단다.

일대일 관계의 의미보다 일대다수 관계가 형성되는 사회가 현대 인터넷상의 세계야. 일대일 관계에서는 전달하고자 하는 뜻의 오해나 곡해가 적었어. 그러나 일대다수 관계에서는 그렇지 못해. 그래서 항상 정직해야만 오해가 발생하지 않는단다. 이 때문에 인간관계에서 전달하고자 하는 내용들이 장문보다는 단문이 되어 가고 있는 실정이야. 때로는 상식을 벗어난 언어 표현으로 일반적인 언어 규칙이 파괴되는 문제가 나타나기도 해. 따라서 올바른 언어 습관이나 깊은 사고가 절실히 필요하단다.

아름다운 이웃

SNS는 '소셜 네트워크 서비스(Social Network Service)'의 약어야. 지금 우리 사회는 개인을 표현하고자 하는 욕구와 다양한 표현력이 필요한 사회야. 그런 개인과 사람들 사이에서 사회적 관계를 맺고 친분관계를 유지시켜 주는 SNS는 점점 발달해 가겠지. SNS는 나 자신, 즉 개인이 중심이 되어 자신의 관심사와 개성을 공유하면서 이웃을 만들어 가고 있는 현재진행형인 사회관계야.

국내의 대표적인 SNS에는 무엇이 있지? 그렇지. 싸이월드, 미투데이, 마이피플, 트위터, 카카오톡 등이 있지. 또 한편으로 SNS를 말할 때 빠지지 않고 등장하는 단어가 있는데 바로 'TGIF'야. 바로 트위터(Twitter), 구글(Google), 아이폰(iphone), 페이스북(Facebook)의 이니셜이지. 현재 SNS는 친목 도모, 엔터테인먼트의 용도를 넘어 1인 미디어 및 제품 마케팅, 정보 공유 등 다양한 목적으로 활용되고 있어.

이러한 SNS가 확대되는 변화 속에서 아름다운 이웃이 되기 위해서는 어떻게 해야 할까? 사람을 존중하고 사랑하는 마음이 기본적으로 요구된단다. 지금 당장 눈에 보이지 않은 이웃이라고 해서 악성 댓글을 달아 상처를 주는 사람들이 있다면, 그들은 타인에 대한 존중과 배려심이 없는 사람들이야.

페이스북을 만든 마크 주커버그는 실리콘밸리에서 가장 옷을 못 입는 사람으로 선정되었대. 항상 평범한 티셔츠와 청바지, 슬리퍼를 끌고 다닌다는구나. 하지만 화려한 겉치레보다는 인간적인 진솔한 모습 때문에 오히려 사람들에게 신뢰감을 심어 줄 수 있었지. 또한 촌스러운 패션이 그의 또 다른 매력이 되기도 했단다.

변화하는 사회에서 아름다운 이웃은 사람이 사람답게 살기 위한 소중한 자산이야. 언제든 자유롭고 편리하게 친목을 도모하는 사회, 나아가 정보를 공유할 수 있는 SNS 사회의 이웃들 역시 소중하고 값진 관계들이야. 그래서 새로운 이웃들 속에서 새로운 인성과 윤리가 요구됨을 잊지 말고 수많은 전 세계의 이웃과 사랑하며 아름답게 살아가야 해.

꿈꾸는 놀이터

1. 네 페이스북 친구들 중 진정한 친구는 몇 명이나 있는지 생각해 보자.

2. 네 친구들 중 영원한 친구를 만들기 위해 너는 일상생활에서 친구와 어떻게 생활하고 관계를 맺어야 하는지 생각해 보자.

한자가 어렵다고? 넌 그림 낙서하거나 그림 그리기가 어렵니? 한자는 사실 그림일 뿐이야. 너도 무엇을 표현하거나 전달하기 위해서 그림을 그리잖아. 한자는 바로 그 그림에서 출발한 거야.

사람들이 한자를 어려워하는 이유는 우리 글자가 아니라 중국 글자이기 때문이야. 그래서 우리 생활에서 사용하는 경우가 드물기 때문에 어렵다고 생각하지. 한자 세대가 아닌 네가 이런 생각을 하는 건 너무도 당연해. 한자는 쓰기도 힘들어. 그래서 한번 암기해도 쉽게 잊어버리는 거야. 그래도 한자는 익혀야 해. 왜냐하면 우리말의 대부분이 한자에서 유래했고, 전문 용어나 학술어는 대부분 한자로 표현하기 때문이야. 나중에 보다 전문적인 학문을 공부하고 싶다면, 한자를 배우고 익혀 사용해야 할 거야. 그러면 풍부한 어휘력을 갖게 되고 많은 개념을 쉽게 이해할 수 있어. 때문에 보다 넓은 학문의 세계로 나아가기가 쉬워.

그럼 한자를 익히는 가장 효율적인 방법은 무엇일까?

한자는 그림에서 출발했다고 했잖아. 한자를 그림이라 생각하고 너의 상상력을 펼쳐 봐. 하늘로 떠오르는 태양을 본 최초의 원시인은 놀랍고 신비하고 경건한 마음을 표현하기 위해 그림을 그렸어. 그 그림을 나타낸 글자가 '아침 단(旦)' 자야. 밑의 '하나 일(一)'은 땅을, 그 위의 '날 일(日)'은 태양의 모습을 본뜬 글자야. 그리고 이 둘을 합쳐서 태양이 떠오르는 모습을 그린 것이 바로 '아침 단(旦)' 자야.

한자는 이렇게 그림에서 출발해서 조금씩 모양만 변화해 왔어. 하지만 만들어진 당시의 생각이 그대로 남아 있지. 너의 상상력과 창조성을 발휘한다면 쉽고도 효과적으로 한자를 익히고 배울 수 있어. 한자는 발전하면서 독특한 구조를 가지게 되었어. 이런 구조를 이용하고 이해하는 방법을 활용한다면, 한 글자를 익혀 열 글자, 스무 글자를 이해하게 될 거야. 생각만 해도 신나지? 한 글자를 이해해서 열 글자, 스무 글자를 알 수 있다는 게. 그 설레는 마음과 호기심으로 한자 공부를 했으면 해. 그리고 일등만 기억하는 이 세상에서 더불어 사는 삶이 왜 아름다운지를 알게 해 주는 동양사상 공부도 함께 할 거야. 뭐 공자 왈 맹자 왈 등의 이야기는 절대 아니야. 내가 그런 사람으로 보이니? 나, 괜찮은 사람이야.

초기 한자는 단순한 생활과 사고에서 그냥 사물을 보고 그렸을 거야. 이런 글자가 바로 한자의 시조가 되는 글자지. 이건 우리 인간의 가족 계보와 비슷한 구조를 가져. 부모와 그 자식을 보면, 그들의 닮은 꼴을 알 수 있잖아. 이렇게 선조가 되는 한자 200여 개를 그림을 통해서 익하고, 그다음 이들의 후손을 이해하면 쉽게 한자를 익힐 수 있어.

여기에서는 '나무 목(木)'의 글자만 가지고 설명할 거야. 그래서 네가 한자의 발생과 구성 원리를 이해할 수 있도록 하려고 해. 그러면 너는 한자가 결코 어려운 글자가 아니란 걸 알게 될 거야. 나는 너에게 밥상을 차려 주었어. 무엇을 어떻게 먹을지는 네가 결정하도록 해. 다시 한번 말하지만, 한자 공부는 외우는 것이 아니고 이해하고 상상하는 거야. 이제 선생님과 함께 한자의 세계로 놀러 가 볼까?

1. '나무 목(木)'으로 시작하는 한자 이야기

 그림과 한자

이 그림 글자는 지금으로부터 대략 4,000년 전에 중국인들이 거북이 등딱지에 새긴 글자야. 무얼 그린 것인지 알 수 있겠니? 빙고! 바로 나무 그림이야. 이 '나무 목(木)' 자에서 보듯이 한자는 그림에서 시작했어.

그 당시 사람들은 단순했을 거야. 모든 나무를 '목(木)'으로 표현하였어. 하지만 세월이 흐르면서 사물을 대하는 사람들의 생각이 다양해지면서 키가 큰 나무와 키가 작은 나무, 수많은 나무의 종류를 글자로 표현하려 했어.

이 '나무 목(木)' 글자는 나무를 나타내는 한자어의 기본 구조가 되었어. 즉, 이 글자는 나무를 나타내는 모든 글자의 시조야. 너와 나, 그리고 모든 집안의 시조 할아버지와 같은 구실을 한 거지. '목(木)'이 들어간 한자 모두는 '나무'의 의미를 나타내게 되었어. '나무 목(木)'은 네가 갖고 있는 성명(姓名)의 '성(姓)'에 해당하는 거야. 그리고 '나무 목(木)' 자가 들어간 글자들은 바로 그 후손이라 할 수 있어.

'사람 인(人)'과 '나무 목(木)'이 합쳐진 '쉬다 휴(休)'는 나무와 사람을 의미하는 그림을 연상하면 돼. 농경사회였던 중국에서 농민들은 경작지에서 일을 하다가 햇볕이 내리쬐는 곳에서는 쉬지 않았어. 땡볕에서는 쉴 수가 없잖아. 그래서 한낮에 나무 그늘에서 지친 몸을 쉬고 있다는 의미의 '휴식(休息)'이란 글자도 생겼어. '사람 인(人)'과 '나무 목(木)'이 결혼해서 바로 '쉬다 휴(休)'라는 후손을 얻은 거야. 두 글자의 성격을 반씩 나누어 '사람이 나무 밑에서 쉬다'의 의미를 가지게 되었지.

나무 이야기의 이해와 확장

고대 중국인들은 무엇을 생각하고 다음 그림 글자를 그렸을까?

이 글자를 자세히 보면 바로 앞에서 배운 그림 글자처럼 '나무 목(木)'이 들어 있어. 앞에서 말한 '나무 목(木)'의 그림이 보이니?

'나무 목(木)'과 다른 점은 나무 위쪽에 줄기가 하나씩 더 자란 거야.

현대 글자에서는 '아니다 미(未)'의 형태로 변했어. 어떻게 이런 나무에서 '아니다 미(未)'의 의미가 나왔을까?

나무에 가지가 하나 더 생겨 성장을 시작한 모양이지? '목(木)'보다는 우거진 나무를 표현했다고 생각할 수도 있겠지? 이는 나뭇가지가 생겨서 이제 성장을 시작하는 상태를 나타낸 거야. 하지만 아직 다 성숙하지 못함을 그린 것이지. 여기서 '다 자란 것이 아니다' '다 자라지 못하다'의 의미를 갖게 되었어. 그리고 글자를 읽는 소리인 음은 '미'라 읽는다고 약속한 거지.

지금 내 설명이 너무 자세해서 조금은 지루하기도 할 거야. 하지만 조금만 더 참아. 왜냐하면 길은 처음 내기가 힘들지, 만들어지면 그 길로 다니기는 참 쉽거든. 왜 이렇게 복잡하고 세세하게 한자를 설명하냐면, 본래 그림에서 출발한 한자의 그림을 이해하면 그로부터 파생한 한자를 이해하고 사용하기는 더 쉽고 편하기 때문이야.

'아니다'를 의미하는 한자에는 '미(未)'와 '불(不)'이라는 한자가 있어. 이 둘은 모두 '하지 않는다' '못 한다' '아니다'라는 의미의 부정사로 사용해. '미(未)'의 의미가 '다 자라시 않은 상태'이기 때문에, 아직 성숙하지 못한 상태를 '미성숙(未成熟)' '미숙(未熟)'이라 하는데, 이미 '미(未)'에 성숙하지 못했다는 의미가 내포되어 있어.

또한 '미지(未知)'와 '무지(無知)'의 차이도 한자의 어원을 알면 쉽게 알 수 있어. '미지'는 아직 알지 못한 상태이고, '무지'는 아는 것이 없다는 뜻이야. 한자의 그림을 상상해 보렴. 그러면 정확한 의미를 알 수 있어.

나무는 계속해서 커 나가기 때문에 '미래(未來)'라고 하고, 다가올 일인 미래를 알 수 없음에서 '미지'라고 하지. 마찬가지로 아직 다 자라지 못했기 때문에 '미완성(未完成)'이라고 하는 거야.

 굽은 나무가 선산을 지킨다

다들 왕과 왕비의 무덤인 왕릉에 가 본 적이 있을 거야. 그 왕릉들은 그들의 자손들에 의해서 가꾸어지고 보존될 거야. 속담에 '굽은 나무가 선산*을 지킨다'는 말이 있어. 곧게 잘 자란 나무는 잘려서 딴 데에 쓰이지만 굽은 나무는 쓰는 사람이 없어 제자리를 지킨다는 뜻이야. 나무는 곧게 쭉쭉 뻗어서 잘 자란 나무가 있고 휘어져 자라는 나무도 있어. 잘 자란 나무는 남들 보기에도 좋고 여러모로 쓸모가 많기에 잘려서 다른 곳에 쓰이지. 하지만 휘어지고 굽은 나무는 아무도 사려고 하지 않고 다른 곳에 쓰기도 어렵잖아.

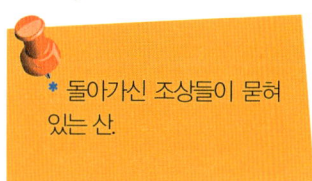
* 돌아가신 조상들이 묻혀 있는 산.

이와 관련된 이야기가 『장자』*라는 책에 나와.

"쓸모 있는 나무는 일찍 베어진다. 계피나무는 향기가 있다고 하여 베고, 옻나무는 칠에 쓰기 위해 벤다. 하지만 옹이가 박히고 결도 좋지 않아 어디에도 쓸모없었던 나무는 베어 가는 사람이 없다. 쓸모가 없기 때문이다. 따라서 이 나무는 가장 크고 무성하게 자라 원래 나무의 본성을 나타낸다."

장자는 사람이든 자연이든 본성 그대로 놓아두는 것을 가치 있게 여겼어. 이 글에서 장자는 '쓸모없는 것의 쓸모 있음', 즉 '무용지용(無用之用)'이란 역설(逆說)**의 지혜를 가르쳤어.

사람도 마찬가지야. 잘난 사람은 남들의 이목을 받게 되고, 오히려 남들의 시기로 인해 큰 손해나 불이익을 당할 수도 있어. 하지만 별다른 두각을 나타내지 못한 사람은 그저 평범하게 살 뿐이야. 오히려 평범하기 때문에 자신의 운명대로 편안하게 살 수 있기도 해.

결국 '굽은 나무가 선산을 지킨다'는 말은 뛰어나거나 특별한 자식이 부모 공양을 잘하는 게 아니라, 오히려 우직하고 모나지 않으며 부모님의 사

* 중국의 노자와 함께 노장 사상의 시조인 장자(BC 369~BC 289?)가 쓴 책의 이름. 그는 이 책에서 "도는 어떤 대상을 욕구하거나 생각하지 않으며(無爲), 스스로 자기 존재를 성립시키며 절로 움직인다(自然)"라 하였으며, 이것을 '무위자연'이라 하였음.
** 겉으로는 말이 안 되는 것처럼 보이지만 그 속에 사실상의 진리가 들어 있는 말.

랑을 제대로 받지 못한 평범한 자식이 부모님께 효도한다는 이야기야. 즉, 약간 모자라고 부족한 듯한 물건이나 사람이 제자리를 지키다가 오히려 긴요할 때 쓰인다는 이야기지.

상상 놀이터

1. 빈칸에 들어갈 한자어로 적당한 것과 그 이유를 이야기해 보라.

   부동산 시장의 침체로 인해서 (　　　)분양 아파트가 속출하고 있다.

   ① 不　　　② 未

2. 굽은 나무가 대궐을 짓는 데는 쓸모가 없지만 할머니의 지팡이로는 안성맞춤이다.
   왜냐하면 _____ 때문이다.

3. 모든 나무는 기둥감이어야 한다거나 굽은 나무는 땔감으로밖에 쓸 데가 없다고 하는 고정관념을 버리면 어느 나무든 쓰임새는 무한해. 그 무한한 가능성을 갖고 있는 게 바로 너야. 네가 제일 잘하는 게 뭐야?

   내가 제일 잘하는 것은 _____ 이다.
   왜냐하면 나는 _____ 하며 _____ 하다.

2. 한자의 할아버지와 후손

 문자(文字)의 의미는 뭘까

'글월 문(文)'의 그림 글자는 가슴에 V자 형태의 무늬가 있는 사람 모양이야. 고대 중국에서는 사람이 죽는 것은 육체에서 정신이 떠나는 것이라고 생각했어. 그러려면 피를 흘려야 가능하다고 생각했어. 그래서 사람이 죽으면 가슴에 칼로 상처를 내서 피를 흘리게 하는 풍습이 있었지. 바로 이런 풍습이 나중에는 가슴에 문신을 새기는 것으로 변했어.

'문(文)'은 바로 문신을 의미해. 그런데 중국 문자는 모두 그림에서 시작했기 때문에 초기에는 그림으로 글자의 의미를 나타냈어. 바로 한자의 할아버지가 되는 그림 글자들이 여기 속한 거야. 이러한 할아버지 글자의 유전자를 받아서 후손 한자가 생겼어. 하늘의 무늬를 관찰하는 곳을 '천문대(天文臺)'라고 하는 데서 고대 한자의 의미를 알 수 있어.

다음 글자인 '글자 자(字)'는 집을 나타내는 '집 면(宀)'과 '아들 자(子)'가 합쳐진 글자야. 결혼해서 세월이 흐르면 집안에 아이가 태어나고, 이런 과정이 지속되면 후손이 많아지지. 이런 의미를 표현하고자 집과 아이를 합해서 글자의 후손임을 나타냈어. 초기에는 '문(文)'과 '자(字)'의 구별을 했으나 현대에서는 구별 없이 '문자(文字)'라고 해.

한편, 회사에서 나가는 돈이 들어오는 돈보다 많은 때는 장부에 붉은색으로 적었어. '적자(赤字)'의 본래 의미는 붉은 글자란 뜻이야.

나무의 자손들

이제부터 공부할 한자는 '나무 목(木)'을 기본으로 하는 한자들이야. '매(昧)'를 보면, 성숙하지 못한 나무의 의미인 '미(未)'와 태양의 그림인 '일(日)'이 합쳐진 글자야. 여기서 태양은 '날씨' '시간'을 의미해. 한자 그대로 말하면 아직 성숙하지 못한 시간, 다시 말해 태양이 아직 하늘에 완전히 올라오지 못한 시간을 말해. 즉, 동틀 무렵인 '새벽'을 의미하지.

이런 새벽엔 사물이 잘 보이지 않고 희미하게 보이잖아. 그래서 말의 뜻이나 의미가 정확하지 않고 여러 가지 뜻을 지녔을 때 '애매(曖昧)하다'고 이야기해. "눈에 눈이 들어가니 눈에서 나오는 것은 눈물인가 눈물인가."와 같은 말이 애매한 말이야. 하늘에서 내리는 '눈-'은 길게 발음하고, 사람의 '눈:'은 짧게 발음해서 구분해. 마찬가지로 '눈-물'과 '눈:물'도 구분하면 되겠지. 어리석고 사리에 어두운 사람을 '우매(愚昧)하다'고 하고, 어리석고 사리에 어둡다는 것을 '몽매(蒙昧)'라고 해.

그럼 다시 '매(昧)'의 형제들을 더 알아보자고.

'매(妹)'는 여성을 의미하는 '여(女)'와 자라나고 있는 나무인 '미(未)'가 합쳐진 글자야. 자신보다 나이가 적은, 또는 성숙하지 못한 손아래 여자 동생인 누이를 의미해. '자매(姉妹)'는 여자 형제를 나타내는 말이야.

'미(味)'는 입을 나타내는 '구(口)'와 입에서 나뭇가지가 자라나듯이 점점 일어나는 느낌을 의미해서 '맛'의 의미가 나왔어.

'의미(意味)'는 입에서 맛이 점점 일어나듯이 말이나 글에서 나오는 뜻의 의미를 말해. 그리고 '흥미(興味)'는 마음이 즐겁고 기뻐서 점점 늘어나는 재미를 의미해. 한자 어원을 보면 '흥(興)'은 손에서 일어나는 것이고, '미(味)'는 입에서 일어난 현상이야.

약속은 지켜야 한다

앞으로의 일을 어떻게 할 것인지를 미리 전하는 게 약속이야. 약속은 다른 사람과 함께 하는 게 일반적이지만 자신과 하는 약속도 있어. 그리고 개인과 사회의 약속, 사회와 사회의 약속, 국가와 국가의 약속 등이 있어.

연예인이나 국회의원, 대통령의 약속이 중요한 이유는 그들이 여러 사람에게 모범을 보이는 공인이기 때문이야. 공인의 약속이 개인의 약속보다 중요하다고 하는 이유는 그들의 약속에 의해 수많은 사람들의 행복과 불행이 엇갈리기 때문이야.

이 약속의 중요성을 알게 해 주는 이야기가 사마천의 『사기(史記)』*에 나오는 나무를 옮겨 놓으면 상을 주겠다는 '사목지신(徙木之信)'이라는 말이야. 나라를 다스리는 사람은 백성과의 약속을 반드시 지켜야 한다는 거야. 그래야만 백성들이 나라의 법을 믿고 따를 수 있기 때문이지.

> *중국 전한시대의 사마천(BC 145?~BC 86?)이 쓴 역사책. 상고시대의 황제(黃帝)~한나라 무제 태초년간(BC104~101년)의 중국과 그 주변 민족의 역사를 포함하여 썼음.

* 오늘날의 국무총리.
** 상앙(?~BC 338)은 중국 전국시대 진(秦)나라의 정치가로서, 10년간 진나라의 재상을 지내며 엄격한 법치주의 정치를 폈음. 그의 개혁으로 후일 진시황의 진제국 성립의 기반을 세웠음.

전국시대 진(秦)나라의 재상(宰相)* 중 상앙**이라는 사람이 있었어. 이 사람은 백성이 나라의 법을 믿고 따르지 않자 임금에게 제안하였어.

"키가 세 길 되는 나무를 사람들이 많이 다니는 도성의 남문에 세웁니다. 그리고 이 나무를 북문으로 옮기는 자가 있으면 일금 10량을 주겠다고 포고문을 발표하십시오."

임금은 상앙의 말을 따라 포고문을 발표했으나, 백성들은 아무도 나무를 옮기려 하지 않았어. 이에 상앙은 다시 발표했어.

"이 나무를 북문으로 옮기는 자가 있으면 일금 50량을 주겠다."

그러자 한 사람이 사람들의 편의를 위해 반신반의하면서 나무를 북문으로 옮겼어. 상앙은 즉시 그 사람에게 50량을 주었어.

당시 진나라와 다른 나라의 높은 관직 사람들 사이에서는 사냥으로 심신을 단련하고 교류하는 게 유행이었어. 마치 오늘날의 골프 모임과도 같았지. 하지만 사냥이 시작되면 그 일대의 민간인들이 농사를 제대로 못 지을 정도로 피해가 컸어. 상앙이 이를 알고 나라의 허가 없이 사냥을 나가면 엄벌하겠다는 새로운 법을 만들어 발표했어.

그런데 진나라의 태자(太子)가 나라의 허가를 받지 않고 사냥을 나갔어. 상앙은 태자를 제대로 보좌하지 않은 태자의 보좌관과 엄격하게 교육을 시키지 못한 스승을 처형했어. 이후 백성들은 기꺼이 나라의 법을 지키게 되었어. 법을 어기면 태자마저도 벌을 받았으니까.

이때부터 백성들은 나라의 포고문이 엄중하다는 것을 알고 법을 지키게 되었다고 해. 당연히 진나라는 강력한 나라가 되어 중국 최초의 통일국가가 되었어. 네가 잘 알고 있는 진시황이 통일된 중국의 최초 황제야. 그렇게 해서 정부는 백성을 속이지 않는다는 것을 분명히 해두고 새로운 법령을 반포했어. 그 후 그 법령은 잘 시행되었지.

상상 놀이터

1. 그림을 보고 한자의 의미를 상상해 보고 한자로 써 보자.

그림	의미	한자

2. 그림 한자를 보고 의미를 상상해 보고 한자로 써 보자.

그림 한자	의미	한자

3. '여성미(女性美)'와 '여성미(女性味)'의 차이점을 이야기해 보자.

4. '사목지신(徙木之信)'이란 약속을 반드시 실천에 옮긴다는 것을 뜻해. 이는 나무를 옮겨 놓는다는 '이목지신(移木之信)'이라고도 해. 주변에서 나라의 법이 제대로 지켜지지 않는 사례를 발표해 보자.

3. 나무의 시작과 끝

 네가 근본을 알아?

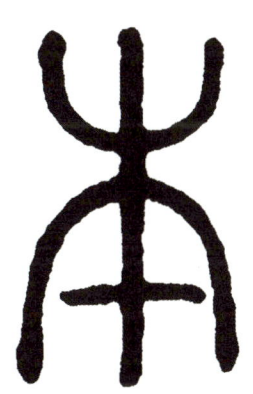

이 그림 글자는 '나무 목(木)' 아래쪽에 가로로 선을 그어서 나무의 특정 부위를 나타내고자 한 것이야. 바로 나무의 뿌리 부분을 표현하고자 한 것이지.

나무는 뿌리를 내리고 나서 성장을 시작해. 그래서 뿌리처럼 처음 생기는 성질을 '본성(本性)'이라고 해. 나무는 잘라 내도 다시 줄기가 생겨서 성장을 계속해. 하지만 뿌리를 자르면 바로 죽게 돼지. 여기서 모든 것의 기본이 되는 부분으로 '근본(根本)'을 의미하게 되었어. 뿌리를 의미하는 '근(根)'과 결합해서 사물의 본바탕, 초목의 뿌리를 '근본'이라고 해. 또한 뿌리를 잘라 버리는 것을 '근절(根絶)'이라고 하지.

선생님들이 이 책에서 너에게 주장하기와 이유 달기를 훈련한다고 했잖아. 그 이유 달기가 주장의 '근거(根據)'야. '근(根)'은 설명했듯이 뿌리를 말해. 그리고 '據(거)'는 의지하다의 뜻으로 나무가 뿌리에 의지하는 모양에서 근본이 되는 지점을 의미하게 되었어.

이 그림 글자를 보면 '나무 목(木)' 위에 길게 한 선이 그려져 있어. 어떤 의미를 표현하고자 했을까? 이 '말(末)'자는 본래 '본(本)'의 반대 개념을 나타낸 거야. 나무 위쪽에 가로선을 하나 그어서 '끝'이라는 의미를 나타낸 거지.

앞에서 배운 '미(未)'와 매우 혼동하기 쉬운 글자야. 그러나 한자의 제작 원리를 이해하면 쉽게 구별할 수 있어. 나무가 자라는 모습을 보면 이 글자도 이해하기 쉬워. 나무는 먼저 아래쪽 가지가 길게 자라지. 그리고 위로 갈수록 짧아져 삼각형 모양으로 자라. 이것을 본뜬 글자가 바로 '미(未)'자야. 아직 나무가 자라지 않았다는 뜻이지.

이 '미(未)'와 구분을 위해서 '말(末)'은 위쪽의 가로선을 길게 그렸다고 생각하면 혼동하지 않을 거야. 나무 끝에서 '끝' '꼭대기' '마지막'이 본래의 의미야. 보통 나무를 가꿀 때 위쪽의 가지를 잘라 주면 나무의 성장에 도움이 돼. 왜냐하면 나무는 위로 솟구치는 본성이 있기에 위쪽을 잘라 주면 위로 향하던 영양분이 나무의 기둥과 주변의 가지로 가서 그 나무를 더욱 튼튼하고 풍성하게 해 주거든. 이 때문에 '중요하지 않는 부분'이라는 의미까지 생겼어.

나무가 말라 죽을 때 제일 높은 끝부분부터 마르기 시작하는데. 이처럼 우리가 살고 있는 세상이 쇠퇴하여 끝나 가는 것을 '말세(末世)'라고 하고, 일 년이 끝나는 때를 '연말(年末)'이라고 해.

나무와 과일

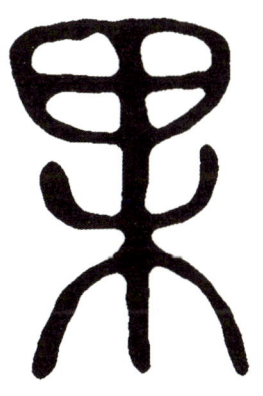

이 그림 글자는 오늘날 '열매 과(果)'의 모양이야. 이 그림으로 무엇을 상상할 수 있을까?

설마 나무 위에 밭이 있다고 생각하는 건 아니겠지? 와우, 그렇다면 넌 정말 4차원적인 인간이야. 아니면 저 머나먼 안드로메다 성운에서 온 사람일 거야. 하지만 괜찮아. 사람은 자기의 경험으로 이 세상을 바라보고 이해하니까.

이건 분명히 나무 위에 무언가 달려 있는 모양을 표현하고자 한 거야. 바로 나무에 달려 있는 '열매'를 나타낸 글자야. 열매는 일 년 동안 양분을 섭취한 결과물이야. 그래서 '결과(結果)'는 열매는 맺는 것을 말하며, 원인과 결과의 연관어로 사용해. '효과(效果)'는 보람 있는 좋은 결과를 말해.

'열매 과(果)'와 '말하다 언(言)'이 만난 '과(課)'는 농사의 결과에 대해 말하다의 의미를 표현한 거야. 한 해의 결실에 대한 이야기의 의미로 '세금을 부과(賦課)하다'의 뜻이지.

세금뿐만 아니라 마음에 부담되는 내용을 부과하는 데까지 이 한자어를 사용하게 되었어. 네가 하기 싫어하는 숙제는 문제를 부과한다는 의미에서 '과제(課題)'라고 해.

학교에서 정해 준 '과정(課程)' 외에 다른 곳에서 공부하는 것을 '과외(課外)'라고 해. 또한 서무과, 행정과, 세무과 등에서 말하는 '과(課)'는 '일하는 조직 부서의 단위' 명칭을 말해. 왜냐하면 세금을 매기는 일은 매우 복잡한 과정을 거쳐야 하고, 많은 사람이 거두고 조사하는 등의 여러 조직으로 운영되기 때문이야. 이때 '학생과(學生課)'는 학생의 교내외 생활에 관한 일을 맡아 보는 부서를 말해.

사물은 시작과 끝이 있다

이 세상 모든 사물에는 그 사물이 존재하게 된 원인과 결과, 순서의 앞과 뒤가 있어. 사물과 일의 시작과 근본을 나타내는 '근본 본(本)'과 사물과 일의 끝을 나타내는 '끝 말(末)'은 '나무 목(木)'에서 가져온 비유의 말이야. '본말(本末)'이란 사물과 일의 시작과 끝을 말해.

'본(本)'은 나무 밑에 있는 무엇을 나타낸 글자로 뿌리를 나타내. '말(末)'은 나무 위에 있는 것을 표현한 글자야. 뿌리가 튼튼해야 나무가 튼튼하게 자라겠지? 뿌리 깊은 나무는 바람에 흔들리지 않잖아. 뽑혀 나가거나 병들어 죽지 않아.

모든 사물과 일에는 그 시작과 끝이 있다는 의미를 지닌 말이 '물유본말(物有本末)'이야. 나무를 거꾸로 심으면 안 되듯이 사람이 하는 일도 본말이 있으니 거꾸로 심어 기르면 안 된다는 거야. 시작과 끝을 뒤집는 것, 즉 '본말전도(本末顚倒)'를 경계하라는 의미야.

상상 놀이터

1. 힘 있는 사람은 그 권력의 힘을 보여 주어야 한다는 순자의 입장과 지배자가 솔선수범해서 절약하고 겸손해야 한다는 묵자의 입장 중에서 한 입장을 택해 변론해 보자. (글을 문장으로 쓸 필요는 없고, 말하기에 필요한 핵심 단어만을 적은 다음, 그 단어의 순서만을 배치해 두면 된다. 1분 스피치 준비)

2. 앞의 설명을 다시 상기하면서 다음 한자의 사용이 바른 것을 선택해 보자.

① 목표한 일을 이루는 것을 말한 것은?
成課(성과)   成果(성과)

② 학교 등에서 일정 기간 동안 학습해야 할 범위는?
課程(과정)   果程(과정)

손과 나뭇가지

한자는 여러 글자와 결합하기 때문에 가장 기초가 되는 한자는 모두 그림을 통해서 외워야 해.

그중에서도 사용 빈도가 매우 많은 한자가 손 모양을 나타낸 글자야. 손가락을 모두 그리려면 시간이 걸리기 때문에 손가락 두 개를 생략하고 세 개를 그려서 손을 표시했어. 이런 모양이 점점 딱딱하게 변해서 '又(우)'로 변하게 되었어. 이 글자는 단독으로 쓸 때는 '또'를 의미하지만, 본래 손을 그렸기 때문에

다른 글자와 결합할 때는 '손'을 의미해. '또'라는 의미로 사용하게 된 것은 손이 하나만 있는 것이 아니고 또 있다는 데서 유래했다고 해.

이 그림 글자는 위쪽에는 나무의 뿌리 부분을 자른 모양이고, 아래쪽은 손 모양을 본뜬 글자야.

이 글자를 종합해서 해설하면, 손에 나뭇가지를 잡고 있는 모양을 본뜬 글자야. 이 글자는 지금의 '가지 지(支)' 자야. 본래는 '나뭇가지'의 의미였으나, 사람들이 나뭇가지를 잡고서 몸을 지탱하기 때문에 '지탱하다'의 의미가 강해졌어. 나뭇가지는 몸을 세우는 데 도움이 되기 때문에 '지지(支持)하다'의 의미로 그 의미가 넓어졌어.

'지선(支線)'은 본선에서 갈라져 나간 노선을 말해. 그리고 돈이 나뭇가지처럼 갈라져 나간다 해서 '지출(支出)'이라고 하지.

그렇다면, 나뭇가지를 나타내는 글자는 어떻게 표현하였을까? '나뭇가지 지(枝)' 자야. 이 글자는 '가지 지(支)' 자에 '나무 목(木)'을 더해서 나뭇가지의 뜻을 더욱 강조하기 위해 만들었어. 이렇게 해서 '지탱하다 지(支)' 자와 구별하여 사용하였어.

'팔다리 지(肢)'는 약간 어려운 글자야. 하지만 '가지·지탱하다 지(支)'는 이미 배웠으니 알 것이고, '월(月)'만 알면 충분히 이해할 수 있을 거야. '달 월(月)'은 '고기 육(肉)'과 모양이 비슷해. 그래서 다른 글자와 조합할 때는 '달'이나 '고기', 그리고 일반적으로 '인체'를 의미해. 따라서 '지(肢)'는 우리 몸에서 갈라져 나간 가지의 의미로 팔과 다리, 즉 '사지(四肢)'를 의미하는 거야.

잎의 모양

'세상 세(世)'는 '열 십(十)' 자 세 개를 이어서 그렸으므로 '삼십'이 본래 의미야. 예전엔 30년을 한 세대로 생각하였기 때문에 '세대'라는 의미가 나왔고, 다시 세대에서 '평생' '세상'의 의미로 넓어진 거야.

'세(世)'는 다른 글자와 조합할 때, 잎 모양과 유사해서 잎의 의미로 사용했어. '잎 엽(葉)' 자에서 그 흔적을 볼 수 있지.

한자는 오랜 세월 동안 변해 왔기 때문에 비슷한 모양은 하나로 통합되었고, 이 때문에 같은 글자가 여러 가지 의미를 갖는 경우가 많아. 앞에서 설명했듯이, '달 월(月)'은 단독으로 사용할 때는 오직 '달'을 의미하지만 다른 글자와 결합할 때는 '달'과 함께 '고기'를 의미하는 경우가 많아. 여러 사람에 의해서 한자가 만들어지다 보니 보는 사람의 관점에 따라 변한 거지.

중국인들이 나뭇잎을 보고 그린 글자가 이 그림 글자야. 처음엔 위쪽에 풀을 의미하는 '초(艹)'가 없었으나, 나중에 첨가되어 지금의 '잎 엽(葉)'으로 변했어.

나무의 잎은 시간이 흐르면서 한 장씩 차례로 나와. 이는 자연의 법칙이지. 사람의 후손들도 세월이 지나면서 많아지잖아. 그래서 이 글자는 '세대(世代)'를 의미하게 되었어.

한 식물과 인간의 운명을 삼등분해서 설명하면, 제일 먼저 나온 나뭇잎을 '초엽(初葉)'이라 하고, 그다음은 '중엽(中葉)', 그리고 마지막은 '말엽(末葉)'이라고 해.

나뭇잎이 떨어지거나 잘려 나가도 나무는 죽지 않아. 그렇기 때문에 '중요하지 않는 부분'을 나타낼 때도 '잎 엽(葉)'을 써. 그래서 '나뭇가지와 잎'이란 의미의 '지엽(枝葉)'은 중요하지 않거나 자질구레한 부분을 뜻하는 말이야.

나무에서 중요한 부분은 이미 설명한 뿌리 부분인 '근(根)'이야. 하지만 뿌리에서 흡수한 물과 양분을 잎과 가지로 전달하는 역할을 하는 줄기도 중요한 기관이지. 그걸 나타낸 글자가 '줄기 간(幹)'이야.

이 그림 글자의 왼쪽은 변형된 '나무 목(木)' 사이에 태양을 그린 것이고, 오른쪽은 '사람 인(人)'과 '나무 목(木)'이 합쳐진 모양이야.

태양이 나무 가운데 줄기 부분을 비추고 있고, 나무를 세워 사람이 사는 곳의 담장을 만드는 모습을 그린 거야. 그래서 '나무줄기 부분'을 의미하는 글자야.

'줄기·뼈대·기둥 간(幹)'은 모든 양분이나 물을 보내고 관리하는 역할을 하기 때문에 '중요한 부분'을 의미해. 그래서 '간부(幹部)'는 중요한 일을 하는 사람을 말하고, 그런 일을 맡아 처리하는 사람을 '간사(幹事)'라고 해.

'근간(根幹)'은 사물의 바탕과 중요한 부분을 나타내는 말로, 나무뿌리와 줄기의 의미에서 나온 거야. '간선*도로(幹線道路)'는 도시의 주요 구간을 연결하는 도로의 의미야. 이것은 앞에서 공부한 '지선**도로(支線道路)'와 상대적인 개념이지.

'어간(語幹)'은 말의 중요한 부분을 말해. 이는 '보다, 보니, 보고'에서 '보'와 같이 변하지 않는 부분을 말하는 거야. 나무의 가지는 병충해에 걸려 말라죽을 수도 있어. 하지만 나무의 줄기가 살아 있으면 그 나무는 결코 죽지 않아. 나무의 줄기

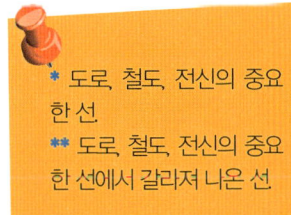

* 도로, 철도, 전신의 중요한 선
** 도로, 철도, 전신의 중요한 선에서 갈라져 나온 선

교실 밖 상식 놀이터

가 변하면 그 나무는 말라서 죽어. 그래서 나무의 가지보다는 줄기가 더 중요한 거야.

영웅과 살인자

중국 춘추전국시대를 대표하는 사상 가운데 유가(儒家)와 도가(道家)에 대해서는 많이 알려져 있어. 하지만 묵가(墨家)에 대해 아는 사람은 많지 않지. 그런데 놀라지 마! 춘추전국시대 당시 묵가의 사상은 백성들로부터 엄청난 호응을 얻었어. 실제로 묵가는 춘추전국시대를 통일한 진시황의 진나라가 멸망하고 새로 들어선 한(漢)나라 이후, 지금껏 중국 사상을 지배하고 있는 당시의 유가와 대적할 정도였으니까.

유가가 권력자와 지배층의 통치 철학이었다면, 묵가는 일반 백성의 철학이라 할 수 있어. 이 때문에 묵가가 강자와 약자가 공존할 수 있는 철학을 제시하였지만 통치자들에게는 받아들여지지 않았고 일반 백성의 호응만 받을 수 있었지. 그래서 묵자의 사상은 사람들로부터 많이 잊혀져 버린 거야.

이제 2,500여 년 전에 묵자가 한 말을 생각해 보자고.

"죄 없는 사람 한 명을 죽이면 살인자가 되고 열 명을 죽이면 인간 백정이 되는데, 전쟁을 일으켜 수만 명을 죽인 자는 도리어 영웅이 되니 이게 어찌된 일인가."

그 많고 적음에 관계없이 사람을 죽인 자는 '살인자'야. 많이 죽여 영웅이 되었다는 건 자기 나라를 위한 거지, 인류 전체를 위한 것은 아니잖아. 묵자는 이렇게 말했어.

"내 부모가 사랑스럽고 존경스럽다면 다른 사람의 부모도 그렇게 대할 것이며, 자신의 자식이 귀엽고 애처롭다면 다른 사람의 자식도 귀엽고 애처로울 것이다. 따라서 내 부모와 자식을 섬기고 사랑하듯 다른 사람의 부모와 자식도 똑같이 섬기고 사랑하라."

이런 면에서 묵자의 모든 사람을 사랑하라는 겸애설은 전쟁과 폭력이 없는 세상을 열기 위한 근본적인 해결책이며 대안이라 할 수 있어.

상상 놀이터

1. 안중근은 살인자일까 영웅일까? 그 이유는?

2. 이토 히로부미는 살인자일까 영웅일까? 그 이유는?

3. 이순신은 살인자일까 영웅일까? 그 이유는?

4. 도요토미 히데요시는 살인자일까 영웅일까? 그 이유는?

5. 살인자와 영웅은 어떤 기준으로 어떻게 구별하는 것일까?

5. 더불어 사는 나무들

 대나무와 가시나무

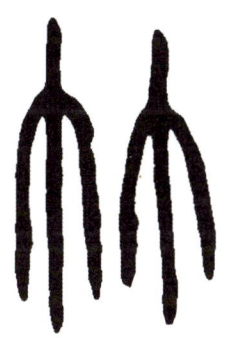

대나무는 나무와 더불어 생활 도구를 만드는 데 사용하였기 때문에 한자에서 많이 볼 수 있어. 이 그림 글자처럼 대나무 잎 두 개를 그려서 대나무를 표현했어. 이것이 현대에서의 '대나무 죽(竹)'으로 변한 거야.

대나무는 종이가 발명되기 전에 문자를 기록하는 재료로 사용되었어. 먼저 대나무를 쪼개서 얇게 손질한 다음 문자를 적은 후 노끈을 이용해서 책으로 엮은 거야. 그래서 대나무 두 개와 묶었다는 표시를 해서 오늘날의 책을 의미하는 '책(冊)' 자를 만들었지. 책으로 엮기 전의 대나무 한 개를 '간(簡)'이라 하며, '대나무 죽

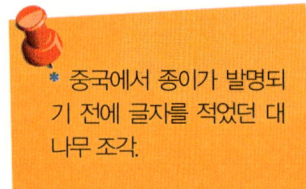

* 중국에서 종이가 발명되기 전에 글자를 적었던 대나무 조각.

(竹)'과 같이 사용해서 '죽간(竹簡)'이라고도 해. 우리가 흔히 "간단하게 쓰시오."라고 말할 때 '간단(簡單)'은 한자어야. 여기서 '단(單)'은 '하나'를 의미하지. 대나무로 만든 죽간 하나에 쓸 수 있는 분량이란 의미에서 나온 말이야.

'자(朿)'의 그림 글자를 보면 '나무 목(木)'의 중간 양쪽에 꺾어진 가지 모양을 더했어. 이것은 나무에 돋아난 가시를 그린 거야. 여기서 가시나무를 의미하는 글자가 되었어. 단독으로 사용하기보다는 다른 글자와 결합해서 사용하는 경우가 많아.

'찌르다 자(刺)'자에서 칼을 나타내는 '도(刂)'는 '칼 도(刀)'가 다른 글자와 합해질 때 변한 모양이야. 이 글자는 칼과 가시나무를 의미해. 칼이나 가시나무에 찔리는 경우가 많아서 '찌르다'와 '찔러 죽이다'의 의미가 나왔어. 그래서 '자객(刺客)'은 사람을 몰래 찔러 죽이는 사람을 말해. '자극(刺戟)'에서 '극(戟)'은 사람을 찌르는 창을 그린 것이야. 그래서 창으로 찌르는 듯한 느낌의 성질을 '자극성(刺戟性)'이라 하는 거야.

꾀를 나타내는 '책(策)'은 대나무와 가시나무가 합쳐진 글자야. 이 글자는 본래 대나무로 만든 회초리라는 의미야. 대나무나 가시나무로 만든 회초리로 '채찍'의 의미로 넓어졌어. 그리고 좋은 생각을 낼 수 있도록 회초리질을 한다는 의미에서 '정책'이나 '꾀'의 의미가 나왔지.

'실책(失策)'은 못된 정책이나 잘못한 행동을 말하고, '자구책(自救策)'은 자신을 구할 방법을 말한 거야.

땔나무

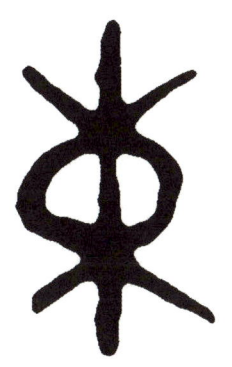

'속(束)'의 그림 글자를 보면 나무 가운데에 원형의 부호를 그려 넣었어. 이것은 나무를 굵은 줄로 묶어 놓은 모양을 그린 거야. 땔나무 한 묶음을 그린 글자지. 여기서 '묶다'의 의미가 나왔고 나중에 모든 물건을 묶는다는 의미에도 사용하게 되었어.

'구속(拘束)'은 사람을 잡아서 묶어 놓은 것을 말해. '속수무책(束手無策)'은 손이 묶여 있어서 어떤 대책도 낼 수 없다는 의미야. '속(速)'은 나무 묶은 모양과 '쉬엄쉬엄 가다 착(辶)'의 조합으로, 땔나무를 묶어서 집으로 빠르게 가는 의미에서 '빠르다'의 뜻을 나타내. 그래서 '속도(速度)'는 빠르게 가는 정도를 말하고, '가속도(加速度)'는 더욱 속도를 내는 것을 말해.

사람은 자신의 경험만을 이야기한다

　사람들은 살아가면서 접했던 수많은 경험을 통해서 세상을 파악하고 이해해. 어렸을 때 개한테 물려 본 사람은 어른이 되어서도 강아지를 무서워해. 그 강아지가 아무리 귀여워도 말이야.

　『장자』라는 책에 이와 관련된 재미있는 이야기 두 편이 있어.

　어느 날 장자가 꿈을 꾸었어. 그는 나비가 되어 꽃들 사이를 즐겁게 날아다녔지. 그러다가 문득 깨어 보니, 자기는 분명 장주가 되어 있었어. 그는 이상했어. 도대체 장주인 자기가 꿈속에서 나비가 된 것인지, 아니면 나비가 꿈에 장주가 된 것인지를 구분할 수 없었기 때문이지.

　너도 실제같이 느껴지는 꿈을 꾼 적이 있잖아? 그래서 꿈인지 생시인지를 알기 위해 볼을 꼬집어 보기도 하잖아. 도대체 실제와 꿈은 어

장주가 꿈속에서 나비가 된 것인가, 나비가 꿈속에서 장주가 된 것인가?

떤 차이가 있을까? 〈아바타〉란 영화 봤어? 아바타가 나일까, 내가 아바타일까? 도대체 꿈이 현실인지 현실이 꿈인지, 꿈과 현실 사이에 어떤 구별이 있는 것일까?

너는 똥이 더럽다고 이야기하지? 하지만 네 몸속에도 똥이 있잖아. 네가 지렁이가 되면 진흙탕이 더러울까? 네가 미꾸라지가 되면 흙탕물이 더러울까? 더럽고 깨끗하다는 느낌은 나와 다른 것을 구별하기 때문에 생기는 거라고 장자는 이야기해.

이야기 하나 더 해 줄게. 하루살이와 메뚜기가 함께 놀았어. 저녁때가 되자 메뚜기는 "오늘은 그만 놀고 내일 또 놀자."라고 말했지. 그러자 하루살이는 "얘, 메뚜기야, '내일'이 뭐니?" 하고 물었어. 메뚜기는, 캄캄한 밤이 지나면 다시 오늘과 같이 밝은 날이 오는데 그것이 바로 '내일'이라고 설명해 주었어. 하지만 하루살이는 도무지 '내일'이란 말을 이해할 수가 없었어.

이번에는 메뚜기와 개구리가 놀았어. 개구리는 메뚜기에게 "얘, 그만 놀자. 날씨가 추워지니 '내년'에 다시 만나자."라고 말했지. 그러나 메뚜기는 '내년'이 무엇인지 알지 못했어. 개구리가 아무리 '내년'을 설명해도 메뚜기는 도무지 이해할 수가 없었지. 눈이 오고, 얼음이 얼고, 다시 봄이 온다고 말했으나 메뚜기는 통 알아들을 수가 없었어.

상상 놀이터

1. 앞의 두 이야기는 무엇을 말하고자 한 것일까?

2. 산다는 것이 중요하다고 생각하니, 어떻게 사느냐가 더 중요하다고 생각하니?

3. 하루살이가 '내일'을, 메뚜기가 '내년'을 모르는 이유는 무엇 때문일까?

나무 고르기

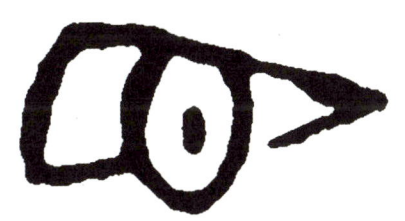

이 그림은 사람 눈을 그린 글자야. 아주 잘 그렸지? 지금의 '눈 목(目)'은 이 그림을 세로로 세운 거야. 그렇다면 한자를 세로로 세운 이유가 뭘까? 그건 대나무에 글자를 썼기 때문이야. 종이가 발명되기 이전에는 대나무를 얇게 쪼개서 종이를 대신해서 사용했어. 대나무는 위로 쭉쭉 뻗어 나가며 자라. 그래서 글을 쓰기 위해 만든 대나무는 폭은 좁고 길이는 길어. 가로는 좁고 세로는 길다는 거지. 그래서 옆으로 긴 그림 한자를 세로로 세워야 했어.

'눈 목(目)'도 바로 세워서 그랬어. 동물은 옆으로 긴 모양이기 때문

교실 밖 상식 놀이터 **255**

에 '코끼리 상(象)' '호랑이 호(虎)' '돼지 시(豕)' 등도 모두 세워서 그린 거야.

'주(朱)'의 그림 글자를 보면 나무 중간에 가로로 그은 긴 선을 볼 수 있어. 이는 나무를 베어 냈다는 의미를 표현한 서야. 본래 이 글사는 나무를 베고 남은 부분인 '그루터기'를 나타냈던 글자였어. 그런데 그루터기를 하나의 그림으로 표현하기는 너무 힘들었지. 특히 '나무를 베고 남은' 그루터기란 추상적인 의미를 그림으로 그리기는 더욱 힘들었겠지.

'그루터기'는 나무를 베고 남은 아랫부분을 말해. 그래서 '그루터기' 글자를 '나무를 자르다'라는 그림으로 나타냈어. 상상력과 응용력이 대단하지? 이 글자가 지금은 '붉다'는 의미를 나타내. 왜냐하면 줄기를 베어 내면 중심부에 붉은색을 나타내는 나무가 있기 때문이야. 여기서 '붉다'의 의미로 표현하는 글자로 이 글자를 사용하게 된 거야.

추상화된 의미를 그림으로 표현하기는 매우 어려워. 그래서 이미 만든 글자를 빌리는 방법으로 추상화된 의미를 표현했지. 이는 한자를 만드는 과정에서 많이 쓰는 방법이야. 천년을 산다는 '주목(朱木)'은 문자 그대로 붉은 나무라는 의미야. 주목의 속이 붉은 색을 띠고 있는데서 나온 이름이야.

다시 베어 낸 나무에 '나무 木(목)'을 더해서 '그루터기 주(株)'를 나타냈어. 베어 낸 그루터기는 나무에서 가장 중요한 뿌리 부분이 남아 있기 때문에 나무를 세는 단위로 사용하게 되었어. 그래서 나무를 셀 때는 '몇 주(株)'라고 하지. 이는 다시 뿌리 부분에서 근본의 의미로 넓어졌어. 그래서 '주식(株式)'이 회사의 자본을 이루는 구성 기본 단위로 사용하게 된 거야.

나무의 성장을 관찰하다

'나무 목(木)'에 '눈 목(目)'을 더한 글자로, 나무를 바라보는 그림 글자가 '서로 상(相)'이야. 나무를 바라보는 이유는 건물을 짓기 위해 적당한 재목감을 골라 내기 위해서야. '재목(材木)'은 높고 큰 건물의 기둥 역할을 하기 때문에 큰일을 할 사람이라는 의미로 사용해. "이 아이가 장차 이 나라의 훌륭한 재목이 될 것이다."라고 말하며 아이를 칭찬하기도 하지.

'재상(宰相)'이란 높은 벼슬을 해서 나라의 큰일을 처리하고 나라를 받드는 기둥을 의미해. 집을 지을 기둥으로 사용할 나무를 고를 때는 여러 나무를 서로 비교하는 행동에서 '서로'라는 의미가 나왔어.

그리고 나무를 심고 자라는 모양을 눈으로 보면서 이 나무가 장차 어떤 모습일까 하고 자라는 나무 형태를 생각하는 데서 장래를 예측해 보는 의미까지 더해졌어. 그래서 '관상(觀相)'은 얼굴 등을 보고 장래 운명을 예측해 보는 것이고, '수상(手相)'은 손금이나 손 모양을 통해서 운세를 예측하는 거야.

다시 '마음 심(心)'을 더한 '상(想)'은 '상상하다' '생각하다'의 의미야. 이는 나무를 바라보고 성장하는 모양을 상상하고 생각해 본다는 의미를 강조하기 위해서 '마음 심(心)'을 더한 거야. 어떤 사물에 대한 구체적인 생각을 '사상(思想)'이라 하고, 어떤 일을 미리 상상해 보는 것을 '예상(豫想)'이라 해.

나무에서 토끼를 기다리다

'수주대토(守株待兔)'라는 고사성어 들어 보았지? 여기서 '수(守)'는 지키다, '대(待)'는 기다리다, '토(兔)'는 토끼를 나타내는 글자야. 중국 송나라 때 한 농부가 밭갈이를 하고 있었는데, 밭 가운데에 있는 그루터기에 토끼가 부딪혀서 죽었대. 정말 우연한 일이었지. 그런데 이것을 본 농부는 농기구를 버리고 그루터기를 지키면서 토끼가 와서 부딪히기만을 기다렸대. 당연히 토끼는 다시 오지 않았지. 그래서 그 농부는 웃음거리가 되었어. 그 고사성어가 '그루터기에서 토끼를 기다리다'는 의미의 '수주대토'야.

상상 놀이터

1. 금강산에 가면 하늘을 찌를 듯한 큰 바위들이 어지럽게 솟아올라 여러 모양을 이루고 있어. 이 봉우리를 '만물상(萬物相)'이라고 해. 봉우리 이름 끝에 '상(相)'을 사용한 이유를 이야기해 보자.

2. '수주대토'의 뜻을 말해 보자. 그리고 그와 같은 사람을 주변에서 찾아서 발표해 보자.

3. '수주대토'는 어리석은 행동을 비웃는 내용인데, 어떤 어리석은 행동을 비웃는 것일까?

7. 생명의 터전, 숲

 자두와 숲

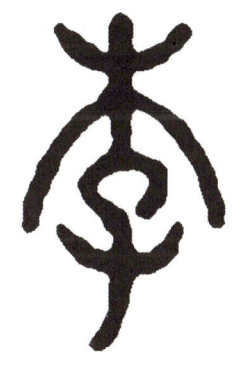

이 그림 글자는 우리나라 성씨로 많이 사용하는 '오얏 이(李)'로 알려진 글자야. '오얏'은 무엇을 말하는 걸까? 오얏은 '자두'의 옛 우리말이야.

'이(李)'는 '나무 목(木)' 아래에 '아들 자(子)'를 놓은 글자로, 자두나무를 의미해. 자두나무는 열매를 맺을 때 여러 개가 함께 열려. 이 때문에 자두는 집안에 후손들이 넘쳐 나라고 심는 나무야. 그래서 '나무 목(木)'에 '아들 자(子)'를 합쳐 오얏 이(李)'로 하였고, 성씨로 쓰게 되었지.

중국이 원산지인 자두는 원래 복숭아 모양과 닮았다고 해. 그래서

'자줏빛 자(紫)'와 '복숭아 도(桃)'의 조합으로 '자도'라고 했으나 후에 '자두'라고 변했어. 그리고 자두는 매우 신맛을 가지고 있어서 임신한 여인이 구역질을 할 때 자두를 먹으면 구역질을 멈추었대. 그래서 '아들 자(子)'가 들어갔다는 설도 있어.

이 그림 글자는 나무 두 그루를 그려 수풀을 나타내는 '림(林)'의 글자야. 산과 숲을 '산림(山林)'이라 하지. 한자에는 같은 두 글자를 조합해서 만든 글자가 많아. 숲은 많은 나무가 모여 있기 때문에 '사물이 많이 모인 곳', 또는 집단의 의미로 넓어졌어. 선비들이 많이 모인 집단을 '사림(士林)'이라 해. '유림(儒林)'은 유학을 공부하는 사람들의 집단이란 의미야. 무협지에서 나오는 '무림(武林)'은 무사들의 집단이 활동하는 세계를 말해.

중국을 여행하다 보면 비림(碑林), 석림(石林)이라는 관광지를 만나. 비석을 많이 모아 놓은 장소를 비림이라 하고, 모양이 뛰어난 돌을 많이 모아 놓은 곳을 석림이라 불러. '주지육림(酒池肉林)'의 '주(酒)'는 술을, '지(池)'는 연못을, '육(肉)'은 고기를 나타내는 글자야. 술이 연못을 이루고 고기가 숲을 이룬다는 뜻으로, 매우 방탕한 생활을 비유한 말이야.

나무들이 자라는 들판

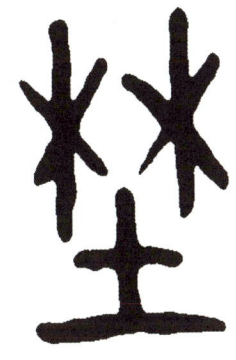

이 그림 글자는 '나무 목(木)'과 '흙 토(土)'가 합쳐진 글자야. 나무가 무성하게 자라고 있는 땅을 표현한 거야. 지금은 모양이 너무 변해서 상상해 볼 수 없는 '들판'을 나타내는 '야(野)' 자야. 지금의 글자는 '마을 리(里)'와 베 짜는 기구에 실이 달려 있는 '여(予)'의 조합으로 바뀌었어. '흙 토(土)'의 흔적은 '마을 리(里)'에 남아 있어. '야(野)'는 실이 이어진 것처럼 마을에 이어져 있는 지방을 의미해.

중국 주나라 때는 황제가 거주하는 주위 백 리를 '교외(郊外)'라 했어. 현재는 도시나 마을에 가까운 들이나 논밭이 많은 곳을 교외라고 하잖아. 그리고 농경지 주위 4백 리를 '야(野)'라고 했어. '야(野)'는 천자가 있는 궁과 멀리 떨어져 있는 곳을 말해. 이곳에서 자란 식물을 '야채(野菜)'라고 해. 오늘날에도 권력에서 멀어진 무리를 '야당(野黨)'이라고 하잖아. '야(野)'는 국가 권력이 미치지 못하다 보니 교육과 의료 등의 혜택도 적게 받을 거야. 이 때문에 거친 성품을 지닌 사람들이 많이 살았을 거야. 그래서 이런 사람들의 성격을 '야성(野性)'이라 해.

또한 눈으로 볼 수 있는 데까지의 넓은 지역을 '시야(視野)'라 했어. 넓은 지역은 다스리기 어렵기 때문에 다스릴 곳을 나누어 관리했는데,

교실 밖 상식 놀이터

여기서 '분야(分野)'라는 말이 나온 거야.

🎩 나무를 심는 사람

  나무는 모든 생명의 근원이라 할 수 있어. 프랑스의 작가 장 지오노는 1953년에 발표한 단편소설 『나무를 심는 사람』에서 이에 대한 이야기를 했어. 그리고 1987년 캐나다에서 프레데릭 백 감독은 이 소설을 원작으로 극장용 단편 애니메이션 〈나무를 심는 사람〉을 만들었어.

  프랑스 알프스의 어느 고원지대를 여행하던 주인공은 폐허가 된 마을에 도착해. 그는 마실 물도 찾지 못하다가 한 양치기 노인의 도움으로 음식을 얻어 먹고 잠도 잘 수 있게 되었어. 이 양치기의 이름은 엘지아 부피에이고, 나이는 55세였어. 그날 밤 주인공은 엘지아가 도토리 세는 것을 보게 되지.

  다음 날, 엘지아는 백 개의 도토리를 골라 황폐한 고원에 심어. 엘지아는 나무가 부족하여 땅이 죽어 가고 있다는 사실을 잘 알고 있었어. 그래서 도토리뿐만 아니라 너도밤나무와 떡갈나무도 수천 그루를 심고 가꾸었어.

  세월이 흘러 제1차 세계대전 후 주인공은 다시 그 황무지를 찾아왔어. 그곳은 이제 도토리 알에서 나온 싹이 자라 10년생의 키 큰 나무들로 숲을 이루고 있었지. 그 숲에는 물이 흐르는 시내가 있었고, 땅은 다시 살아났어. 그 생명의 숲 속에서 엘지아는 나무를 갉아먹는 양 대신 벌을 키우고 있었어. 그 뒤 해마다 엘지아를 찾아가게 된 주인공은 풍요로운 숲과 물, 그 속에 자연스럽게 만들어진 마을을 보게 되지.

무엇이 이 황무지의 땅을 모든 생명이 살아 숨 쉬는 평화로운 마을로 만들었을까?

'새를 오게 하고 싶은 자는 먼저 나무를 심어라.'라는 의미를 지닌 '욕래조자선수목(欲來鳥者先樹木)'이란 한자 성어가 있어. 무언가를 이루기 원한다면 근본적인 원인부터 해결하라는 거야. 그러면 원하는 것은 저절로 얻게 된다는 거야. 새를 오게 하려고 억지로 새를 잡아 오면 그 새는 죽게 될 거야. 왜냐하면 새가 살 공간인 숲이 없기 때문이지. 숲이 이루어지면 자연스럽게 물이 흐르는 내가 형성될 것이고, 이 물을 통해서 많은 생명이 살 수 있기 때문이지.

너는 앞으로 세상을

살아가면서 많은 문제에 부딪히게 될 거야. 그리고 그 문제를 해결하기 위해 애쓰겠지. 엘지아가 매일 백 개의 도토리를 꾸준히 심어 거대한 숲을 이룬 것처럼, 너 역시 목표를 위해 한 계단 한 계단 꾸준히 밟아 나간다면, 분명 좋은 결과를 얻을 수 있을 거야. 이것은 개인의 삶뿐만이 아니라 회사나 국가 등의 조직에도 적용되는 말이야.

상상 놀이터

1. 떨어지는 물방울이 바위를 뚫는다는 말은 진실이다.
   왜냐하면 _____ 때문이다.

2. 떨어지는 물방울이 바위를 뚫는다는 말은 거짓이다.
   왜냐하면 _____ 때문이다.

3. 자신의 주변에서 '나무를 심는 사람'처럼, 자기를 위한 것이 아닌 우리 모두를 위해 봉사하는 사람을 찾아 소개해 보자.

8. 나무 자르기

 나무를 손질하는 도구

나무는 고대 사람들에게는 매우 귀한 재료였어. 집을 짓고, 밥을 하고, 여러 가지 생활 도구를 만들어야 했기 때문이지. 나무를 구하려면 산이나 들로 나가야 했겠지? 산이나 들에서 나무를 구했으면 이제 잘라야 하는데 나무를 자르는 도구 중 대표적인 게 도끼였을 거야. '도끼 근(斤)'은 바로 고대 중국인들이 나무를 자르기 위해 만들었던 모양을 그대로 그려서 오늘에 이른 거야. 고대 사람들도 도끼의 크기나 무게를 통일했기 때문에 고기 등의 무게를 달 때 도끼 무게를 기준으로 삼았어. 그래서 오늘날도 고기 한 근(斤)은 도끼 하나 무게만큼의 의미야.

나무는 용도에 따라 자르는 방향이 달랐을 거야. 이 그림 글자는 도끼로 나무를 세로로 찍는 행동에서 '쪼개다 석(析)'이야. 나무를 쪼개듯이 개념이나 문장으로 나누어 그 의미를 명료하게 하는 것을 '분석(分析)'이라고 해.

'석(析)'과 매우 유사한 '신(新)'은 소리 부분을 나타내기 위해 '매울 신(辛)'을 생략해서 넣은 글자야. 나무를 베어 낸다는 의미는 그대로 남아 있어서 본래는 땔나무를 나타낸 글자였어. 그러나 나무를 베어 내면 새로운 나무들이 다시 자라난다는 데에서 '새롭다'의 의미로 변한 거야.

한자는 본래 있던 글자가 다른 의미로 사용되면 그 글자를 중심으로 새롭게 한자를 만들어. 그래서 땔나무를 나타내는 글자는 '풀 초(艹)'를 더해서 '신(薪)'을 새로 만들었어.

이 그림 글자는 나무를 가로로 자르는 모양을 표현한 글자로 '자르다 절(折)'이야. 그림 글자를 보면 나무를 도끼로 잘라서 꺾는 모양인데, 오늘날에는 모양이 많이 바뀌어 앞쪽이 '손 수(扌)'의 부수자로 변한 거야. 부수자는 다른 글자와 합하기 위해서 한자의 일부를 생략하거나 모양을 변형시켜서 대부

분 의미 부분을 담당해.

그림 글자처럼 반으로 뚝 잘라 내는 것을 '절반(折半)'이라고 하고, 휘어져 꺾기는 것을 '굴절(屈折)'이라고 해.

쪼갠 나무 모양

이 그림 글자는 '나무 木(목)'을 세로로 쪼개 놓은 것으로, 중국인들의 글자 만드는 상상력이 얼마나 대단한가를 보여 주는 글자야. 나무를 쪼개면 판자가 되는데 왼쪽 부분인 '장(爿)'은 판자 중에 큰 것을 의미하고, 오른쪽 부분인 '편(片)'은 판자 중에 작은 것을 의미해.

'판자 조각 편(片)'은 나무에서 떨어져 나온 판자의 작은 부분을 말해. 여기서 '조각'이라는 의미가 나왔어. 깨져서 떨어져 나온 조각을 '파편(破片)'이라 하고, '편육(片肉)'은 삶은 고기를 얇게 썰어 놓은 조각을 의미해. '일편단심(一片丹心)'은 한 조각의 붉은 마음으로, 변하지 않는 참된 마음을 의미해.

'나무 조각 장(爿)'은 단독으로 사용하는 경우는 많지 않고 다른 글자와 결합해서 '판자'를 의미해. '장(爿)'은 큰 판자에서 담장을 쌓는 나무나 침상을 만드는 나무의 의미로 사용하였어.

'나무 목(木)'과 '장(爿)'의 조합인 '상(牀)'은 잠자는 '침상'을 의미해. 지금은 많이 없지만 예전에는 나무로 만들어 마당에 둔 평평한 침대 모양을 '평상(平牀)'이라 했어.

'씩씩하다 장(壯)'은 남성을 의미하는 '선비 사(士)'와의 조합이야. 여기서 '장(爿)'은 침상을 의미해. 따라서 '장(壯)'은 건강하게 성장하여 결혼해서 침상에 있는 남자를 의미해. 이런 나이의 남자를 '장년(壯年)'이라 해. 이런 나이는 건강하고 힘이 좋기 때문에 '장사(壯士)'의 의미가 생겼고, 결혼에 성공하고 난 모습에서 '장하다'의 의미까지 넓어졌어.

'꾸미다 장(裝)'은 '옷 의(衣)'를 더해서, 결혼하기 위해서 의복을 갖춰 입은 모양에서 '꾸미다, 화장하다'의 의미가 나왔어. '신장개업(新裝開業)'이란 새로 단장해서 다시 문을 열어 장사하는 것을 말해. 물건을 싸서 꾸리는 것을 '포장(包裝)', 무기를 갖추어 차려 입는 것을 '무장(武裝)'이라 해.

'모양 상(狀)'은 '장(爿)'과 '개 견(犬)'의 조합으로, 여기서 '장(爿)'은 담장을 의미해. 개가 담장 옆에서 으르렁거리는 상황을 표현했어. 어떤 '상황(狀況)'이 발생했다는 의미에서 '상황, 모양'의 의미가 나왔어. 이런 '상태(狀態)'를 글로 기록하는 데서 '문서'라는 의미로 넓어지게 되어 '상장(賞狀)'이라 했어.

까마귀 날자 배 떨어진다

사람들은 자신의 경험과 학식과 능력에 따라 서로 다르게 해석해. 엄마와 너의 관계가 좋으면, 엄마의 야단치는 말도 칭찬으로 들리고 설사 야단치는 것이라 해도 마음이 상하지는 않잖아. 하지만 엄마와의 관계가 좋지 않으면, 엄마의 사소한 잔소리에도 화날 때가 있잖아. 사람들은 자신이 의도하지 않았음에도 괜한 오해를 받을 때가 있어.

'외밭에서 신 고쳐 신지 말고, 오얏나무 아래서 갓 고쳐 쓰지 마라'는 우리나라 속담이 있어. 때와 장소를 가려 일을 하라는 말이지. 오얏(자두)나무 아래서 갓을 고쳐 쓰면, 마치 자두를 따는 것 같은 모습이잖아. 또한 외밭(참외밭)에서 신을 고쳐 신으면, 참외를 따는 것처럼 보이잖아. 이 속담의 뜻은 남의 의심을 살 만한 행동은 하지 마라는 거야. 때와 장소를 가려서 행동에 조심하라는 말이지.

한자 성어에도 이와 비슷한 말이 있어. 까마귀 날자 배 떨어진다는 '오비이락(烏飛梨落)'이라는 말이야. 까마귀가 배를 떨어뜨린 것은 아닌데 공교롭게도 까마귀가 날자 배가 떨어졌어. 이것을 본 사람들이 오해해서 까마귀가 배를 떨어뜨렸다고 하는 거야. 까마귀는 억울했을 거야.

이렇게 전혀 관계가 없는데 괜한 의심을 사는 경우에 쓰는 말이 '오비이락(烏飛梨落)'이야.

상상 놀이터

1. 그림 한자를 보고 의미를 상상해 보고 한자로 써 보자.

그림 한자	의미	한자

2. 살아오면서 괜한 오해를 받았던 적이 있다면 이야기해 보자.

3. 내가 제일 듣기 좋은 말은 _____ 이다.
   왜냐하면 _____ 때문이다.

4. 내가 제일 듣기 싫은 말은 _____ 이다.
   왜냐하면 _____ 때문이다.

9. '나무 목(木)'이 들어간 곡식

 농기구

이 그림 한자는 칼의 모양을 그린 거야. 위에서부터 자루와 칼의 몸체를 그렸어. 고대 중국의 청동기시대 이전에는 농작물을 추수할 때 칼이 없었어. 그럼 무엇으로 벼 베기를 했을까? 돌로 베기는 너무 무거웠기 때문에 조개 중에 껍질이 큰 것을 갈아 날카롭게 만들어 사용한 거야.

큰 조개의 모양을 그린 글자가 '신(辰)'인데, 현대에는 모양이 많이 변해서 상상하기가 어렵지? 그러나 '농사(農事)'라는 말에서 '농(農)' 아랫부분에 '신(辰)'자가 포함되어 있는 걸 보면 이해가 될 거야.

'조개 신(辰)'과 손 모양인 '촌(寸)'을 조합하면 '욕(辱)'이라는 글자인데, 이것은 벼 베기를 의미한 본래 글자야. 그런데 이런 도구를 사용해서는 많은 논에 벼를 베기는 매우 힘이 들었겠지? 그래서 '힘들다'의 의미로 바뀐 거야. 이후 철기시대에 들어서면서부터는 철을 다루는 기술이 보급되어 벼 베기에도 칼을 사용하게 되었지.

벼와 보리 이야기

고대 중국은 동양 문명의 중심지로, 세계 농업의 주요 발원지 중 한 곳이야. 중국은 대략 8천 년 전부터 벼를 재배한 흔적이 남아 있어.

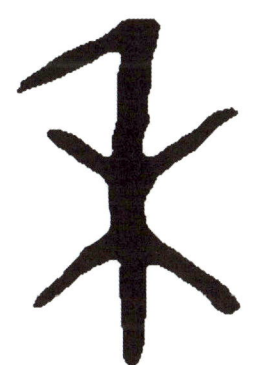

'벼 화(禾)'의 그림 글자는 '나무 목(木)' 위에 사선을 더해서 벼 이삭과 줄기, 잎을 표현했어. 이 글자와 합쳐지면 농작물과 곡식의 의미와 관련이 있어.

그림 문자는 고개를 숙인 모양을 바로 알 수 있지만 후에 사선으로 변한 것은 사람들끼리 약속한 부호야. 한자에서 위쪽 사선은 고개 숙인 모양으로 이해하면 되는 거야. 사람 모양인 '큰 대(大)'에 사선을 그은 '일찍 죽다 요(夭)' 역시 고개가 꺾인 모양으로 이해하면 되는 거야.

'이롭다 이(利)'는 '벼 화(禾)'에 '칼 도(刂)'를 더한 글자로, 벼를 칼로 베는 행동을 표현했어. 조개껍질에서 철제 농기구로 발전하면서 낫으로 농작물을 추수하게 되었어. 낫은 매우 날카로워 보이지? 그래서 '이(利)'의 본래 의미는 '날카롭다'야. '예리(銳利)'는 날카로움을 의미하는데, 예리한 도구로 벼를 베면 매우 편리(便利)하고 유리(有利)했을 거야. 이러한 도구는 생산성을 극대화해서 생활에 많은 '이익(利益)'을 주기 때문에 다시 '이롭다'의 의미로 넓어졌어.

'래(來)'의 그림 글자를 보면 '나무 목(木)' 중간에 꺽쇠 모양의 잎을 양쪽으로 그려 놓은 모양이야. 보리는 나무는 아니지만 식물이야. 이 때문에 '나무 목(木)'에서 줄기가 양쪽으로 늘어진 그림으로 표현했어.

보리는 중국의 토종이 아니라 타국으로부터 들어왔어. 여기서 '오다'의 의미를 빌려 사용하게 된 거야. '래(來)'의 본래 의미가 '보리'라는 것이 잘 이해되지 않지? 그러나 한자를 이해하기 위해서는 반드시 본래 의미를 알아야 해. 왜냐하면 본래 의미가 변하게 되면 새로운 한자를 만들 때는 본래 한자를 중심으로 하기 때문이야.

'래(來)'가 오다는 의미로 사용되자, 아래쪽에 뿌리 모양을 첨가해서 보리를 의미하는 '맥(麥)'을 새로 만들었어. 크기가 작은 밀은 '소맥(小

麥)'이라 하였는데, 작은 크기로 가공하기가 어려웠지. 그래서 가루로 만들어서 면으로 만들어 먹었어. 여기서 '맥(麥)'에 '얼굴 면(面)'을 조합해서 '국수 면(麵)'을 만들었어. 아마도 국수를 만들려면 반죽한 밀가루를 얼굴처럼 넓게 밀어야 했기 때문일 거야.

'얼굴 면(面)'은 소리 부분까지 담당하게 되었어. '숙맥불변(菽麥不辨)'에서 '숙(菽)'은 콩, '변(辨)'은 구별하다로, 콩과 보리조차 분별하지 못하다는 뜻이야. 여기서 어리석고 못난 사람이란 의미로 '숙맥(菽麥)'이라는 말이 나왔어.

소원을 말해 봐

설날이나 추석날에는 차례를 지내. 차례는 조상에게 바치는 정성이야. 우리는 보통 차례를 지내면서 '내 아들이 대학 좀 잘 가게 해 주세요.' '내 아들이 아직 결혼을 못했는데, 결혼 좀 하게 도와주세요.' '우리 가족 모두 건강하게 해 주세요.'라고 소원을 빌지.

소원은 자신이 이루고 싶은 일, 바라는 것을 말해. 너의 소원을 한번 말해 봐! 그 소원이 간절하면 조상님들이 들어주실 거야. 왜냐하면 소원은 조상님들의 내리사랑으로 이루어지기 때문이야. 후손들은 소원을 빌면서 정성을 다해 차례상을 차려. 차례상은 조상님과 하늘에게

올리는 감사의 잔치상이야. 이 차례상에는 반드시 올려놓아야 할 네 가지 과일이 있어.

그 과일은 대추, 밤, 배, 곶감이야. 흔히 '조율이시(棗栗梨柿)'라 하지. 조는 '대추 조(棗)'자, 율은 '밤 율(栗)'자, 이는 '배 이(梨)'자, 시는 '삼나무 시(柿)'자야. 우리가 지금까지 나무를 갖고 한자 공부한 내용들이 여기에 거의 들어 있어. 이 네 가지 과일을 올리는 데는 상징적인 의미와 이유가 있어.

제일 왼쪽에 놓는 대추는 암술과 수술이 한 꽃송이에 있어서 꽃마다 열매를 맺기 때문에 자손의 번성함을 의미해. 다음에 놓는 밤은 나무뿌리를 캐 보면 수십 년이 지나도 씨를 품었던 밤 껍질이 남아 있어. 이 때문에 아무리 세월이 지나도 조상이 자기와 이어져 있음을 의미해. 즉, 한 뿌리에서 나온 조상을 상징해. 이 때문에 같은 조상을 둔 자손이라는 생각을 잊지 않기 위해서 밤을 놓는대. 같은 이유로 밤나무를 깎아 신주(神主)를 만들어. 감은 묘목 때 접붙이기를 해야 해. 접붙이기를 안 하면 고욤처럼 조그만 열매가 된대. 그래서 혼인을 해서 자손을 번성케 하라는 의미로 차례상에 놓는 것이래. 끝으로 배는 깎아 내면 속살이 하얀색이어서 우리 백의민족을 의미한다는 데서 사용했다고 전해.

조상과 하늘과 땅의 천지신명에게 대추, 밤, 감, 배를 올려 감사의 말씀과 소원을 말해. 이런 정성을 올리니 하늘과 땅, 그리고 조상님들이

기뻐하지 않겠어? 그래서 차례를 지낼 때 소원을 빌면 이루어진다고 믿는 거야. 물론 그 소원을 이루기 위해서는 절실한 노력을 해야겠지.

그럼, '나무 목(木)'으로 조율이시를 설명해 볼게.

'대추 조(棗)'는 앞에서 배운 '가시나무 자(朿)'를 위아래로 배치해서 높이 자라는 가시가 많은 대추나무를 표현하였어. '밤 율(栗)'은 나무 위에 가시가 달려 있는 과일을 표현했어. 이는 앞에서 공부한 '과일 과(果)'와 비슷한 구조야. '배 이(梨)'는 앞에서 배운 벼 베는 칼인 낫을 표현한 '이(利)'와 '나무 목(木)'이 합쳐진 글자야. 벼를 베어 놓으면 배의 색깔처럼 누렇게 변한다는 데서 의미가 나온 거야. '감나무 시(柿)'는 '나무 목(木)'과 시장의 의미인 '시(市)'가 합쳐진 글자로, 시장에서 가장 많이 팔던 과일인 감을 의미하였어.

상상 놀이터

1. 지금 네 앞에는 잘 차려진 차례상이 있어. 그 상 위에는 대추, 밤, 배, 감의 과일이 있어. 너는 어떤 과일부터 먹을 거야?

   나는 (대추, 밤, 배, 감)부터 먹을 거다.
   왜냐하면 _____ 때문이다.

2. 너의 소원을 이유와 함께 말해 봐.

   나의 소원은 _____ 다.
   왜냐하면 _____ 때문이다.

10. 손이 부지런한 사람

 손 모양

'손톱 조(爪)'의 그림 글자는 위에서 아래로 향한 손의 형태를 그렸어. 다른 한자와 결합했을 때는 '손동작'을 의미하는 글자야. 위치는 다른 한자의 위쪽에 놓여. 새가 먹이를 사냥할 때 발톱의 모양과 유사해서 단독으로 사용할 때는 '손톱'의 의미야.

'캐다 채(採)'와 '빛깔 채(彩)'

'캐다 채(採)'의 그림 글자를 찬찬히 살펴보며 상상해 봐. '나무 목(木)' 위에 손 모양인 '조(爪)'를 올려놓은 모양이지? 나무에 열린 과일을 손으로 따는 상황을 표현한 것에서 '따다'는 의미가 나왔어. 후에 한자가 발전하면서 손의 행동을 강조하기 위해 '손 수(扌)'를 첨가해서 오늘날의 한자가 되었지. 과일을 딸 때 좋은 것을 가려 먹을 수 있는 것을 선택하기 때문에 '가려내다'의 의미로 넓어졌어.

'채용(採用)'은 쓸 수 있는 인재를 가려서 뽑는다는 의미이고, '채석(採石)'은 사용할 수 있는 돌을 산에서 떼어 낸다는 의미야. '채택(採擇)'은 여러 개 중에 기준에 맞는 것을 선택한다는 의미야.

'채근(採根)하다'에서 채근은 뿌리를 의미하는 '근(根)'과 조합하여 뿌리를 뽑다가 본래의 의미야. 여기에서 근본을 캐내서 원인을 분석하고 그 일을 독촉한다는 의미가 나왔어.

먹을 수 있는 야채를 '채소(菜蔬)'라 해. '채소 채(菜)'는 '풀 초(草)'의 부수 글자인 '艹(초)'를 따다 '채(采)'의 위쪽에 조합시켰어. 많은 풀 중에서 먹을 수 있는 것만을 채취한다는 의미야.

여러 가지 고운 빛깔이나 색을 칠하는 것을 '채색(彩色)'한다고 해.

'채(彩)'는 나무에서 열매를 채취하는 '채(采)'의 오른쪽에 '삼(彡)'을 더했어. '삼(彡)'은 '털'과 '햇볕'을 의미해. 모든 것을 볼 때는 반드시 빛이 필요해. '경치(景致)'는 '빛 경(景)'과 '이르다 치(致)'의 조합으로, '빛이 이르다'는 의미야. 바로 빛이 있어야 경치를 감상할 수 있다는 데서 그 의미가 나왔어.

결론적으로 '채(彩)'는 열매를 채취할 때 빛이 있어야 과일의 익은 빛깔을 볼 수 있다는 데서 본래 '고운 빛깔'의 의미야. 후에 다시 색깔을 의미하게 되었고, 아름다운 색을 사용한 그림을 '채색화(彩色畵)'라고 해.

채색(彩色)의 심리학

넌 어떤 색을 좋아해? 심리학자들은 성격에 따라 좋아하는 색이 다르다고 했어. 이것은 혈액형에 따른 성격 분류처럼 통계일 뿐이야. 통계이기 때문에 객관적으로 확립된 확실한 사실은 아니란 말이지. 통계란 어떤 현상을 한눈에 알아보기 쉽게 하기 위해서 숫자로 나타낸 것을 말해. 혈액형에 따른 성격의 분류도 과학적 사실이 아닌 통계일 뿐이지. 그런데 사람들은 마치 혈액형이 그 사람의 성격을 나타낸다고 착각을 하곤 해. 분명한 것은 똑같은 혈액형이더라도 자라 온 환경과 가치관에 따라 똑같은 일에 대해서 다른 행동을 한다는 거지.

 좋아하는 색깔에 따른 성격이나 성질도 역시 통계일 뿐이야. 심리학자들은 개인, 연령, 민족, 문화, 인종에 따라 좋아하는 색깔과 표현하는 방식이 다르다고 말해. 일반적인 색깔의 선호도는 청색 계통 – 적색 계통 – 녹색 계통 – 보라 – 흰색 계통 – 황색 계통의 순서라고 해. 요즘은 이들 색을 상호 관련지어서 보는 경향이 강해. 이 때문에 상품 디자이너들은 같은 물건이라도 선호, 자연, 미, 안정 등의 감정을 더한 새로운 디자인으로 만들어 상품의 가치를 높이고 있어. 따라서 채색 심리학을 이용해서 디자인한 새로운 상품이 다른 상품과 차별화되어 소비자에게 더 인기 있고 더 높은 가치를 지니게 된대.

●문화에서 나타나는 색의 일반적인 의미

① **파랑** – 진실, 위엄, 권력, 차가움, 우울, 무거움, 신용, 신뢰, 소유, 평화
② **빨강** – 위기, 열정, 열, 사랑, 피, 흥분, 힘, 섹스, 속도, 위험, 행복
③ **노랑** – 따뜻함, 햇볕, 즐거움, 행복, 밝음, 비겁함, 권력
④ **흰색** – 순수, 청결, 밝음, 공허, 처녀, 젊음, 온화, 평화
⑤ **검정** – 궤변, 우아함, 신비, 죽음, 힘, 악마, 반역

상상 놀이터

1. 자신이 좋아하는 색깔과 그 이유를 말해 보자.

2. 현재 방송하고 있는 광고 중에서 가장 기억에 남는 광고와 그 이유는 무엇인지 말해 보자.

　　　　　선생님에게는 아주 예쁜 초등학교 6학년 딸이 있단다. 이름은 유경이야. 언젠가 유경이에게 "아빠가 학교에서 고등학생 오빠들한테 무얼 가르치는지 알고 있니?"라고 물었어. 그랬더니 유경이가 "도덕이요!"라고 대답했어. 그래서 유경이에게 아빠가 가르치는 것은 '윤리(倫理)'라는 것이고 도덕과는 좀 다른 것이라고 얘기해 주었지. 그래도 유경이는 쉽게 이해하지 못했어. 그래서 유경이와 비슷한 또래의 학생들에게 어떻게 하면 윤리를 쉽게 풀어서 설명할 수 있을까 하는 고민에서 이 글을 쓰게 되었단다.

　인터넷이나 뉴스에서 '비윤리적인 행위' '윤리가 땅에 떨어졌네!' 등의 머릿기사를 보면, 솔직히 윤리를 가르치고 있는 선생님으로서 딸아이 볼 면목이 없어져. 선생님이 윤리 교사여서 그런가? 그건 아니야. 어른으로서, 아빠로서 자식한테 부끄럽기 때문이야.

　그렇다면 우리는 윤리가 무엇인지 알고 있는 걸까, 모르고 있는 걸까? 이 질문에 대한 답을 알아보기 위해 선생님은 너와 함께 많은 생각 실험과 윤리 이야기를 나누어 보려고 해.

　너는 바른 생활이나 도덕이란 과목을 학교에서 접해 보았을 거야. 바른 생활 시간에는 가정이나 학교, 사회에서 사람들이 어떻게 살아야 올바른 사람이 될 수 있는지에 대해서 공부하잖아. 도덕도 비슷한 의미이긴 하지만 좀 더 형식적이라고 생각하면 되고, 윤리는 좀 더 체계화한 이론을 제시한다고 보면 돼. 이 때문에 윤리는 바른 생활보다는 더 많은 생각과 내용을 담고 있어. 이야기를 들어 보니 조금 궁금하기도 하지? 그렇다면 지금부터 선생님이 학교에서 무엇을 가르치는지 너의 입장과 수준에서 이야기할게.

윤리란 사람들끼리 어떤 관계를 유지해야 행복해질까 하는 것을 담고 있는 학문이야. 인간이란 무엇인가? 인간은 어떻게 살아야 할까? 할아버지, 할머니께는 어떻게 행동해야 할까? 평소에 이런 것들이 궁금하진 않았니? 아마 모든 것이 다 궁금할 거야. 맞아! 그래서 사람들은 삶에는 정답이 없다고 말하곤 하지. 그래도 어떻게 살아야 한다는 조금의 안내가 필요하진 않을까? 이런 이유에서 먼저 삶을 살아 본 사람들이 제시해 준 안내서가 바로 윤리란다.

윤리란 모든 사람과의 관계에서 지켜야 할 약속을 말하는 거야. 어때, 알겠니? 자식과 부모의 관계, 선생님과 학생의 관계처럼 사람들은 너무나 많은 관계 속에서 살고 있단다. 이 관계를 어떻게 하면 좋은 관계로 맺을 수 있을까를 사람들은 늘 고민했어.

너와 내가 지금 이렇게 고민하고 있듯이, 옛날 사람들도 사람과 사람, 사람과 사회, 국가와 국가 등의 바람직한 관계에 대해서 고민을 했었단다. 그래서 관계 속에서 싸움이나 갈등이 생기지 않으려면 어떻게 해야 할까, 생겼을 때는 어떻게 해결해야 할까를 연구했단다. 이런 방법들, 즉 바른 생활 길라잡이를 윤리라고 한단다. 그럼 이제 본격적으로 선생님과 함께 인성 놀이터로 윤리로의 여행을 떠나 볼까?

1. 사람으로 산다는 것

 인간이란 무엇인가

먼 옛날 사람들은 자연의 근원에 대한 것들을 궁금해했단다. 그래서 물, 불, 공기, 흙과 같은 것들을 살펴봄으로써 궁금증을 해소하려고 했단다. 그런데 차츰 사람들이 자신의 삶에 대해서 궁금해하면서 지혜가 많은 사람들에게 질문을 하게 됐단다. 이런 질문들에 대한 해답을 구하게 되면서 처음으로 윤리란 말이 등장하게 되었단다. 그럼 이 시대에 사람들이 가장 궁금해했던 내용에는 어떤 것들이 있을까?

먼저 살펴볼 내용은 '인간이란 무엇인가?' 하는 거야. 본래 윤리란 말이 처음 등장했을 때에는 '왜 인간들에게는 윤리가 필요한 걸까? 윤리가 없으면 안 되는 걸까?'를 질문했어.

돌발 퀴즈! 아침에는 네 발로 기다가 점심에는 두발로 걷고 저녁에는 다시 세 발로 걷는 동물은 무엇일까? 그래, 바로 인간이야. 무역국가인 테베*의 입구에서 스핑크스**가 낸 문제지. 이 문제에는 인간의 특징이 잘 나타나 있어.

그럼 스핑크스는 왜 인간을 문제로 냈을까? 그렇지, 아마도 인간이 세상에서 제일 중요하다고 생각했기 때문일 거야. 그렇다면, 인간에겐 어떤 특징이 있을까? 두발로 걷고, 두 손을 사용하고, 생각할 줄 알고, 언어를 사용하고. 그렇지! 바로 사회를 만들어 사는 사회적 존재라는 거지.

그러면 사회적 존재라는 말은 무슨 의미일까? 서양의 학자 피히테***는 이런 말을 했단다. "사람은 사람 사이에서만 사람으로 살아갈 수 있다." 왜 이런 말을 했을까? 네가 만약 타잔처럼 울창한 열대우림 속에서 태어났다면, 너를 인간이라고 할 수 있을까? 실제로도 늑대 굴에 버려진 소년이 인간 세상에 적응하지 못하고 죽게 되는 일이 일어나기도 했었어. 이런 존재는 인간이라고 할 수 없단다.

이렇듯이 인간은 사람답게 살아가기 위해서 사회화****라는 과정을 거쳐야 한단다. 사회화를 거쳤다고 할지라도 로빈슨 크루소처럼 무인도에서 혼자서 살아갈 수 있겠어? 혼자서 집을 만들고,

---

* 그리스 중부의 보이오티아에 있던 옛 도시. 그리스어로는 'Thebai'라고 하며, 이미 BC 3000년부터 주민이 산 흔적이 있음.
** 고대 오리엔트 신화에 나오는 괴물. 그 기원은 이집트이며, 사람의 머리와 사자의 동체를 가지고 있음.
*** 독일 고전철학의 대표자 중 한 사람. 청년 시절 프랑스 혁명에 깊은 공감을 느꼈으며 칸트 철학을 공부했음.
**** 사람들의 생활문화를 습득해 가는 과정

농사를 짓고, 옷을 만들어 살 수 있어? 물론 소설 속의 로빈스 크루소는 혼자서 그 일을 다 해. 하지만 그도 이미 사회에서 의식주에 필요한 지식과 지혜는 배우고 익혔어. 따라서 로빈슨 크루소의 이야기는 가능은 하겠지만, 그건 생각 속의 이야기일 뿐이야. 외로워서 어떻게 살 수 있겠니? 그리고 사자니 다른 힘센 동물들의 공격을 혼자서 이떻게 막을 수 있겠어?

사람은 다른 사람과 함께 살아갈 수밖에 없는 존재야. 이렇게 인간은 다른 사람과의 관계 속에서 성장하고 발전하며 커 나간다고 할 수 있어. 이런 이유로 살아가면서 다른 사람과의 관계에서 지켜야만 하는 약속이 필요하게 되었어. 그 약속들이 예의, 법, 윤리(도덕)라는 규범들이란다.

예의란 상대방에 대한 존경심의 표현이라고 할 수 있어. 스스로 마음속에서 우러나오는 마음가짐이란다. 웃어른에게 인사를 정중히 하는 행동이 바로 예의 바른 행동이야. 하지만 예의를 지키지 않았다고 해서 벌금을 내거나 감옥에 보내지는 않아. 법이란 예의와는 다르게 지키지 않으면, 그에 상응하는 처벌을 받게 돼. 무단횡단을 하면 벌금을 내야 하는 것처럼 말이야. 마지막으로 도덕과 비슷한 의미인 윤리는 사람과 사람 사이에서 마땅히 지켜야만 하는 도리를 말해.

한자의 의미로 살펴보면 더 쉬워. 원래 '윤(倫)'이라는 글자는 '사람(人)'과 '둥글다(侖)'의 글자가 합쳐진 거야. 옛날에 종이가 없었을 때

에 나무나 대나무를 엮어서 거기에 글자를 쓰고 책을 만들었어. 그 책의 모양이 둥그렇게 말려 있다는 데서 유래한 게 '둥글다(侖)'의 글자야. 또한 둥그런 수레바퀴의 바퀴살 모양을 본뜬 글자이기도 해. 이는 여러 명의 사람을 의미하기도 하지. 만약에 수레바퀴 중에서 하나라도 부러진다면 수레는 제대로 굴러갈 수 없잖아.

이처럼 사람들 여럿이 모여 있는 모습, 즉 무리나 또래, 혹은 질서를 의미하는 것이 바로 '윤(倫)' 자의 의미야. 그리고 '리(理)' 자는 원래 '옥을 다듬다'에서 유래되어 이치, 이법, 도리를 의미해. 이 두 글자가 합쳐져서 사람과 사람 사이의 관계를 둥글게 하고, 조리 있게 다스리는 이치와 도리를 의미하는 '윤리(倫理)'가 탄생하게 되었단다.

이러한 규범들 중에서도 가장 중요하고 이상적인 규범이 바로 윤리란다.

윤리를 왜 배워야 할까

어느 날 나는 길을 가다가 땅에 만 원이 떨어져 있어 주운 적이 있단다. 만약에 너라면 어떻게 하겠니? 네가 줍지 않으면 어차피 다른 사람이 주워 갈 테니까 이게 웬 횡재냐 하면서 주워 갈 거라고? 하지만 그건 네 돈이 아니라 다른 사람의 돈이라는 걸 알고 있잖아. 그럼 너의 그 행동은 좋은 행동일까, 나쁜 행동일까?

얼마 전 사회를 떠들썩하게 했던 지하철 막말 사건. 자기 아이를 만졌다고 할머니에게 생수통으로 때리는 시늉까지 해 가며 호통을 쳤던 젊은 엄마. 발을 꼬고 앉았다고 다리를 치며 발을 내려놓으라고 했던 할아버지에게 삿대질까지 하며 온갖 욕을 해 대던 젊은 남자.

요즘 뉴스에 자주 오르내리는 얘기들이란다. 물론 보는 사람의 입장에서는 잘잘못을 따지기 쉽겠지만, 실제로 네가 이런 상황에 처한다면 어떻게 행동할까?

일상생활에서도 이런 일을 접할 수 있을 거야. 무단횡단을 하면 안 되지만, 급하면 한두 번쯤 그냥 건너기도 하잖아. 인터넷에서 불법으로 동영상이나 음악을 다운받는 일도 많잖아. 분명 나쁜 일이란 걸 알면서도 그런 일을 행하잖아. 남들도 다 하는데 하면서 말이야. 이처럼 아는 것과 실천하는 것이 일치하지 않는 경우가 있어. 이건 네가 나쁜 사람이기 때문일까? 그런 일을 행하는 사람들 모두 나쁜 사람일까?

사람은 누구든지 태어날 때부터 모든 행동을 두 가지 기준에서 판단하려는 성향을 가지고 있단다. 하나는 자기 위주로 해석하고 변명하는 것이고, 다른 하나는 사회적 관습·윤리에 따라 행동하는 거야.

'세 살 버릇 여든 간다'는 속담이 있지? 어렸을 때의 나쁜 버릇과 습관을 고치지 않으면 평생을 간다는 말이야. 계속 잘못된 행동을 하면 나쁜 사람이 되거나 자기만 생각하는 아주 욕심 많은 사람이 될 수밖에 없단다. 그래서 이때 필요한 것이 바로 윤리란다. 나쁜 행동을 하는 아주 좋은 치료약이라고 할 수가 있지. 너도 때론 실수를 하지? 그래, 인간은 완벽하지 못하기 때문에 가끔 실수를 한단다. 그런데 실수를 해 놓고도 뻔뻔하게 지내는 사람은 아마 없을 거야.

사람들은 자기가 저지른 잘못된 행동에 대해 부끄러워한단다. 사람들이 윤리를 배우고 익혀야 하는 이유도 이 때문이야. 부끄러운 행동을 다시 반복하지 않기 위해서 말이지. 만약에 윤리가 없다면 잘못된 행동을 하고도 자기가 한 잘못된 행동을 합리화시키고 얼버무려 버리기 때문이야. 난 잘못한 게 없다고 생각을 해 버린단 말이야.

윤리적으로 살아가기 위해 필요한 것

서양의 고대 철학자 플라톤이 쓴 『대화편』이라는 책에 나오는 이야기란다.

"어떤 친구가 나에게 무기를 맡겼다. 나는 그가 필요할 때, 무기를 돌려주기로 약속을 했다. 그런데 어느 날 그가 몹시 흥분한 상태로 찾아와서 부정한 아내를 죽이겠다면서 무기를 돌려달라고 요구했다. 무기를 돌려주기로 약속한 이상, 나는 그것을 돌려줄 의무를 가지고 있다. 하지만 무기를 돌려주면, 나는 살인을 돕게 되는 것이 되고, 결국 이것은 윤리적으로 그릇된 행위가 되고 만다."

이런 경우에 넌 어떤 선택을 해야 한다고 생각하니? 물론 처음부터 무기를 돌려줘야 한다는 약속을 하지 않았다고 한다면, 이런 문제 상황도 발생하지 않았겠지. 하지만 살아가면서 많은 갈등 상황에 처하게 되고, 두 가지를 동시에 할 수 없는 상황에서 가장 올바른 선택을 할 수밖에 없는 상황이 벌어지지. 이때 그래도 더 좋은 선택을 할 수 있는 방법은 무엇일까? 윤리란 이런 순간에 지나간 일들에 대한 판단의 잘잘못을 가리기보다는 앞으로 우리가 무엇을 할 것인가를 올바르게 판단하고자 하는 것이란다. 때문에 판단의 기준은 윤리적으로 가장 타당한 방법을 찾는 거지.

그럼 윤리적으로 살아가는 방법은 무엇일까? 가장 먼저 부모님께 네가 가지고 있는 윤리적 사랑을 표현하는 것이란다. 왜냐하면 부모님은 너에게 아무런 조건 없이 당신들이 가진 걸 모두 주거든. 그래서 타인을 배려하고 더불어 살아야 한다는 그 관계를 가장 희생적으로 펼치기 때문이지. 네가 부모님께 받은 사랑을 너의 부모님이나 다른 사람 모두에게 베푼다고 생각해 봐. 생각만 해도 기분 좋지?

'고려장'이라는 말을 들어 본 적 있니? 고려시대 때 늙고 병든 노부모를 지게에 짊어지고는 깊은 산속에 갖다 버리는 장례 풍속이란다. 왠지 섬뜩하지? 실제로 고려시대에는 고려장이라는 풍속이 없었다고 하는데, 오늘날 이와 비슷한 일이 일어나고 있단다.

얼마 전에 뉴스에 소개된 내용인데, 1년 전 뇌경색으로 병원에 입원한 팔순의 한 할머니는 4남 1녀를 뒀지만 같은 병실에 있는 환자들은 이 할머니의 가족을 한 번도 본 적이 없다고 하더라고. 할머니는 외로워서 가끔 아들이 보고 싶다는 이야기를 하기도 하지만 이미 가족과 연락이 끊긴 지 너무 오래되었다는구나. 또 어떤 할아버지는 오른쪽 눈을 실명한 지 오래됐고 다리를 다쳐 걷기도 힘든 상황이었는데 정작 도움을 주는 자녀가 아무도 없다면서 눈물을 글썽이고 있었다고 해. 보호시설에서 장남을 찾아주었고, 그 장남은 앞으로 아버지를 잘 모시겠다고 약속했지만 나아진 것은 아무것도 없었고 그 이후에는 아예 연락마저 끊어 버렸다고 하는구나.

이 내용을 들어 보니 어떤 생각이 드니? 무서운 세상이라는 생각이

들지 않니? 하지만 만약에 네가 저런 상황이라면? 왜 저래야만 할까? 너는 저런 상황일지라도 부모님을 버리는 행위는 절대 하지 않겠다고 생각할 거야. 그럼 왜 저 아들은 그런 행동을 하게 된 것일까? 이런 고민을 해 보는 것이 바로 윤리적 사고방식이란다. 가장 기본적인 출발점이라고 할 수 있지.

인성 놀이터

1. 만일 네 인생이 단 5분밖에 남지 않았다고 상상해 보자. 그리고 네게 휴대전화가 주어진다면 누구에게 어떤 이야기를 전할 것인가?

2. 네가 앞으로 부모가 되었을 때, 너의 자녀를 위해서 무엇을 어떻게 할 것인지를 상상해 보고 글로 표현해 보자.

3. 네가 만들어 보는 이상적인 너의 가족의 모습을 상상해 보고 글로 표현해 보자.

2. 인생에 대해 생각해 보기

 내 삶은 위대한 탄생의 결과물

'여행 스케치'라는 가수의 노래 중에 이런 가사가 있단다.

"산다는 건 그런 게 아니겠니. 원하는 대로만 살 수는 없겠지만, 알 수 없는 내일이 있다는 건 설레는 일이야. 두렵기는 해도 산다는 건 다 그런 거야. 누구도 알 수 없는 것."

어때? 이 가사처럼 네가 살고 있는 지금의 인생이 굉장히 소중하다는 느낌이 들지 않니?

김상용 시인의 〈남으로 창을 내겠소〉라는 시를 읽어 본 적이 있니? 그 시 맨 마지막 구절에 이런 시구가 있단다.

"왜 사냐건 웃지요."

무슨 뜻일까? 시의 맨 마지막 소절에 나온 이 말은 무슨 뜻일까? 우스운 질문이어서일까? 아니면 대수롭지 않게 생각해서일까? 실제로는 정말 많은 의미를 담고 있는 굉장한 답변이란다. 이런 대답은 아마 연세가 많은 분들이 인생을 오래 사시고 나서야 할 수 있는 대답일 거야.

그럼 네게 한번 물어보자. 넌 왜 사니?

그래, 이런 질문에 대답은 뻔해. "그냥!" 또는 "태어났으니까 살지."라고들 말하지. 하지만 한 번뿐인 소중한 삶, 이 세상에서 유일무이한 네 인생에 대해서 아무런 생각도 없이 산다면 얼마나 재미없겠니? 짐승은 죽어서 가죽을 남기고, 사람은 죽어서 이름을 남긴다고 했어. 네 이름 석 자에 담긴 중요한 의미는 무엇일까? 지금부터 위대한 탄생을 통해 시작된 네 삶을 어떻게 아름답고 가치 있게 만들 수 있을지 살펴보자꾸나.

보고 싶다 나의 미래

"그래, 결심했어! 빠밤 빠밤 밤 밤바라라 바밤."

지금은 없어진 텔레비전 예능 프로그램의 처음 시작 부분이야. 주인공이 나와서 자신의 삶의 한 부분을 보여 주는데, 어느 순간이 되면 선택을 해야 하는 장면이 나와. 이때 화면이 반으로 나뉘면서 양쪽에 같은 사람이 다른 선택을 하게 되지. 제목이 '인생극장'이야. 그러면서 각각의 선택에 따라 다른 삶의 모습이 펼쳐지는 내용이야.

　너의 인생에 있어서 중요한 문제는 바로 선택의 문제야. 넌 커서 뭐가 되고 싶니? 너의 선택에 따라서 너와 너를 아끼고 사랑하는 사람들의 삶도 달라져. 영화 〈매트릭스〉에서 주인공에게 빨간 알약과 파란 알약을 주는 장면이 나와. 빨간 알약을 먹으면 세상의 진짜 모습을 알게 되고, 파란 알약을 먹으면 지금 이대로 모든 것을 잊고 지내게 되는 이야기야.

　너라면 어떻게 할래? 주인공은 빨간 알약을 먹고 기계가 인간을 지배하는 세상인 매트릭스를 구원해. 만약에 주인공의 선택이 파란 알약이었다면, 인간은 계속해서 기계의 지배를 받게 되었겠지. 결국 주인공의 선택에 따라서 다른 사람의 인생까지도 바뀌게 되는 거야.

　이렇게 선택의 문제와 윤리는 깊은 연관을 맺고 있단다. 선택노 어려운데 너의 미래가 어떻게 될지 알 수 있을까? 인간은 불완전하고 미약한 존재이기 때문에 알 수 없어. 하지만 모르기 때문에 너와 나의 삶이 재밌지 않니?

윤리적으로 생각하면 미래에 대해 조금은 알 수도 있어. 왜냐하면 너를 비롯한 모든 사람은 〈매트릭스〉라는 영화의 주인공처럼 항상 좋은 세상을 꿈꾸기 때문이야. 가장 가치 있고 의미 있는 자신만의 영화를 만들고 싶기 때문이지. 어때, 너도 행복하고 아름다운 결말이 있는 영화를 찍고 싶지 않니?

내가 주인공인 나만의 영화

2000년에 개봉한 영화 〈빌리 엘리어트〉는 영국의 한 탄광촌에서 일하는 아버지와 형을 둔 빌리라는 소년이 발레에 대해 흥미를 느끼면서 벌어지는 이야기를 그린 영화야.

빌리의 아버지는 빌리가 발레 하는 걸 못마땅하게 생각하고 남자답게 키우려고 하지만, 결국은 빌리의 재능을 인정하고 밀어주게 돼. 그러나 빌리의 집안 형편이 많이 좋지 않아서 비싼 발레 수업을 받을 수 없는데다가 그즈음 아버지의 직장인 탄광에선 파업을 하는 상황이 벌어져. 결국 아버지는 동료들의 만류에도 불구하고 아들의 장래를 위해 돈을 벌기 위해 다시 일을 하게 돼. 세월이 흘러, 빌리는 아버지의 헌신으로 유명한 발레리노가 되지. 빌리가 날개 달린 발레복을 입고 힘차게 도약하는 모습을 아버지는 자랑스럽게 지켜보며 영화는 끝나.

너와 나, 우리는 주변 환경이나 상황 때문에 혹은 주변 사람들의 강요에 의해 어쩔 수 없이 자기가 하고 싶은 일을 선택해야 하는 경우가 있잖아. 이 영화 속의 빌리 엘리어트는 자기 삶의 주인이 누구인지 제대로 보여 주고 있는 거야.

인성 놀이터

지금부터 너를 주인공으로 하는 영화를 만들어 보기로 하자. 먼저 감독이 필요하겠지? 누가 할까? 음, 그래, 네가 주인공이니까 네가 감독을 하자. 그런 다음 이야기를 만들어야겠지? 너의 이야기니까 시나리오도 네가 쓰면 되겠구나. 마지막으로, 제일 중요한 주인공을 뽑아야지? 기적의 오디션을 실시해서 당당히 1등으로 뽑힌 사람은 다름 아닌 바로 너야! 그래, 너의 인생이 곧 한편의 영화라고 생각하면 되는 거야. 그럼, 인생이란 영화를 너는 어떻게 만들면 좋겠니?

〈영화 제목: 나의 인생〉

줄거리:＿＿＿＿＿＿＿＿＿＿＿＿＿＿＿＿＿＿＿＿＿＿＿＿＿
＿＿＿＿＿＿＿＿＿＿＿＿＿＿＿＿＿＿＿＿＿＿＿＿＿＿＿＿＿
＿＿＿＿＿＿＿＿＿＿＿＿＿＿＿＿＿＿＿＿＿＿＿＿＿＿＿＿＿
＿＿＿＿＿＿＿＿＿＿＿＿＿＿＿＿＿＿＿＿＿＿＿＿＿＿＿＿＿
＿＿＿＿＿＿＿＿＿＿＿＿＿＿＿＿＿＿＿＿＿＿＿＿＿＿＿＿＿

3. 옳은 선택과 그릇된 선택의 갈림길

 하인즈는 왜?

유럽의 어느 지역에서 한 부인이 암으로 죽어 가고 있었어. 그 부인은 동네 약국의 약사가 최근에 개발한 약을 먹으면 병을 고칠 수 있었어. 남편인 하인즈는 돈이 없어 알 만한 사람 모두에게 찾아가서 돈을 꾸었으나 통틀어 약값의 절반 정도밖에 구할 수 없었어. 그래서 하인즈는 약사에게 찾아가 아내가 죽어 가고 있으니 약값을 할인해 주거나 외상으로 줄 수 없겠느냐고 애원했어. 하지만 약사는 단호하게 거절했지. 하는 수 없이 하인즈는 약국에 무단 침입해 약을 훔쳤어. 하인즈는 과연 그렇게 해야만 했을까?

하인즈가 처한 상황을 윤리학에서는 갈등 상황이라고 해. 살아가면서 무수히 많은 갈등 상황에 놓이게 된단다. 그 상황에서 필요한 것이 바로 윤리적 판단기준이지.

네가 하인즈의 입장이 되었다고 가정해 보자. 넌 어떤 선택을 할 거니?

이런 도덕적 판단 능력을 단계별로 구분한 사람이 바로 미국의 심리학자 콜버그야. 그는 1927년 뉴욕 브롱크스빌의 부유한 가정에서 태어났으며, 1968년 하버드 대학의 교수가 되었어. 콜버그는 도덕적 갈등 상황에서 아동들이 왜 그렇게 생각하는지를 물었어. 그리고 연구 대상인 아동들의 도덕적 판단과 그 이유에 대한 설명을 듣고 기록해서 분석했단다. 콜버그는 아동의 인지 능력*이 발달함에 따라 도덕 발달 수준도 단계적 계열을 따라 순서대로 발달해 간다고 믿었어.

* 사물을 분별하여 인지할 수 있는 능력.

자, 그럼 너의 도덕적 선택의 수준은 어느 단계일까?

내 선택은 언제나 중요한 것!

이제부터 너는 심판자가 되는 거야. 그래서 너는 너의 입장에서 판단을 해야 한단다. 하지만 그런 선택에 대해서 책임을 져야 하는 것도 알고 있겠지?

하인즈의 예로 적용해 볼게.

첫 번째 계단에 있는 사람은 하인즈가 약을 훔치는 것은 나쁘다고 생각해. 그 이유는 '법에 어긋나니까' '훔치는 것은 나쁘니까'라고 말해. 왜 훔치는 것이 나쁘냐고 물어 보면, '벌을 받을 것이기 때문에 나쁘다'고 대답하지. 이 단계에서는 오로지 결과만을 갖고 판단한단다.

두 번째 계단에 있는 사람은 흔히 '모든 것이 우리가 어떻게 보는가에 달려 있다'고 하거나 '사람에 따라 다르다'고 생각한단다. "하인즈는 아내를 구하기 위해 훔치는 것이 정당하다고 생각할 수도 있으나, 약사는 잘못됐다고 생각할 수 있다."라고 말한단다. 모든 것이 상대적이기 때문에 궁극적으로 각자의 욕구와 쾌락에 따라 판단이 다르다는 거야.

세 번째 계단에 있는 사람은 착한 소년/착한 소녀처럼 판단하는 사

람들이란다. 보통 착한 사람이 행해야 하는 것에 비추어 반응하려고 한단다. 이 계단의 사람들은 하인즈가 '생명을 구하려고 애썼다' '아내를 사랑했다'라는 것에 중점을 둔단다. 그리고 약사의 동기는 '나쁘다', 즉 약사는 '탐욕스럽다' '이익만을 생각한다'라고 말하고 화를 낸단다. 심지어 탐욕스럽고 이기적이기만 한 약사를 감옥에 보내야 한다고 말하기도 해.

네 번째 계단에 서 있는 사람은 사회 질서가 유지되도록 법에 복종하는 데 초점을 맞춘단다. 하인즈 이야기에 대한 반응에서 아동들은 대체로 하인즈에게 동정적이긴 하지만, 그렇다고 도둑질을 용서하지는 않는단다. 왜냐하면 도둑질은 범죄 행위이고 사회 질서를 해치기 때문이지.

다섯 번째 계단에 있는 사람은 법이란 사람들이 살기 좋은 세상을 만들기 위해 약속하고 정한 것이라고 생각한단다. 때문에 사람들이 필요로 하는 바를 충족시키지 못한다고 느껴지면, 상호 동의와 민주적인 절차를 통해서 법은 언제든지 바꿀 수 있다고 생각한단다. 이 단계의 사람들은 자유, 정의, 행복의 추구 등이 법보다 우선한다고 생각해.

마지막 여섯 번째 계단에 있는 사람들은 법을 초월하는 어떤 추상적이고 보편적인 원리에 대한 보다 명확한 개념화가 이루어진 상태의 사람들이란다. 모든 사람에 대한 정당성과 존엄성을 포함하고 있지. 사회 질서의 중요성을 인식하고 있으나, 질서 정연한 사회라고 해서 보다 중요한 원리들을 모두 실현시키고 있는 것은 아니라는 것도 깨닫고 있는 사람들이야.

하인즈의 갈등 상황에서 여섯 번째 계단의 사람들은 하인즈가 아내를 구하기 위해 도둑질할 법적 권리는 없다고 판단해. 하지만 보다 상위의 도덕적 권리를 가지고 있다고 말한단다. 그것은 생명 존중의 원리야. 때문에 하인즈가 도둑질에 대한 책임을 지긴 하지만, 도덕적으로 비난할 수는 없다고 말해. 극히 일부분의 사람들만이 이 계단에 설 수 있었단다. 간디, 예수, 소크라테스, 마틴 루터 킹, 칸트와 같은 위대한 도덕가, 종교 지도자, 몇몇 철학자들만이 이 계단에 도착했다고 콜버그는 말해. 그럼 너는 몇 번째 계단에 서 있다고 생각하니?

내가 만약 하인즈라면?

이제부터는 네가 하인즈가 되어 보기로 하자. 하인즈의 입장에서 다음의 상상 질문에 답변을 해 보자.

인성 놀이터

1. 하인즈는 약을 훔쳐야 한다.
   왜냐하면 _____ 하기 때문이다.

2. 하인즈는 약을 훔쳐서는 안 된다.
   왜냐하면 _____ 하기 때문이다.

3. 만약 하인즈가 자기 아내를 사랑하지 않아도 약을 훔쳐야만 한다.
   왜냐하면 _____ 하기 때문이다.

4. 죽어 가는 사람이 자기 아내가 아니고 어떤 모르는 사람이라 할지라도, 하인즈는 약을 훔쳐야 한다.
   왜냐하면 _____ 하기 때문이다.

5. 도대체 왜 사람들은 법을 어기지 않으려고 최선을 다할까? 이에 대한 너의 생각을 글로 표현해 보자.

4. 윤리적 이상사회 만들기

상상의 힘으로 세상을 다르게 바라보기

유명한 위인전이나 자서전을 살펴보면 인생을 살면서 잘했던 일과 잘못했던 일들을 솔직하게 표현하고 있어. 그런데 앞선 인생을 산 사람들이 잘못했던 일들에 대해 반성하고 고치려고 노력해 왔는데도 오늘날 삶을 사는 사람들은 왜 같은 잘못을 되풀이하는 걸까?

인생을 올바르게 후회하지 않고 살려면 어떻게 해야 할까? 성경이나 불경, 기타의 많은 종교에서는 우리가 살아가야 할 방향과 방법을 이야기했어. 그리고 과거의 사상가들은 인간이 살기 좋은 이상적인 사회의 모습을 그리기도 했어.

영국의 프랜시스 베이컨은 『뉴아틀란티스』*라

* 영국의 정치가이자 철학자인 프랜시스 베이컨의 유토피아 소설. 1627년 간행한 미완성 작품.

는 책에서 '벤살렘'*이라는 과학기술이 고도로 발달한 이상사회를 그렸어. 토머스 모어는 『유토피아』**라는 책에서 살기 좋은 이상사회의 모습을 그리기도 했어. 유토피아라는 섬에는 화폐도 없고, 주민들은 각자 시장에 가서 자기가 필요로 하는 만큼 물건을 가져다 쓰면 되었어. 집들은 모두 똑같고 문에는 자물쇠가 없으며 주민들은 누구나 10년마다 이사를 하도록 되어 있대.

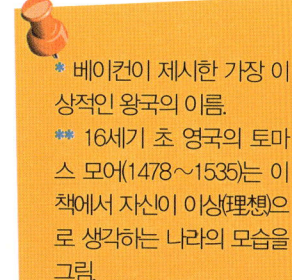

* 베이컨이 제시한 가장 이상적인 왕국의 이름.
** 16세기 초 영국의 토마스 모어(1478~1535)는 이 책에서 자신이 이상(理想)으로 생각하는 나라의 모습을 그림.

그렇다고 이런 상상의 사회나 종교에서 제시한 것처럼 살라는 것은 아니야. 하지만 상상을 하지도 않았다면 지금의 민주사회는 불가능했을 것이라고 주장하는 학자들도 많아. 인생에는 정답이 없어. 하지만 모범 답안은 있을 수 있어. 네가 너만의 영화를 만들 듯이, 네가 살아가면서 할 수 있는 최선의 상태는 언제나 있으니까. 그 판단의 기준이 너의 부모님이 너에게 해 준 것처럼, 너도 너의 부모님과 다른 사람들에게 베풀고 행하라는 거지.

그래서 선생님은 너에게 모범 답안으로 살라고 권하고 싶어. 그 모범 답안은 살고 싶은 인생, 추구하는 이상이 있는 삶, 바람직하다고 여겨지는 길을 가는 거야. 분명히 앞의 사상가들처럼 살아도 충분히 행복하다고 느낄 수는 있을 거야.

숨은 윤리 찾기

인디언 민화에는 독수리 알 이야기가 나와.

어떤 사람이 독수리 알을 발견하여 자기 집 뒤뜰 닭장 안에 갖다 놓았어. 새끼 독수리는 다른 병아리와 함께 지냈어. 새끼 독수리는 다른 병아리들이 하는 일을 따라 하며 지내면서 스스로 닭이라고만 여겼어. 땅바닥을 긁어 벌레를 잡아먹었고, 왕따 당하지 않으려고 돋아나오는 날개를 자신의 부리로 쪼았어. 그는 다른 닭들이 하는 대로 따라 하며 지냈지.

세월이 흘렀어. 다른 닭들과 함께 새끼 독수리도 늙었어. 그러던 어느 날, 구름 한 점 없는 높은 하늘에 큼직한 새 한 마리가 날고 있었어. 그 새의 날개는 튼튼하고 넓었으며, 부라리고 있는 눈 아래에서는 피하지 않는 짐승이 없었어.

늙은 독수리는 부러움과 존경이 가득한 마음으로, 옆에서 모이를 쪼고 있는 닭에게 물었어.

"저 새는 어떤 새야?"

닭의 우두머리가 말했어.

"저 분은 새들의 왕이신 독수리 님이야. 하지만 엉뚱한 생각일랑 집어 치워! 너나 나나 그 분과는 다른 신분이니까."

 이 얘기를 들은 늙은 독수리는 딴 생각일랑 전혀 하지 않았어. 그는 자신이 닭이라고만 생각하고 닭처럼 살다가 죽었어.

 너는 지금 네가 생활하는 사회에서 독수리이니, 닭이니? 세상을 다른 시선으로 바라보는 힘이 없는 저 늙은 독수리처럼 살고 싶지는 않겠지? 닭장 속의 독수리처럼 살지 않으려면 어떻게 해야 할까? 무엇보다도 자기 자신에 대해서 알아야 할 거야.

 "넌 집에 거울도 없니?"라는 핀잔 섞인 이야기를 듣는 사람은 겉모습만 멋있게 바꾸면 모든 것을 다 바꿀 수 있다고 생각할 거야. 그래서 멋진 옷을 입고 다니는 것으로 자신을 치장하지. 하지만 정작 중요한 것은 그 사람의 마음속에 숨겨져 있는 거울이야. 이 거울은 도덕적이면서도 윤리적인 마음가짐을 의미하는 거야. 이걸 윤리에서는 인격이라고 부르지.

 네가 아는 인격자는 누가 있니? 그래, 예수, 공자, 소크라테스, 간디, 이런 분들을 우리는 인격자라고 부른단다. 하지만 꼭 이런 분들만 인격자가 될 수 있는 것은 아니야. 너도 나도 진정으로 마음속에 숨겨진 거울에 참모습을 비출 수 있다면 인격자가 될 수 있어. 이런 인격자들이 많이 있는 사회는 행복하고도 정의로운 이상사회가 될 수 있지. 그 중에서 가장 쉽게 인격자가 될 수 있는 방법과 길을 안내해 주는 지침서가 바로 윤리라는 거야.

지금과 다른 것 찾기

- 월급이 적은 쪽을 택하라.
- 내가 원하는 곳이 아니라 나를 필요로 하는 곳을 택하라.
- 승진의 기회가 거의 없는 곳을 택하라.
- 모든 조건이 갖추어진 곳은 피하고, 처음부터 시작해야 하는 황무지를 택하라.
- 앞을 다투어 모여드는 곳은 절대 가지 마라. 아무도 가지 않는 곳으로 가라.
- 장래성이 전혀 없다고 생각되는 곳으로 가라.
- 사회적 존경 같은 것을 바라볼 수 없는 곳으로 가라.
- 한가운데가 아니라 가장자리로 가라.
- 부모나 아내나, 약혼자가 결사반대를 하는 곳이면 틀림없다. 의심치 말고 가라.

- 왕관이 아니라 단두대가 기다리고 있는 곳으로 가라.

　　　　　　　　－거창고등학교 강당의 '직업을 선택하는 십계명'의 내용

인성 놀이터

1. 직업을 선택하는 데 있어서 네가 가장 먼저 고려하는 것이 무엇인지 순서대로 다섯 가지를 적어 보자.

2. 앞의 십계명에서 다섯 가지를 선택해 보고, 자신이 제시한 1번의 조건들과 비교해 보자.

3. 각 개인의 삶은 그 과정이 중요하다.
　　왜냐하면 _____ 하기 때문이다.

4. 각 개인의 삶은 그 결과가 중요하다.
　　왜냐하면 _____ 하기 때문이다.

5. 사람들은 모두 변하나 봐

 처음으로 윤리를 생각해 보기

고대 그리스 소아시아의 밀레토스라는 지방에 살고 있던 탈레스와 아낙시만드로스, 아낙시메네스는 우리가 살고 있는 이 자연 속에서 세상 모든 사물의 근본적인 원인을 찾고자 했어. 자연 속에서 우주 변화와 존재의 원인을 찾고자 했던 그들이었기에 그들을 '자연철학자'라 불러.

탈레스(BC 624~BC 546?)는 이 세상의 근본 물질이 무엇일까를 생각했어. 그는 여러 사물을 관찰하다가 세상 모든 물질은 '물'로 이루어졌다는 결론을 내렸어. 왜냐하면 이 세상 모든 사물은 고체, 액체, 기체의 세 가지 형태로 존재하는데, 물은 이 모든 모습을 갖고 있었기 때문이었지. 또한 모든 생명체는 물이 있어야 한다는 것도 알게 되었어.

탈레스의 제자 아낙시만드로스(BC 610~BC 546)는 우주를 한군데로 모으는 기초 재료는 물과 같은 일반적인 게 아니고 '무한정한 그 무엇'이라고 했어. 이것은 물질적 우주를 넘어서는 어떤 것으로, 우주 안에 있는 모든 것의 근원이라고 본 것이지. 이 '무한정한 그 무엇'에서부터 따뜻한 것, 차가운 것 등의 반대 성질이 나타나는 것이라고 아낙시만드로스는 주장했어. 그리고 이 반대 성질들이 결합하는 정도와 비율에 따라 이 세상에는 땅[地], 물[水], 불[火], 바람[風]이 만들어진다고 말해.

아낙시만드로스의 제자 아낙시메네스(BC 585?~BC 525)는 이 세상 모든 사물을 만들고 없애는 근본은 '공기'라고 주장했어. 이 공기가 점점 두터워지면 바람이 되고, 바람이 다시 구름이 되고, 구름이 다시 물이 되고, 물이 다시 진흙이 되고, 진흙이 다시 돌이 된다고 했지. 끝으로 불은 아주 얇은 공기라고 말해. 이런 이유 때문에 아낙시메네스는 공기가 모든 생명의 근원이라고 하지. 왜냐하면 인간은 살기 위해서 공기로 호흡해야 하기 때문이야. 또한 인간의 영혼도 공기라고 주장하면서 정신적인 실재와 물질적인 실재, 둘 다를 설명하기도 했어.

이런 사람들과는 다르게 인간에 대해 더 궁금해하고 더 많은 생각을 했던 지혜로운 사람들이 아테네에서 생겨나기 시작했어. 이런 사람들을 '소피스트'라고 불렀어. 소피스트란 지혜로운 사람이란 뜻이야. 이들은 돈을 받고 여러 가지 학문에 대해 가르쳐 주었던, 오늘날의 학원 강사나 과외 선생님 같은 사람들이었어.

이 소피스트 중에서 가장 대표적인 사람이 바로 프로타고라스(BC

485?~BC 414?)야. 프로타고라스는 여러 사람이 모여 사는 사회를 보면서, 그 사회의 구성원인 '인간'을 탐구하려고 했어. 그리고 그 인간들 간의 관계에서 발생하는 갈등과 다툼을 해결하는 방법을 찾고자 했어. 하지만 그 해결책이 너무도 상대적이고 상황에 따라 달랐어. 프로타고라스의 "인간은 만물의 척도*다."라는 유명한 말은 윤리의 주관적·상대적 의미를 한마디로 표현한 거야. 이 말은 모든 사물 판단의 기준이 인간이라는 거야. 여기서의 인간은 개인적인 한 인간을 말해. 그리고 척도는 자로 재는 길이의 기준을, 만물은 모든 사물을 의미해. 따라서 이 말은 모든 사물과 사건의 판단기준은 각 개인이라는 말이야. '핑계 없는 무덤은 없다'는 우리나

> * 사물이나 사람의 특성을 수량화하기 위해 체계적인 단위를 가지고 그 특성에 숫자를 부여한 것

라 속담은 이를 비유해서 한 말이야. 누구나 자신이 한 일에 대해서는 이유를 달잖아.

누가 잘못한 것일까

처음 사람들이 흩어져 살았을 때에는 사람들끼리 싸움을 할 이유가 없었어. 그런데 여러 사람이 모여 살다 보니까 다툼이 생겨나게 되었지. 고대 아테네 시대에는 싸움의 옳고 그름을 판단하는 변호사와 같은 사람들이 있었어. 네가 동생과 말다툼을 한다면 누가 이길 거 같니? 이 승부를 판정해 주던 사람들이 바로 소피스트야.

프로타고라스는 싸움의 판단기준을 사람들의 눈과 귀로 직접 볼 수 있는 증거를 가지고 판단하려고 했단다. 바로 인간이 가지고 있는 감각과 경험이 지식의 근원이라고 보았던 거야. 또한 프로타고라스는 어떤 것도 절대적이고 변하지 않는 것은 없다고 이야기하면서 그때그때의 상황과 환경에 맞게 판단하는 것이 가장 올바른 진리라고 믿었어. 그래서 소피스트의 윤리적 입장을 상대주의*라고 하는 거야. 그래서 그는 자신의 입장을 "인간은 만물의 척도"라는 말로 표현을 했어. 이 말은 무슨 뜻일까? 모든 일의 참과 거짓은 개인

* 절대적으로 올바른 진리란 있을 수 없고 올바른 것은 그것을 정하는 기준에 의해 정해지는 것이라는 주장

의 입장과 관점, 상황에 따라 다르게 나타난다는 말이야. 너와 네 동생이 다툼을 했을 때 부모님이 둘 다를 혼내시는 이유와 같단다. 부모님의 입장에서는 두 명 다 잘못한 것이기 때문에 각자의 입장에 대해 잘못을 꾸짖게 되는 거지. 하지만 넌 동생이 잘못했다고 생각할 거고 동생은 네가 잘못했다고 생각하기 때문에, 이런 판단기준을 각자의 기준에 맞게 적용한다고 해서 상대적이라고 하는 거란다.

프로타고라스는 자신의 주관적인 판단에 따라 어떤 경우라도 싸움에서 이기기 위한 방법을 당시의 사람들에게 알려 주는 사람이라고 할 수 있어. 그래서 절대적이고 보편적인 것은 없고 오로지 목적에 맞는 것만이 진리고 참이라고 하는 거지. 그의 사상은 오늘날의 실용적인 사상들에 많은 영향을 주었단다. 좋은 게 좋은 거라는 말에서 알 수 있듯이 말이야. 하지만 그의 사상은 사람들에게 외면을 당하기도 했단다. 왜냐하면 다들 각자의 입장에서만 판단하려고 했기 때문에 싸움에서 이긴 사람이 둘 다인 경우가 발생하였기 때문이야. 그래서 그들의 말을 믿지 않으려는, 즉 모든 것을 의심의 눈초리로 쳐다보게 되기도 했단다. 후에 이 말은 이치에 맞지 않는다고 해서 궤변*이라고 비판받았단다.

다음의 대화를 들어 보면 더 쉽게 이해할 수 있을 거야.

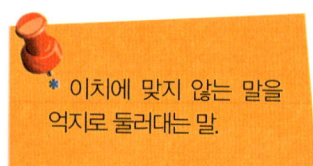

* 이치에 맞지 않는 말을 억지로 둘러대는 말.

어느 날 율라투스라는 청년이 찾아와서 프로타고라스에게 수업을 듣고 싶다고 청하였다. 하지만 이 청년은 가난해서 수강료를 다 내지 못한다고 이야기하였다. 이에 프로타고라스는 일단 자신의 수업을 듣고 나서 첫 재판에서 사건의 변론을 해서 이기면 그때 수강료를 지불하기로 계약을 맺었다. 그런데 교육을 다 받고 난 뒤에도 율라투스가 수강료를 지불하지 않자 화가 난 프로타고라스는 율라투스를 상대로 재판을 벌인다.

프로타고라스: 만일 율라투스가 이 재판에서 진다면 그는 판결에 따라 나에게 수강료를 내야 한다. 또 만일 그가 재판에서 이긴다면 계약 조건에 따라 나에게 수강료를 내야 한다. 그는 재판에서 이기거나 질 것이다. 그러므로 율라투스는 나에게 수강료를 지불해야 한다.

율라투스: 만일 내가 재판에서 이긴다면 나는 프로타고라스에게 법정의 판결에 따라 수강료를 지불할 필요가 없다. 또 만일 내가 재판에서 진다면, 첫 번째 재판에서 이길 때에만 수강료를 내기로 했던 계약에 의해서 프로타고라스에게 수강료를 낼 필요가 없다. 나는 재판에서 이기거나 질 것이다. 그러므로 나는 프로타고라스에게 수강료를 낼 필요가 없다.

이 대화를 보고 누구의 말이 옳은 것인지 너의 판단기준에서 맞게 상상해서 판결을 내려 보렴. 왜 그렇게 생각하게 되었는지도 표현해 보렴.

말도 안 되는 말이 통하는 세상

얼마 전에 선생님 집에서 선생님과 아이들이 나눈 대화 내용이야. 한 번 들어 보고 얘기 나눠 보자.

유경: 아빠 이 세상이 생겨나고 맨 처음 달걀이 먼저 나왔어요, 닭이 먼저 나왔어요?

승모: 음, 제 생각에는 달걀이 먼저 나온 거 같은데요. 알 속에서 병아리가 나오니까요.

유경: 동생아, 그건 잘못된 거 같은데……. 닭이 먼저 있어야 알을 낳을 수 있는 거니까.

선생님: 얘들아, 답은 간단하단다. 닭이 먼저냐 달걀이 먼저냐 하는 답은 말이야…… 아무도 모른다는 것이 정답이야…….

대화 내용처럼 닭이 먼저일까, 달걀이 먼저일까? 누구나 한 번쯤 품어 봤음직한 문제이자 논쟁이지. 넌 어떻게 생각하니? 과연 정답은 있는 걸까?

오늘날의 사람들은 이렇게 말도 안 되는 말을 가지고 세상을 살아가려고 하고 있단다.

인성 놀이터

1. "인간은 만물의 척도다."라는 말은 진실이다.
   왜냐하면 _____ 하기 때문이다.

2. "인간은 만물의 척도다."라는 말은 거짓이다.
   왜냐하면 _____ 하기 때문이다.

3. 새빨간 거짓말과 새하얀 거짓말의 차이는?

4. 착한 거짓말이란 어떤 거짓말인가? 착한 거짓말의 예를 두 가지 들어 보자.

5. 거짓말을 해서 다른 사람에게 도움을 주었다면 그 행위는 올바른 것인가?

6. '교육시켜 주십시오.' '교육해 주십시오.' 중에 어느 말이 맞는 표현일까?

6. 정의롭게 산다는 것

 너 자신을 알라

 '잘 되면 내 탓 잘못되면 조상 탓'이라는 속담이 있지. 그런데 고대 그리스 시대에 이 말을 거꾸로 만든 사람이 살고 있었단다. 바로 부모님 덕분에 지금까지도 굉장히 유명한 철학자 소크라테스(BC 469~BC 399)야.

 소크라테스의 아버지는 돌을 조각하는 사람이었단다. 소크라테스는 아버지가 조각칼로 볼품없는 바위를 쪼아 모두가 좋아하는 아름다운 여인상을 만들 듯 아무것도 모르는 사람들을 바로잡으려고 했단다. 또한 그의 어머니는 산파였는데, 아기가 태어나는 것을 도와주는 것처럼 사람들이 진리를 깨닫게 도와주는 역할을 했단다.

 소크라테스는 그리스 시대 아테네의 가장 지혜로운 철학자로 알려져 있단다. 지혜로운 자인 그 어떤 소피스트보다도 말이야. 하지만 소크라테스는 자기 자신을 무지하다고 생각했어. 그래서 그는 지혜를 가지고 있다고 큰소리치는 소피스트들에게 찾아가 지혜를 얻기 위해 물었지. 하지만 그 지혜롭다던 소피스트와 정치가들은 정작 아는 게 없었어. 소크라테스는 그런 소피스트들에게 전기뱀장어가 전기 충격을 가하듯 대화를 통해 깨우침을 주었지.

인간은 본래부터 생각할 수 있는 힘(이성)을 지녔다고 생각한 소크라테스는 "내 목숨이 다할 때까지 힘닿는 데까지 지혜를 사랑하고, 누구를 만나든지 충고하여 위선의 탈을 벗길 것이다."라고 주장하였어. 자신은 무지하기 때문에 다른 사람에게 지혜를 알려 주지는 못하지만, 다른 사람들이 지혜를 가질 수 있도록 도와주는 역할을 하려고 했단다.

여기에서 나온 유명한 말이 바로 "너 자신을 알라."라는 말이야. 그래서 소크라테스는 광장(아고라*)에 사람들과 함께 모여서 토론하고 대화하는 걸 즐기게 되었단다. 굉장히 재미있고 다양한 지혜들을 알려 주었기 때문에 많은 청년들이 소크라테스와 대화하는 걸 즐겼단다. 이런 이유로 소크라테스는 청년들을 타락시키고 신을 모독했다는 누명으로 죽음을 맞이하게 되기도 했지.

* 고대 그리스 도시국가의 광장으로 민회(民會)나 재판, 상업, 사교 등의 다양한 활동이 이루어진 곳.

너도 선생님과 대화하는 걸 즐겨 보는 건 어때? 먼저 너와 내가 어떻게 사는 것이 정의로운 것인가에 대해서 생각해 보기로 하자꾸나.

진정한 앎을 얻기 위해 대화하기

아테네에서 가장 위대하고 지혜로운 소피스트에게 어느 날 한 사람이 찾아왔어. 그 사람은 궁금한 것이 있다며 질문을 하기 시작했지.

방문자: 궁금한 것이 있습니다. 지혜가 많은 이여, 인간이란 무엇입니까?

소피스트: 인간이란 이 세상에서 가장 존엄한 존재라네.

방문자: 그럼 존엄하다는 것은 무슨 의미입니까?

소피스트: 다른 존재들과는 구별되는 능력을 가지고 있다는 것이네.

방문자: 그럼 그 구별되는 특징은 무엇입니까?

소피스트: 아니, 자네는 자꾸 질문만 해 대고 있으니 도대체 왜 그런가?

방문자: 에이, 그것도 모르면서 어찌 세상의 모든 지혜를 다 알고 있다고 말하는 거요? 이 말도 안 되는 말만 하는 사람아! 너 자신의 무지함부터 먼저 알거라.

하하! 많은 것을 알고 있다고 한 소피스트마저도 두 손 들게 만든 이 방문자가 바로 소크라테스란다.

소크라테스는 이렇게 말했어.

"모든 덕은 참된 앎에서 나오는데, 참된 앎은 내가 아는 것은 아무것도 모른다는 사실뿐이다. 그러므로 모든 악은 내가 모르기 때문에 하는 행동들에서 나오게 된다."

부모님께 효를 행해야 한다는 지혜는 우리가 이미 다 알고 있는 사실이지. 그런데 소크라테스의 입장에서는 부모님께 불효를 저지르는 사람은 효를 모르기 때문에 그런 행동을 한다고 생각했단다. 그래서 진정으로 효를 아는 사람은 당연히 부모님께 효를 행한다고 말했어. 네가 부모님에게 진심으로 효를 행하듯이 말이야.

소크라테스는 이러한 자신의 입장을 생명을 버리면서까지 보여 주었단다. 신(절대자)이라는 존재에 대해 궁금증을 가지게 된 소크라테스가 광장에서 한 청년과 대화를 했는데, 질문과 대답이 오고 가다가 결국 소크라테스가 내린 결론은 신에 대해서 모르겠다는 것이었어. 결국 신의 존재를 부정했고, 이 때문에 맑고 순수한 청년들에게 이상한 생각을 심어 준다는 죄목으로 감옥에 갇히게 되었어. 그리고 재판에 회부되었지.

아테네에서는 재판을 할 때 성인 남자들이 원형 건물에 모여서 죄에 대한 처벌 여부를 손을 들어 판정하게 했단다. 이때 소크라테스는 모인 사람들의 반이 넘는 사람들의 찬성으로 사형에 처해지게 되었지. 하지만 이를 안타깝게 여긴 친구가 찾아와서 소크라테스에게 탈옥을 권유하였어. 소크라테스는 친구에게 이렇게 말했어.

"내가 여태껏 참된 앎을 주장해 왔는데 여기서 탈옥을 하게 되면 나의 참된 지식은 모두 물거품이 되어 버린다네."

그리고 나서 참된 앎을 위해 독미나리즙을 마시고 죽게 된단다. 자신의 생각과 의지를 실제로 행동에 옮긴 멋있는 행동이라고 할 수 있지. 이런 내용을 후대의 사람들이 악법도 법이기 때문에 지켜야 한다는 내용으로 변형시켜 사용하게 된 것이란다.

소크라테스에게 질문하기

만약 타임머신이 있어서 고대 그리스 시대로 갈 수 있고 소크라테스 선생님의 수업시간에 질문을 할 수 있다고 가정해 보자. 많은 질문을 하고 싶겠지만, 특히 "행복해지려면 어떻게 하면 될까요?"라는 질문을 한다면 소크라테스 선생님은 어떤 대답을 해 주실까?

소크라테스는 일생을 자신이 옳다고 생각한 것들을 몸소 실천하고, 대화를 통해 다른 사람들에게도 올바른 생활을 하라고 가르쳐 왔단다. 그래서 행복해지는 방법에 대해서 물으면 먼저 힘닿는 데까지 지혜를 사랑하라고 말씀하실 거야. 또한 결과를 고려하지 말고 절대적인 진리에 따라 행동해야 한다고 말씀하실 거야. 아무것도 모른다는 출발점에서 스스로 깨달아 갈 수 있는 그 과정이 아름답고 행복한 거라고 말이야. 마지막으로, "지혜를 사랑하는 것처럼 나는 당신을 사랑합니다. 그리고 당신에 대한 사랑은 바로 당신의 모자란 부분에 대한 충고를 해 주는 것입니다."라고 말씀해 주실 거야.

행복은 인생에서 중요한 목표야. 소크라테스는 "지금 여러분의 정신 상태는 어떻습니까? 참된 명예에 대해서, 진리에 대해서, 그리고 고매한 영혼에 대해서 아무것도 신경을 쓰지 않는다면 이것이야말로 부끄러운 일 아니겠습니까?"라고 이야기했어. 선생님이 앞에서 윤리라는 것은 사람과 사람 사이의 약속이라고 말했지? 고결한 정신을 가지고 있는 소크라테스처럼은 아닐지라도 사소한 약속이라도 소중히 여기고 지킬 수 있는 사람이 되어야 진정한 앎을 깨달았다고 할 수 있는 거야. 지금부터라도 너 자신과 맺은 약속부터 지킬 수 있는 사람이 되도록 하렴.

 인성 놀이터

1. '아는 게 병이고 모르는 게 약이다'라는 말은 무슨 의미일까?

2. 사람들에게 해가 되는 나쁜 법이라면 지키지 말아야 한다.
   왜냐하면 _____ 하기 때문이다.

3. 사람들에게 해가 되는 나쁜 법이라도 지켜야 한다.
   왜냐하면 _____ 하기 때문이다.

4. 악법도 법이다.
   왜냐하면 _____ 하기 때문이다.

5. 악법은 법이 아니다.
   왜냐하면 _____ 하기 때문이다.

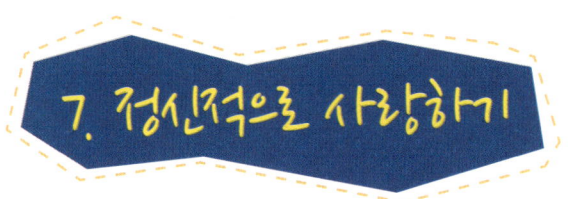

플라토닉 러브 따라 해 보기

"와! 전 선생님이 너무너무 좋아요. 왜냐하면요, 윤리가 무엇인지 쉽게 잘 알려 주시고 인생을 어떻게 살아야 후회 없이 사는 것인지도 예화를 통해 쉽게 가르쳐 주시니까요."

너, 선생님한테 이렇게 말해 주고 싶지? 하하하! 네가 그렇게 생각해 준다면 선생님도 너무너무 고마울 거야.

고대 그리스 시대에도 너처럼 생각한 청년이 있었단다. 그의 이름이 바로 플라톤이야. 플라톤(BC 428/427~BC 348/347)은 아테네의 귀족 가문에서 태어났단다. 아버지 아리스톤은 아테네의 마지막 왕인 코드로스의 후손이며, 어머니는 페릭티오네라는 분이셨지.

플라톤은 정치가 집안에서 어린 시절을 보냈기 때문에 정치에 많은 관심이 있었단다. 당시 정권을 이끌었던 외숙인 크리티아스와 카르미데스를 통해 어린 시절부터 소크라테스를 알게 되었단다. 귀족이었던 플라톤 역시 청년 시절에 정치적 야망을 품고 있었으나, 정치에 입문하지 않은 이유는 정치가들의 폭력적인 행위 때문이야.

플라톤은 폭력을 싫어했고, 정의로운 사회를 만드는 것에 관심을 가졌어. 그는 서양 문화의 철학적 기초를 세우고 윤리적 사상의 입장을 대표하는 사상가라고 할 수 있단다. 또한 이성(理性)이 인도하는 것이면 무엇이든 따라야 한다는 이성주의적 입장을 보이기도 했단다.

BC 387년경 플라톤은 철학과 과학을 교육하고 연구하기 위한 기관으로 아카데미아(지금의 대학교)를 만들었어. 아카데미아에서는 좁은 의미의 철학에만 제한하지 않고 수학이나 수사학과 같은 다양한 분야에 관해 광범위하게 연구했단다. 플라톤은 아카데미아에서 제자들에게 풀어야 할 문제를 제시하고 대중을 상대로 강연을 하면서 여생을 보냈어. 아카데미아의 입구에는 다음과 같은 문구가 새겨진 현판이 걸려 있었다고 해.

"수학(당시에는 기하학)을 모르는 자는 아카데미아에 들어오지 말라."

자! 플라톤이 제시한 이 문구가 의미하는 것은 무엇일까? 오늘날 대학교에 입학하기 위해 치르는 수학능력시험과 같은 것일까?

게임을 통해 세상 바꿔 보기

어찌 이런 일이 일어날 수 있는가! 플라톤이 스물여덟 살 되던 해, 얼굴에 근심이 가득한 채로 하늘만 바라보며 슬픈 눈물을 흘리게 되는 일이 일어났단다. 플라톤의 정신적 지주이자 영혼의 스승이었던 소크라테스가 사형에 처해진 거야. 플라톤은 너무나도 고통스럽고 화가 났어. 그래서 당시의 아테네 사람들을 자신들이 무슨 일을 하는지 아무것도 모르는 무지한 사람이라고 비판했단다.

플라톤은 아테네 사람들의 무지함을 동굴 속에 갇혀 있는 죄인으로 비유하였어. 어리석은 다수의 사람들이 순수한 영혼과 정신을 가지고 있는 소크라테스를 다수결의 원리라는 민주정치의 원리를 이용해서 사형시켜 버렸기 때문에 플라톤은 민주정치를 좋은 정치 제도라 생각하지 않았어.

고통스럽고 화가 난 플라톤은 아테네 사람들을 눈뜬 장님과 같은 사람이라고 표현했어. 아테네인들을 진정한 이성의 이상세계를 바라보지 못하고 캄캄한 동굴의 벽면에 비친 그림자(허상)를 바라보고 있는 동굴 속의 죄인들로 묘사했지. 동굴 안의 세상, 생각하지 않고 눈에 보이는 것만을 믿는 사람들로 말이야.

그럼 플라톤이 제시한 진정한 세계는 어디에 있냐고? 바로 동굴 밖의 밝은 태양이 비추고 있는 바깥 세계야말로 진정한 이상 세계라고

말해. 미로 찾기 게임 알지? 미로의 입구를 찾기 위해서 게임 캐릭터를 움직여서 동굴 곳곳에 숨겨진 아이템 박스를 찾는 그 게임 말이야. 플라톤은 『국가』라는 책에서 동굴 바깥의 이상 세계로 나가기 위해서는 사람들에게 네 가지 아이템이 필요하다고 말했단다.

그것은 '지혜, 용기, 절제, 정의'라는 4주덕이라는 거야. 먼저 통치를 하는 사람은 지혜의 아이템 박스를 찾아 열어야 하고, 군인은 용기의 아이템을, 생산을 주로 하는 사람은 절제의 아이템을, 마지막으로 이 아이템들을 조화롭게 실현시킬 수 있는 정의의 아이템이 있어야 한다는 거야. 지혜, 용기, 절제는 개인적인 덕목이고, 정의는 이 개인적인 덕목을 조화롭게 구성하는 사회의 덕목이야. 플라톤은 잘 사는 세상, 살기 좋은 국가는 이 네 가지 덕목이 집행되는 국가여야 한다고 말해.

어때, 요즘 너희들이 즐겨 하는 게임과 비슷하지 않니? 동굴의 미로 속을 헤매면서 아이템을 찾고 결국에는 동굴 밖의 세상으로 나오게 되면 아름다운 세상이 펼쳐지잖아. 플라톤도 동굴 밖의 아름다운 세상을 이성적으로 판단해서 갈 수 있는 세상이란 뜻으로 '이데아'*라고 불렀단다. 그리고 이데아라는 이상 국가는 소크라테스와 같은 진정한 철학자(철인[哲人])가 다스려야 한다고 했어. 이것이 바로 철인정치라는 것이란다.

* 그리스어로 '보이는 것' '알려져 있는 것'으로 형상이란 뜻이나, 플라톤은 인간 감성을 초월한 진실적인 존재의 의미로 사용했으며, 소크라테스는 윤리적·미적 가치 자체를 표현하는 말로 사용함.

삼각형을 그릴 수 있을까

플라톤은 이 세상을 '현실의 세계'와 '이데아의 세계'로 나누어 설명하였어. 현실의 세계는 너와 내가 살고 있는 이 세계를 말하고, 이데아의 세계는 현실의 세계가 있도록 한 원인이 되는 세계를 말해.

현실의 세계에는 착한 사람과 나쁜 사람이 함께 살고 있지? 시간과 공간의 제한도 있잖아? 그리고 태어나서 늙고 병들어 죽는 것처럼 항상 변하는 곳, 행복과 슬픔이 함께 있는 곳, 살아 있는 사람과 죽어 가는 사람이 함께 있는 곳이 바로 현실의 세계야. 하지만 이데아의 세계는 오로지 착한 사람만 있는 곳이야. 또한 시간과 공간의 제약을 받지도 않아. 그리고 영원히 오래도록 변하지 않는 세계이며, 현실 세계가 존재하는 원인이자 이유이기도 한 곳이야.

아버지의 흰 와이셔츠, 흰색 분필, 뭉게구름을 보고 너와 나는 모두 '희다'고 이야기하지. 하지만 그 흰색들은 사실 똑같지 않아. 그런데도 너와 나는 '희다'고 말하고 그렇게 이해하잖아. 직선은 점과 점 사이를 잇는 최단거리 점들의 집합이라 하잖아. 아주 정밀한 자와 펜을 갖고 직선을 하나 그려 봐! 이제 그 직선을 현미경으로 한번 봐 봐. 무수히 많은 점이 있고, 울퉁불퉁 엉망인 점들의 모습이 보이지? 이처럼 직선은 그릴 수가 없어. 하물며 세 직선으로 이루어진 삼각형은 더욱 그릴 수 없겠지?

하지만 이데아의 세계에는 완전한 흰색, 완전한 직선, 완전한 삼각형들이 있다고 플라톤은 말했어. 그리고 그 흰색의 이데아, 직선의 이데아, 삼각형의 이데아의 일부만이라도 본떠서 가진 것이 현실 세계의 흰색, 직선, 삼각형이라고 했지. 그래서 플라톤은 "현실의 세계는 이데아의 그림자일 뿐"이라고 말한 거야.

플라톤은 눈에 보이고 경험하는 현상의 세계 뒤에는 이것들을 있게 한 원인으로서의 이데아가 있다고 말해. 수많은 꽃들의 배후에는 각각의 꽃들의 이데아가 있고, 우정과 정의 등의 배후에는 우정과 정의에 대한 이데아가 있대. 따라서 이데아의 수는 현실 세계의 사물이나 현상의 수만큼이나 많이 존재한대. 그리고 그 이데아 가운데서도 최고의 이데아는 '선의 이데아'라고 해. 이 선의 이데아가 우주 일체를 지배하는 궁극적인 본질이래.

인성 놀이터

1. 거울에 비친 나와 거울 밖의 나가 있다. 거울 밖의 나가 진짜 나다.
   왜냐하면 _____ 하기 때문이다.

2. 거울에 비친 나와 거울 밖의 나가 있다. 거울에 비친 내가 진짜 나다.
   왜냐하면 _____ 하기 때문이다.

3. 네가 생각하는 살기 좋은 나라, 일하기 좋은 나라, 그래서 모든 사람이 행복하게 살 수 있는 나라의 조건을 다섯 가지만 써 보도록 하자.

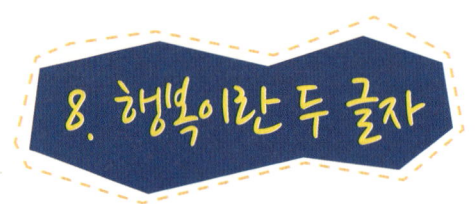
8. 행복이란 두 글자

 현실 속에서 행복을 찾아라

"아들아, 넌 인생을 이렇게 살아라. 덕에는 지적인 덕과 도덕적인 덕이 있다. 실천적 지혜만으로는 아무것도 안 된다. 반복과 습관화를 통해 실천 의지를 높여야 한다."

이런 말을 한 고대 철학자가 바로 아리스토텔레스(BC 384~BC 322)란다. 그의 아버지는 마케도니아 왕의 병을 살펴 주던 의사였고, 그래서 어릴 적에는 풍요로운 생활을 할 수 있었지.

아리스토텔레스는 열일곱 살이 되던 해에 수학을 못하는 사람은 들어오지 말라는 현판이 걸려 있었던 플라톤의 아카데미아에 입학했어. 이 아카데미아에서 아리스토텔레스는 많은 관찰과 대화를 통해 자신의 학문적 세계를 만들어 나갔지. 특히 독특한 점은 스승인 플라톤과의 차이점이야. 플라톤과 아리스토텔레스를 그린 명화 중에 플라톤은 하늘을 가리키고 있고, 아리스토텔레스는 땅을 가리키고 있는 그림이 있단다. 이 그림은 플라톤이 이상적인 세계를 하늘 위에 존재하는, 즉 현실이 아닌 이데아의 세계에서 행복을 찾고자 했다면, 아리스토텔레스는 현실적인 삶 속에서 행복을 찾고자 했다는 의미란다. 그래서 아리스토텔레스는 스승인 플라톤의 아카데미아를 나와 현실적으로 실재하는 것에 대해 관심을 가지고 천체, 헌법, 시학, 수사학, 윤리학, 논리학 등을 탐구하였단다.

습관을 통해 행복 찾기

"인간이 살아가는 목적은 무엇일까?"라는 질문에 어떻게 대답하겠니? 아리스토텔레스는 말이야. 궁극적인 인간의 삶의 목적은 행복이라고 대답했단다. 그렇다면 행복이란 무엇이라고 생각하니? 그래, 잘 먹고 잘 사는 거라고 생각하겠지.

아리스토텔레스는 진정한 행복이란 사람들이 가지고 있는 고유한 이성의 능력을 현실 속에서 최대한 발휘해서 덕을 갖추는 것이라고 보았단다. 그런데 이 행복의 덕은 한순간에 얻을 수 있는 것이 아니라 지속적인 실천과 노력을 통해서 얻을 수 있는 것이라고 말했단다. 그래서 아리스토텔레스의 사상은 스승인 플라톤의 이성을 중시한 주지주의적 입장을 이어받았으면서도, 실천의지를 중요시한 주의주의라고도 부른단다.

술, 담배를 하게 되면 나중에 병에 걸린다는 사실을 모르고 있는 사람은 없단다. 그런데도 술, 담배를 하는 이유는 그 사람이 좋은 행동을 해야 한다는 도덕적 실천의지가 부족하기 때문이야. 이런 의지를 반복하고 실천하게 되면 도덕적인 덕을 가지게 된다고 보았단다. 매일매일 일기를 쓰듯이 인생의 좋은 습관을 가지게 되면 행복은 결국에 너의 것이 된단다. 이런 습관을 아리스토텔레스는 '중용'이라고 했단다.

중용이란 지나치거나 모자람이 없는 것을 의미하는데, 수학에서 나타내는 1과 3 사이의 중간인 2를 의미하는 것은 아니란다. 여태까지 살아오면서 지금 상황에 가장 마땅하다고 생각하게 되는 최선의 선택을 의미한단다. 즉, 내가 처해 있는 상황에서 가장 적절하고 최선의 행위를 선택하는 도덕적인 덕을 의미하는 거란다. 아리스토텔레스는 서양 사람이지? 그런데 동양의 전통적인 사상인 유교, 불교에서도 이와 비슷한 삶의 실천 방식이 있단다. 유교에서는 이것을 '중용(中庸)'이라고 부르고, 불교에서는 '중도(中道)*'라고 부른단다.

* 어느 한쪽으로 치우치지 아니하는 바른 길.

서양의 대표적인 철학자 아리스토텔레스가 생각했던 행복의 방식이 동양에서 추구하는 행복의 방식과 비슷하다는 것은, 이것이 바로 삶의 지혜이고 진리이기 때문이야.

'적당히'의 행복, 중용

그렇다면 중용의 삶은 어떤 모습일까? 너무 가난한 사람은 먹을 것이 없어서 고통스러울 것이고, 너무 부자인 사람은 자신의 재산을 잃지 않기 위해 걱정하고 고민해. 너에게 지금 100억 원이 있다고 상상해 봐. 기분 좋겠지? 하지만 그 돈을 누군가가 빼앗을까 봐 항상 걱정되지 않을까?

아무리 맛있는 음식이라도 너무 많이 먹으면 즐거움이 아닌 고통이 돼. 가장 좋은 건 '적당히' 먹는 거란다. 배부르지도 않고 배고프지도 않게, 맛있고 알맞게 말이야.

그렇다면 중용의 예에는 어떤 것들이 있을까?

'덕(德)'은 과잉과 과소의 어느 쪽에도 치우치지 않는 중용이야. 용기가 지나치면 만용이지만 부족하면 비겁이 되지. 겸손함이 없으면 부끄러움을 모르는 파렴치한이 되지만, 겸손함이 지나치면 수줍음을 많이 타는 사람이 돼 버려. '절약'은 낭비와 인색함의 중용이고, '긍지'는 오만과 비굴의 중용이야. 그리고 '자유'는 방종과 억압의 중용이란다.

인성 놀이터

1. 완벽한 원을 그릴 수 있다.
   왜냐하면 _____ 하기 때문이다.

2. 완벽한 원을 그릴 수 없다.
   왜냐하면 _____ 하기 때문이다.

3. 네가 생각하기에 가장 완벽한 원을 그릴 수 있는 방법을 제시해 보자.

4. 만약에 그릴 수 없다면 왜 그런지 이유를 설명해 보자.

9. 개인과 사회의 행복을 찾아서

제논과 스토아학파의 행복 찾기

 솔직히 지금 네가 하고 싶은 일이 뭐야? 컴퓨터 게임을 하고 싶고, 만화책을 보고 싶고, 밖에 나가 놀고 싶잖아. 그런데 왜 그러지 않고 이 책을 보면서 생각하고 공부하려고 하니? 그건 지금 당장은 힘들고 고통스럽지만, 앞으로 살아갈 더 많은 날들의 행복을 위해서는 지금의 쾌락을 억제해야 한다는 사실을 네가 알고 있기 때문이지.

 그건 어떻게 알게 되었어? 그건 네가 이성적으로 생각했기 때문이지. 이 이성을 강조한 사람이 바로 제논이란 사람이야.

 스토아학파의 시조인 제논(BC 335?~BC 263?)은 아테네의 '스토아* 포이킬레'라는 공공건물에서 강의하였어. 그래서 제논의 제자와 그의 학설을 따르

* 여러 개의 기둥만 있고 벽이 없는 복도

는 사람들을 '스토아학파'라고 불렀단다. 제논은 플라톤과 아리스토텔레스의 전통을 이어받아 감각이나 욕망 대신 이성이 인간 정신을 지배해야 한다고 생각하였어. 그에게 있어서 이성이란 인간의 본성일 뿐만 아니라, 신과 세계의 본성이기도 하였어. 즉, 이 우주에는 만물을 지배하는 보편적인 이성이 있고, 인간 개개인의 본성에도 이러한 이성이 있다는 거야. 누구나 이성을 지니고 있다는 점에서 인간은 평등한 거야. 그래서 제논의 사상을 이어받은 스토아학파가 지배한 로마는 피지배민족에게 관대할 수 있었던 거야.

우리 모두는 생각할 줄 알지? 그리고 무엇이 옳고 그른지를 구분하고 판단할 수도 있지? 이건 황인종이든 흑인종이든 백인종이든, 또 한국 사람이든 중국 사람이든 일본 사람이든 미국 사람이든 가릴 거 없이 똑같잖아. 이렇게 모든 인간은 이성을 지녔기 때문에 우주 자연의 이치를 파악하고 이해할 수 있는 거고, 이런 면에서 인간 모두는 본질적으로 평등하다고 보았어. 그리하여 전 세계 인류는 형제이자 동포이며 같은 시민이라고 보는 것이 스토아 사상이야.

친구의 어려움을 외면하면 왜 마음이 아픈 걸까? TV에서 춥고 배고프고 아파서 고통스러워하는 사람들을 보면 왜 눈물이 나는 걸까? 도움을 요청한 사람을 외면하면 왜 양심의 가책을 느낄까? 그 이유는 그 사람들과 네가 이 우주의 보편적 원리인 이성을 갖고 있기 때문이라고 제논은 이야기해. 그래서 네가 행복해지려면 다른 사람들도 행복해져야 한다고 말해. 과연 다른 사람이 행복해야 내가 행복할 수 있을까?

이건 당연한 말이야. 다른 사람이 행복해야 너의 행복을 시기하고 질투하지 않잖아. 다른 사람들이 잘 살아야 너에게 해를 입히지 않잖아. 이런 이치를 깨닫는다면, 사람들은 자기 자신만을 위해 살지 않게 되지. 그리하여 오히려 힘없고 약한 사람을 도우려고 하잖아. 그들을 도우려면 먼저 겸손해져야 해. 가진 것에 만족하고 감사할 줄 아는 마음이 필요해. 그런 마음을 찾기 위해 실천하는 방법이 바로 욕망을 억제하는 것과 고통을 참고 견딜 수 있는 정신적 인내라고 제논은 말해. 이런 행동과 마음가짐을 갖게 되면 행복해진다는 게 제논과 스토아학파의 행복론이야.

당신의 그림자를 치워 주세요

고대 그리스의 철학자 중에서 그리 유명하지는 않지만, 사람답지 않은 사람을 싫어했던 철학자가 한 명 있었어. 그는 악바리처럼 먹고 사는 일에만 매달리는 사람들을 비판했고, 정작 자신도 타인으로부터 개라고 비판받으며 외톨이로 살았지. 또한 부를 싫어해서 때로는 통나무 속에서 살면서, 대낮에 램프를 들고 사람들 사이를 헤집고 다니며 진정한 인간을 찾기도 했어. 때로는 방랑하며 거지와 같은 삶을 살았던, 그러나 위대한 영혼을 가졌던 사람. 그 사람은 바로 디오게네스(BC 400?~BC 323)야. 디오게네스는 개[犬]와 같은 생활을 했다는 데서 유래한 '견유학파(犬儒學派)'의 대표적인 인물이며, '통 속의 디오게네스'로 잘 알려져 있어.

그는 인간의 행복이란 인간의 자연스러운 욕구를 가장 쉬운 방법으로 만족시키는 것이라고 생각했어. 그래서 부끄러움을 느끼지 않고 제거함으로써 온갖 인습과 권위에서 해방되는 영혼의 자족을 지향하였지. 훗날 스토아학파를 탄생시키는 크라테스는 디오게네스의 학설을 널리 펼쳤으며, 무소유(無所有)야말로 일체의 고통과 갈등에서 벗어나는 비결이라고 주장하였어.

디오게네스에 대해서는 여러 가지 일화가 전해지고 있는데, 그중 가장 유명한 것은 알렉산더 대왕과 나눈 이야기야.

> 옷도 걸치지 않고 신발도 신지 않았으며, 들개처럼 길거리에서 잠자고 통 속을 집 삼아 살아가고 있는 디오게네스는 여느 때와 마찬가지로 통 속에서 지내며 일광욕을 즐기고 있었어. 그런 그에게 알렉산더 대왕이 찾아와 대화를 시도하였어.
> 알렉산더: 소원이 있으면 말해 보라.
> 디오게네스: 아, 그러시다면 제발 몸을 좀 비키셔서 폐하의 그 림자를 치워 주십시오! 해와 저 사이를 가리고 있는 폐하의

알렉산더: ……. 내가 알렉산더가 아니라면, 다른 사람이 아닌 바로 디오게네스가 되고 싶도다.

디오게네스: 제가 디오게네스가 아니라면, 폐하가 아닌 그 어떤 사람이 되어도 좋겠습니다.

행복 찾기-타인에게 배려하기

요즘 유행하는 것 중에 '무슨무슨 데이'라는 것들이 있지? 발렌타인데이, 빼빼로데이, 화이트데이처럼 말이야. 상업적이라는 비판도 있지만 많은 사람들이 열광하면서 이 날을 즐기고 있는 모습을 볼 때마다 선생님은 생각했단다. 선생님도 다른 사람을 위해 봉사할 수 있는 날을 만들어 봐야겠다고 말이야.

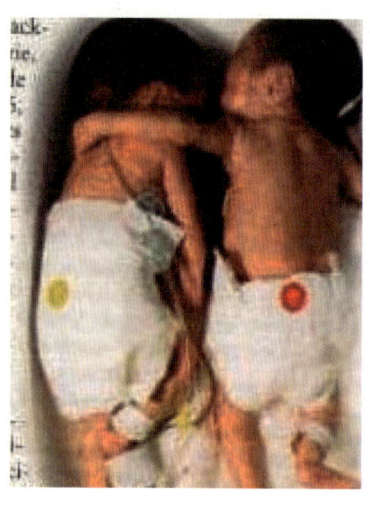
▶쌍둥이 형이 동생을 감싸 안는 모습

옆에 그림을 보렴. 실제로 있었던 일인데, 쌍둥이 형제로 태어난 형제의 사진이란다. 형은 건강하게 태어났지만 몇 분 후에 태어난 동생은 심장이 불안정해서 인큐베이터 안에 나란히 눕혀 놓았단다. 그런데 건강한 형이 아픈 동생을 손으로 감싸 안아 주자 동생의 심장이 안정을 되찾았단다.

모든 사람은 심장을 가지고 있단다. 그리고 우리에게도 다른 사람을 감싸 안을 수 있는 두 손이 있어. 그런데 다른 사람을 감싸 안으려 하지 않고 그 두 손으로 다른 사람에게 상처나 아픔만을 준다면 세상을 살아가기가 너무 어렵지 않을까? 사랑과 감사와 용서를 포함하고 있는 배려의 대표적 상징물인 심장을 가지고 있는 우리가 먼저 나서서 다른 사람을 배려해 보는 건 어떻겠니? 다른 사람의 감정을 느낄 수 있는 거리는 불과 1미터 남짓밖에 되지 않는단다. 그런데 요즘 사람들은 몸은 가까이 있어도 상대방을 배려하는 마음의 거리는 너무 멀리 떨어져 있는 건 아닌가 하는 아쉬운 마음이 들기도 한단다. 오늘날 많은 사람이 지금의 현실을 따뜻한 심장의 온기로 녹여 줄 수 있도록 우리가 한번 만들어 가 보도록 하자. 그런 의미에서 지금 이 순간부터 매일매일을 '배려타인데이'(다른 사람들을 배려해 줄 수 있는 날)라고 정해 보는 거야. 친구, 가족, 사랑하는 사람이 있다면 다가가 안아 주고, 1년 365일을 배려할 수 있는 날로 만들어 보도록 하자고!

인성 놀이터

1. 여러분이 알렉산더 왕과 대화를 나누던 '통 속의 디오게네스'라면 무슨 소원을 말할지 그 내용과 이유를 적어 보자.

2. 버스나 지하철의 경로 우대석과 노약자 우대석, 그리고 장애인 우선석은 필요하다.
   왜냐하면 _____ 때문이다.

3. 버스나 지하철의 경로 우대석과 노약자 우대석, 그리고 장애인 우선석은 필요하지 않다.
   왜냐하면 _____ 때문이다.

4. 내 행복을 위해 남의 희생을 강요하는 것은 인정할 수 있다.
   왜냐하면 _____ 때문이다.

5. 내 행복을 위해 남의 희생을 강요하는 것은 인정할 수 없다.
   왜냐하면 _____ 때문이다.

6. 배려와 우려를 구분 짓는 기준은 ?

10. 보람 있는 세상 만들기

 에피쿠로스처럼 세상 보기

　고대 그리스의 철학자 에피쿠로스(BC 342?~BC 270)는 아테네 가까이에 있는 한 정원에 자신의 학교를 세웠어. 그래서 사람들은 그를 따르는 사람들을 '정원의 철학자들'이라고 불렀어. 이들의 쾌락 사상은 소박한 음식을 먹고 좋은 친구를 사귀며 고통을 피하는 것이었어. 가진 것에 만족해하면서 행복을 찾는 것이었지.

　에피쿠로스학파는 스토아학파와 달리 인간의 이성보다는 감각적 경험을 더욱 중시하였어. 이들도 스토아학파 철학자들처럼 선한 삶을 통해 내적인 평화를 얻으려고 했지만 그들과는 달리 운명을 믿지는 않았어. 인간은 누구나 즐거운 삶을 원하기 때문에 인간이 추구해야 할 최고의 목표는 쾌락이라 생각하였어. 쾌락이란 즐겁고 유쾌한 거잖아. 그러려면 하고자 하는 욕구가 충족되어야 하는데, 인간의 욕망이란 끝이 없거든. 그래서 인간의 그 모든 욕망을 충족시킨다는 것은 불가능하지. 서 있으면 앉고 싶고, 앉으면 눕고 싶고, 누우면 자고 싶은 것이 인간의 욕망이야. 이처럼 인간의 욕망은 끝이 없어. 그래서 많이 가진 사람은 더 많이 가지려고 갈망하고, 아무것도 없는 사람은 갖기 위해서 고생하잖아. 이런 상태를 알고 있는 너라면 행복해지기 위해서 어떻게 할 거야?

그렇지, 바로 욕망을 억제하는 거야. 이룰 수 없거나 얻을 수 없는 것을 욕망하지 않으면 마음에 불안이 없고 몸에 고통이 없는 평온한 상태를 유지할 수 있잖아. 에피쿠로스는 행복하기 위해선 허황된 욕심을 버리라고 말해. 욕심을 버리려면 어떻게 해야 할까? 에피쿠로스는 『자연에 대하여』라는 책에서 플라톤의 4주덕을 인용하여 육체적 금욕을 통한 정신적 쾌락을 추구하라고 말해. 이미 알고 있듯이 플라톤의 4주덕은 지혜, 용기, 절제, 정의잖아.

'지혜'를 통해서는 삶과 죽음이 인체를 구성하는 원자의 모임과 흩어짐에서 나오는 것임을 알 수 있기에, 더 많이 가지고 영원히 누리려고 아등바등할 필요가 없잖아. 죽음이란 것도 두려워할 것이 아니잖아. 왜냐하면 모든 생명체는 죽기 마련이고, 죽는다는 건 생명을 유지한 원자들이 우주 전체로 다시 분해되어 돌아가는 것이기 때문이니까. 이런 지혜를 실제 삶에 적용하는 데는 '용기'가 필요하고, 명예욕이나 금전욕, 물질적 쾌락의 노예가 되는 것을 막기 위해서는 '절제'의 덕이 필요하다고 해. 나아가 이웃들과 갈등을 일으키지 않고 조화롭게 살기 위해서는 나 자신부터 '정의'의 덕이 있어야 한다고 주장하지.

있는 상태의 상황을 즐기라고 강조하는 점에서 에피쿠로스학파의 사상은 분명히 일관된 쾌락주의의 모습을 지니고 있어. 하지만 실제 생활 속에서는 역설적이게도 검소하면서도 절제하는 삶의 모습을 보여 주었단다.

검소함과 쾌락에 관하여

앞에서도 이야기했듯이, 에피쿠로스와 그의 일행들을 '정원의 철학자들'이라 불렀어. 이때 아테네에서는 플라톤의 아카데미아와 아리스토텔레스의 리케이온이 문화생활을 지배하고 있었단다.

에피쿠로스의 '정원의 철학자들'이 아테네로 가져온 것은 학원이나 공동체라기보다 생활양식이었어. 그들은 정치 활동과 공공 생활을 피하라고 가르쳤어. 에피쿠로스의 학원에서는 이런 생활양식을 여성과 노예들에게도 허용하였지. 물론 에피쿠로스는 플라톤처럼 혼인도 하지 않았어.

오늘날 '에피쿠로스적'이라는 말은 육체적·물질적 쾌락을 추구하는 사람을 일컬을 때 사용해. 하지만 이 용어가 연상시키는 보통의 의미와는 달리, 에피쿠로스학파의 생활은 아주 단순했어. 하루에 2분의 1파인트(0.47리터) 분량의 포도주가 허용되었지만, 평소 마시는 것은 물이었고 주식은 보리빵이었대.

정신적 쾌락과 육체적 쾌락

너는 PC 게임방에서 시간 가는 줄 모르고 게임을 하고 있어. 밥 먹는 시간도 아까워서 게임을 했어. 드디어 이제 집에 갈 시간이야. 그런데 게임비가 너무 많이 나왔어. 아빠와 엄마의 얼굴도 떠올라. 내일부터는 학기말 시험인데 공부도 하지 않았고, 이제 공부할 시간도 없어. 후회스러워. 너 자신이 미울 거야. 이런 경험은 선생님만 있었나?

쾌락과 욕망은 육체적(물질적)인 것과 정신적인 것으로 나눌 수 있어. 아무리 즐겁고 재미있는 게임을 해도 나중에는 몸과 마음이 힘들지? 아무리 맛있는 음식을 먹었다 할지라도 나중에는 배가 불러 고통스럽잖아. 지나친 것은 차라리 부족한 것만 못해. 육체적·물질적 쾌락은 그 쾌락의 순간이 지나면 오히려 고통을 가져오기도 해. 마약이나 흡연, 알코올중독으로 인해 고통받는 사람들을 봐 봐. 배부름의 순간, 달콤한 순간은 금방 지나가잖아. 이처럼 쾌락은 지속성이 없고 쾌락의 순간이 지나가면 오히려 고통이 되잖아. 이것을 '쾌락의 역리 현상'이라 한단다.

그러나 정신적 쾌락은 생각만 하면 느낄 수 있고 즐거워질 수 있어. 정신적 쾌락은 오랫동안 지속될 수 있어. 아니, 영원하다고도 할 수 있어. 네가 책을 감명 깊게 읽었거나 어려운 이웃을 도와주었을 때 느꼈던 그 가슴 떨리는 마음은 영원하다고 할 수 있잖아.

이런 이유로 에피쿠로스학파는 정신적 쾌락을 추구하였다고 할 수 있어. 그 방법은 검소한 생활을 통한 마음과 정신의 평화를 가져오는 데 있었지. 이런 점에서 에피쿠로스학파도 스토아학파처럼, 쾌락주의가 아닌 금욕주의라고 할 수 있단다.

스토아 학파   에피쿠로스 학파

인성 놀이터

1. 에피쿠로스는 '현재를 즐겨라'라는 의미의 '카르페 디엠(Carpe Diem!)'이라는 말을 하였어.

   너는 지금 현재를 즐기고 있다.
   왜냐하면 _____ 때문이다.

   너는 지금 현재를 즐기고 있지 않다.
   왜냐하면 _____ 때문이다.

   현재를 즐기면 너의 미래는 전혀 다르게 나타날 거야. '현재를 즐겨라'라는 의미의 '카르페 디엠(Carpe Diem)'이라는 말이 진리인지 아닌지에 대해서 친구들과 이야기해 보자.

2. 네가 스스로를 가장 자랑스러워했던 때와 가장 부끄러워했던 때가 언제였는지 이야기해 보자.

지은이 소개

녹색혁명의 선두주자 선대규 선생님

1968년 전라남도 순천 출신으로, 1999년 인천 동산고등학교의 정보사회와 컴퓨터 교사로 재직하다가 2010년 과학교과로 전환하여 과학 교사로 재직하고 있습니다. '생활이 교육이다'라는 모토로 교육현장에서 학생들과 함께 생활하고 고민하는 교사로 인성을 중시하고 창의적인 삶을 지향합니다. 앞으로 과학 교사로서 녹색혁명에 대한 연구와 학습으로 학생들과 함께 생활 속에서 지혜를 얻고 싶은 열정적인 분입니다.

항상 젊게 살아가는 양태훈 선생님

1970년 경기도 하남 출신으로, 1996년부터 인천 동산고등학교의 윤리 교사로 재직하고 있습니다. 1999년 교육부 지원 교과연구회의 연구위원으로 활동하였으며, 2000년부터 인천 도덕윤리실천학회의 간사로 활동하고 있습니다. 『청소년을 위해 쓴 철학배움서』 『통일교육 교수법과 그 실제』(통일부 통일교육원) 등을 공동 저술하였습니다. 아랫사람에게 묻는 것을 결코 부끄럽게 여기지 않는다는 불치하문(不恥下問)의 가르침을 실천하고자 하는, 항상 젊게 세상을 살아가고자 하는 분입니다.

진행형 인간 이수석 선생님

1964년 서울 출신으로, 1990년부터 인천 동산고등학교의 철학/논리학 교사로 재직하고 있습니다. 『재미있는 철학 수업 ①, ②』『교과서를 만든 철학자들』『이야기 속에 숨어 있는 논리를 찾아라』『중학생을 위한 논술의 첫걸음』『중용(서울대 선정 인문고전 50선)』 등을 저술하였습니다. '흐르는 물처럼 공부하고 대지의 바위처럼 굳건하게 살자'가 삶의 좌우명이며, 지금도 무언가를 모색하는 진행형 인간입니다.

미술로 인류를 구원하고픈 현용안 선생님

1977년 충남 천안 출신으로, 2004년부터 인천 동산고등학교의 미술 교사로 재직하고 있습니다. 개인전 'False Line' 展을 비롯하여 각종 기획전과 단체전을 통해 활발하게 창작활동을 하고 있으며, 『소설 한자네트워크』를 시작으로 삽화 작업도 활발하게 하고 있습니다. 아이들의 낙서에서 창조성을 발견하는 연구를 하고 있으며, 미술이 인류를 구원할 것이라 굳게 믿고 있는 분입니다.

행복한 마라톤 마니아 현희문 선생님

1957년 전남 영암 출신으로, 1984년부터 인천 동산고등학교의 한문 교사로 재직하고 있습니다. 1991년에 동아미술제 서예 부문에서 특선을 수상하였으며, 『한자 속에 숨어 있는 논술』『소설 한자네트워크』 등을 동산고등학교 교사들과 공동 저술하였습니다. '가르침은 있으나 차별은 없다'는 공자(孔子)의 유교무류(有敎無類)가 실현되기를 바라는, 달릴 때가 가장 행복한 마라톤 마니아입니다.

2012년 2월 20일 1판 1쇄 인쇄
2012년 2월 24일 1판 1쇄 발행

지은이 | 선대규 · 양태훈 · 이수석 · 현용안 · 현희문
펴낸이 | 김진환
펴낸곳 | (주) **학지사**
　　　　　121-837 서울시 마포구 서교동 352-29 마인드월드빌딩 5층
　　　　　대표전화 (02)330-5114　팩스 (02)324-2345
등록번호 | 제313-2006-000265호
홈페이지 | www.hakjisa.co.kr
커뮤니티 | http://cafe.naver.com/hakjisa

ISBN　978-89-6330-851-7　44030
　　　　978-89-6330-850-0　04370(set)

가격 15,000원

저자와의 협약으로 인지는 생략합니다.
파본은 구입처에서 교환해 드립니다.

이 책을 무단 전재 또는 복제 행위 시 저작권법에 따라 처벌을 받게 됩니다.

인터넷 학술 논문 원문 서비스 뉴논문 www.newnonmum.com